die 30 wichtigsten Fälle zum Verwaltungsrecht BT Bayern

Hemmer/Wüst/Heidorn

Mai 2013

Hemmer/Wüst Verlagsgesellschaft

Hemmer/Wüst/Heidorn, die 30 wichtigsten Fälle zum Verwaltungsrecht BT Bayern

ISBN 978-3-86193-238-3

3. Auflage, Mai 2013

gedruckt auf chlorfrei gebleichtem Papier
von Schleunungdruck GmbH, Marktheidenfeld

Vorwort

Die vorliegende Fallsammlung ist für **Studenten in den ersten Semestern** gedacht. Gerade in dieser Phase ist es wichtig, bei der Auswahl der Lernmaterialien den richtigen Weg einzuschlagen. **Auch in den späteren Semestern und im Referendariat** sollte man in den grundsätzlichen Problemfeldern sicher sein. Die essentials sollte jeder kennen.

Die Gefahr zu Beginn des Studiums liegt darin, den Stoff zu abstrakt zu erarbeiten. Nur ein **problemorientiertes Lernen**, d.h. ein Lernen am konkreten Fall, führt zum Erfolg. Das gilt für die kleinen Scheine / die Zwischenprüfung genauso wie für das Examen. In juristischen Klausuren wird nicht ein möglichst breites Wissen abgeprüft. In juristischen Klausuren steht der Umgang mit konkreten Problemen im Vordergrund. Nur wer gelernt hat, sich die Probleme des Falles aus dem Sachverhalt zu erschließen, schreibt die gute Klausur. Es geht darum, Probleme zu erkennen und zu lösen. Abstraktes anwendungsunspezifisches Wissen, sog. „Träges Wissen", täuscht Sicherheit vor, schadet aber letztlich.

Bei der Anwendung dieser Lernmethode sind wir Marktführer. Profitieren Sie von der über 35-jährigen Erfahrung des **Juristischen Repetitoriums hemmer** im Umgang mit Examensklausuren. Diese Erfahrung fließt in sämtliche Skripten des Verlages ein. Das Repetitorium beschäftigt **ausschließlich Spitzenjuristen**, teilweise Landesbeste ihres Examenstermins. Die so erreichte Qualität in Unterricht und Skripten werden Sie anderswo vergeblich suchen. Lernen Sie mit den Profis!

Ihre Aufgabe als Jurist wird es einmal sein, konkrete Fälle zu lösen. Diese Fähigkeit zu erwerben ist das Ziel einer guten juristischen Ausbildung. Nutzen Sie die Chance, diese Fähigkeit bereits zu Beginn Ihres Studiums zu trainieren. Erarbeiten Sie sich das notwendige Handwerkszeug anhand unserer Fälle. Sie werden feststellen: Wer Jura richtig lernt, dem macht es auch Spaß. Je mehr Sie verstehen, desto mehr Freude werden Sie haben, sich neue Probleme durch eigenständiges Denken zu erarbeiten. Wir bieten Ihnen mit unserer **juristischen Kompetenz** die notwendige Hilfestellung.

Fallsammlungen gibt es viele. Die Auswahl des richtigen Lernmaterials ist jedoch der entscheidende Aspekt. Vertrauen Sie auf unsere Erfahrungen im Umgang mit Prüfungsklausuren. Unser Beruf ist es, **alle klausurrelevanten Inhalte** zusammenzutragen und verständlich aufzubereiten. Prüfungsinhalte wiederholen sich. Wir vermitteln Ihnen das, worauf es in der Prüfung ankommt – verständlich – knapp – präzise.

Achten Sie dabei insbesondere auf die richtige Formulierung. Jura ist eine Kunstsprache, die es zu beherrschen gilt. Abstrakte Floskeln, ausgedehnte Meinungsstreitigkeiten sollten vermieden werden. Wir haben die Fälle daher bewusst kurz gehalten. Der Blick für das Wesentlich darf bei der Bearbeitung von Fällen nie verloren gehen.

Wir hoffen, Ihnen den Einstieg in das juristische Denken mit der vorliegenden Fallsammlung zu erleichtern und würden uns freuen, Sie auf Ihrem Weg in der Ausbildung auch weiterhin begleiten zu dürfen.

Karl-Edmund Hemmer & Achim Wüst

Inhaltsverzeichnis:

Die Zahlen beziehen sich auf die Seiten des Skripts.

Kapitel I: Kommunalrecht

Fall 1: Beschlussverfahren im Gemeinderat (I)

Sachverhalt:

Die bayerische Gemeinde G beschließt, ihr Ortsbild zu verschönern. Aufgrund knapper Haushaltsmittel sollen jedoch vornehmlich die Hausbesitzer zur Ortsverschönerung beitragen. Um diese motivieren zu können, soll ein Geldpreis von 2.000,- € für den schönsten Vorgarten verliehen werden.

Der Bürgermeister verschickt eine Tagesordnung für die nächste Gemeinderatssitzung, bei der der TOP „Geldpreis" aber nicht explizit aufgeführt ist. Er möchte, dass der Beschluss unter dem TOP „Sonstiges" getroffen wird.

Dem Gemeinderatsmitglied Huber schickt er die Ladung jedoch nicht, da sich dieser, wie der Bürgermeister weiß, im Urlaub befindet.

Bei der nächsten Sitzung stimmt der Gemeinderat mehrheitlich für den Geldpreis. Huber war nicht anwesend.

Frage: *Kann auf dieser Grundlage der Preis rechtmäßig verliehen werden? (Von der materiellen Rechtmäßigkeit des Geldpreises kann ausgegangen werden.)*

I. Einordnung

Dieser Fall beschäftigt sich mit einer der Kernmaterien im Kommunalrecht, nämlich der korrekten Beschlussfassung innerhalb des Gemeinderates. Für viele Handlungsoptionen der Gemeinde ist diese unabdingbare Grundvoraussetzung. Hierbei ist stets der Verfahrensgang relevant, insbesondere Ladung und Abstimmung der Mitglieder. Lesen Sie hierzu auf jeden Fall Art. 45 ff. GO!

II. Gliederung

Gliederung

1. **Materielle Rechtmäßigkeit**

2. Formelle Rechtmäßigkeit

a) Zuständigkeit:
Hier gem. Art. 29 GO beim Gemeinderat, da keine laufende Angelegenheit i.S.d. Art. 37 GO vorliegt.

b) Verfahren:
Problem: Beschlussfähigkeit, Art. 47 II GO

aa) **Fehlerhafte TO bei Ladung:** Geldpreis wird unter „Sonstiges" verhandelt; Ladung muss aber die Punkte konkret benennen; bei dem TOP „Sonstiges" ist eine ausreichende Vorbereitung nicht möglich

bb) **Nichtladung des H:** Alle Gemeinderatsmitglieder sind zu laden (auch wenn sie voraussichtlich nicht kommen werden)

3. **Ergebnis:** Der Geldpreis kann so nicht rechtmäßig vergeben werden.

III. Lösung

Auf Grundlage des Gemeinderatsbeschlusses kann eine rechtmäßige Preisverleihung dann vorgenommen werden, wenn der Beschluss als Rechtsgrundlage formell und materiell rechtmäßig und damit wirksam ist.

Anmerkung: Ein Gemeinderatsbeschluss ist mangels Außenwirkung kein Verwaltungsakt i.S.d. Art. 35 S. 1 BayVwVfG. Erst der Vollzug durch den Bürgermeister, Art. 36, 38 GO, stellt den Erlass eines Verwaltungsakts dar. Für den Gemeinderatsbeschluss ist deshalb auch Art. 43 II, III BayVwVfG nicht anwendbar. Er ist bei Rechtswidrigkeit automatisch unwirksam.

1. Materielle Rechtmäßigkeit

Laut Sachverhalt ist das Konzept des Geldpreises in materieller Sicht nicht zu beanstanden.

hemmer-Methode: Ein typisches materielles Problem von Subventionen ist die Rage nach einer gesetzlichen Grundlage, genauer nach deren Erforderlichkeit. Gilt der Vorbehalt des Gesetzes auch in der Leistungsverwaltung? Die h.M. beantwortet dies mit einem klassischen „Jein“. Es wird eine gesetzliche Grundlage gefordert, aber als solche genügt grundsätzlich die Ausweisung der Mittel im Haushalt. Die Details der Mittelvergabe können dann durch die Verwaltung geregelt werden. Im Fall einer Subventionierung durch die Gemeinde bedeutet dies, dass der Gemeinderat auf jeden Fall die Mittel im Haushalt bereitstellen muss.
Erkennen Sie die Struktur des Falles frühzeitig. Normalerweise prüft man die formelle vor der materiellen Rechtmäßigkeit. Nachdem die Probleme hier aber eindeutig in der formellen Rechtmäßigkeit liegen, empfiehlt es sich diesen unproblematischen Prüfungspunkt vorzuziehen. Lesen Sie den Sachverhalt daher genau!

2. Formelle Rechtmäßigkeit

I.R.d. formellen Rechtmäßigkeit werden grundsätzlich immer Zuständigkeit, Verfahren und Form überprüft.

a) Zuständigkeit

Die Verschönerung des Ortsbildes gehört zur Planungshoheit im weiteren Sinn und ist damit Gegenstand des eigenen Wirkungskreises der Gemeinde, Art. 11 II, 83 BV. Die Gemeinde besitzt damit Verbandskompetenz.

Die Organkompetenz innerhalb einer Gemeinde ist in den Art. 29 ff. GO geregelt. Dabei ist zwischen der Zuständigkeit des Gemeinderates und des Ersten Bürgermeisters zu unterscheiden. Nach dem Wortlaut des Art. 29 GO „soweit nicht .... “ ist dabei grundsätzlich von einer Zuständigkeit des Gemeinderates auszugehen.

Die Zuständigkeit des Bürgermeisters könnte sich aber aus Art. 37 GO ergeben. Relevant könnte vorliegend Art. 37 I Nr. 1 GO sein, falls es sich bei dem Geldpreis um eine laufende Angelegenheit handelt. Dies ist dann der Fall, wenn es sich um alltägliche Geschäfte handelt, welche mit einer gewissen Häufigkeit wiederkehren. Der Geldpreis wird allerdings neu beschlossen und soll mangels anderer Angaben im Sachverhalt auch einmalig bleiben. Von einer laufenden Angelegenheit kann daher nicht gesprochen werden.

Somit ist der Gemeinderat gem. Art. 29 GO zuständig. Dieser hat vorliegend gehandelt.

b) Verfahren

Möglicherweise wurden aber i.R.d. Beschlussverfahrens Fehler gemacht. In Betracht kommen hierbei die Beschlussfassung unter dem TOP „Sonstiges" sowie die Nichtladung von Huber.

Diesbezüglich könnten sich Probleme im Hinblick auf die Beschlussfähigkeit nach Art. 47 II GO ergeben.

Der Gemeinderat ist danach nur dann beschlussfähig, wenn sämtliche Mitglieder ordnungsgemäß geladen sind und die Mehrheit anwesend und stimmberechtigt ist.

aa) Der TOP „Sonstiges"

Eine ordnungsgemäße Ladung i.S.d. Art. 47 II GO setzt gem. Art. 46 II S. 2 GO voraus, dass die Gemeinderatsmitglieder unter Angabe der Tagesordnung geladen werden. Hintergrund dieser Vorschrift ist es, den Gemeinderatsmitgliedern die Möglichkeit zu Vorbereitungen und Vorüberlegungen zu den einzelnen TOPen zu ermöglichen. Vorliegend wurde zwar eine Tagesordnung verschickt, jedoch der TOP „Geldpreis" nicht explizit aufgeführt. Um den Gemeinderäten eine Vorbereitung zu ermöglichen, muss jedoch auch jeder TOP hinreichend bestimmt formuliert sein.

Bei einem TOP „Sonstiges" ist es deshalb fraglich, ob hierunter Beschlussfassungen möglich sind.

Welche Punkte bei diesem TOP letztendlich erörtert werden ist im Voraus nicht ersichtlich. Zudem wird der TOP „Sonstiges" häufig am Ende der Sitzung besprochen, was zeigt, dass er nicht zu den anderen ausführlichen TOPen und Beschlussfassungen gehört. Eine Beschlussfassung ist demnach grundsätzlich nicht möglich.

Allerdings könnte der Ladungsfehler geheilt worden sein, wenn sich alle Gemeinderatsmitglieder rügelos zur Sache einlassen. Zwar wurde vorliegend der Geldpreis beschlossen, allerdings ohne die Stimme des abwesenden Huber.

Somit konnten sich nicht alle Gemeinderatsmitglieder rügelos einlassen, sodass der Gemeinderat aufgrund des Ladungsfehlers beschlussunfähig war.

bb) Die Nichtladung des Huber

Zudem ist Huber zur Sitzung gar nicht geladen worden. Der Bürgermeister begründet dies mit dem Urlaub des Huber. Nach dem Wortlaut des Art. 47 II GO sind jedoch alle Gemeinderatsmitglieder zur Sitzung zu laden. Ob sie dann auch erscheinen, ist Sache der Gemeinderäte, wobei nach Art. 48 I GO grundsätzlich eine Anwesenheitspflicht besteht. Von diesem Grundsatz kann auch der Urlaub des H keine Ausnahme machen, da sich Urlaubspläne noch kurz ändern und H doch an der Sitzung teilnehmen kann. Vielleicht handelt es sich für H auch um ein so gewichtiges Thema, dass er seinen Urlaub sogar verschieben würde.

Ließe man das Erfordernis der Ladung entfallen, würde man fundamental in die Rechte des Gemeinderatsmitglieds eingreifen. Eine Nichtladung ist daher stets rechtswidrig und führt zur Beschlussunfähigkeit des Gemeinderats, Art. 47 II GO. Eine Heilung käme nur in Betracht, wenn das nicht geladene Mitglied dennoch erscheinen und rügelos zur Sache verhandeln würde.

Anmerkung: Die h.M. verzichtet nur in zwei Fällen auf das Erfordernis der Ladung: Zum einen muss der Erste Bürgermeister (genauer: Derjenige der die Ladung verschickt) sich nicht selbst laden.

Zum anderen müssen die Gemeinderatsmitglieder nicht geladen werden, die nach Art. 53 II GO an der Sitzung ohnehin nicht teilnehmen dürfen.

c) Zwischenergebnis

Somit sind dem Bürgermeister beim Verfahren gleich zwei Fehler unterlaufen, welche auch nicht geheilt wurden bzw. geheilt werden können.

Der Beschluss ist daher formell mangels Beschlussfähigkeit des Gemeinderats rechtswidrig und unwirksam.

3. Ergebnis

Auf Grundlage des vorliegenden Beschlusses kann der Preis nicht rechtmäßig vergeben werden, da Verfahrensfehler vorliegen.

IV. Zusammenfassung

- Die Nichtladung eines Gemeinderatsmitgliedes ist stets ein Verfahrensfehler, außer das Mitglied ist bei der Sitzung anwesend und rügt den Ladungsfehler nicht. Eine Ausnahme hierzu bildet die Ordnungsvorschrift des Art. 53 II GO.
- Der Gemeinderat ist grundsätzlich nach Art. 47 II GO nur dann beschlussfähig, wenn der angesprochene TOP auf der Tagesordnung steht. Eine Ausnahme besteht insoweit, wenn sich alle Gemeinderatsmitglieder rügelos darauf einlassen.
- Die Zuständigkeit für Gemeindeangelegenheiten liegt gem. Art. 29 GO grundsätzlich beim Gemeinderat, außer es ist in Art. 37 GO die Zuständigkeit des Bürgermeisters bestimmt.

hemmer-Methode: Dies war ein einfacher Fall zum Warmwerden. Die Prüfung eines Gemeinderatsbeschlusses kann beinahe beliebig in eine öffentlich-rechtliche Klausur eingebaut werden. Die hier angelegten Probleme sind überschaubar und extrem relevant. Machen Sie hier einen Fehler, geht womöglich die ganze Klausur schief!

V. Zur Vertiefung

- Hemmer/Wüst, Kommunalrecht, Rn. 372 ff.

Fall 2: Beschlussverfahren im Gemeinderat (II)

Sachverhalt:

Der Bürgermeister von G hat aus der letzten Abstimmungspanne (siehe Fall 1) gelernt. Von nun an werden alle Gemeinderatsmitglieder korrekt geladen. Dies geschah auch am 22.03.2011, als im Gemeinderat über eine – materiell rechtmäßige – Veränderungssperre nach §§ 14 ff. BauGB abgestimmt wurde. Von insgesamt 21 Gemeinderatsmitgliedern, die alle anwesend waren, stimmten fünfzehn für die Veränderungssperre und sechs dagegen. Allerdings haben vier der abstimmenden Gemeinderäte selber Grundstücke im Plangebiet. Daher stimmten sie gegen die Veränderungssperre. Weiterhin war Gemeinderatsmitglied S offensichtlich „angeheitert“, was sich in spontanen Lachanfällen sowie einer sehr verwaschenen Sprache niederschlug. S hat kein Grundstück im Plangebiet.

Frage: *War der Beschluss der Veränderungssperre rechtmäßig?*

Abwandlung:

Bei einer späteren Abstimmung (Ergebnis fünfzehn dafür, fünf dagegen) wurde Gemeinderat M zu Unrecht wegen einer vermeintlichen persönlichen Beteiligung ausgeschlossen.

Frage: *Welche Folgen ergeben sich für den Beschluss?*

I. Einordnung

Dieser Fall greift nochmals typische Probleme bei der Beschlussfassung im Gemeinderat auf. Während es im ersten Fall um Probleme bei der Ladung ging, werden jetzt Probleme bei der Abstimmung selbst relevant. Die Problemfelder „Ladung“ und „Abstimmung“ können selbstverständlich leicht kombiniert werden!

II. Gliederung

Gliederung Hauptfall

1. Formelle Rechtmäßigkeit

a) Organkompetenz: Gemeinderat (+)

b) Verfahren: Verstoß gegen Art. 49 I GO?

aa) fünf Gemeinderäte selbst betroffen, aber: Relevanz für das Abstimmungsergebnis, Art. 49 IV GO (-), da keine Änderung des Ergebnisses

bb) **<u>Alkoholisierung des S?</u>** Grad der Alkoholisierung fraglich, zudem keine Veränderung des Abstimmungsergebnisses

2. Materielle Rechtmäßigkeit (+)

3. Ergebnis

Gliederung Abwandlung

⇨ Vorliegen eines Verfahrensfehlers, da Teilnahmerecht aus Art. 48 I GO verletzt: Anwendung von Art. 49 IV GO analog?

⇨ (-) da Gemeinderatsmitglied hier um alle Mitwirkungsrechte gebracht; Beschluss daher nichtig

III. Lösung Hauptfall

Der Beschluss war rechtmäßig, sofern keine formellen und materiellen Fehler gemacht wurden.

hemmer-Methode: Beginnen Sie gerade im Öffentlichen Recht Ihre Prüfung immer mit einem Obersatz. Sie zeigen so dem Korrektor, was Sie prüfen und haben bereits ein grobes Aufbauschema.

1. Formelle Rechtmäßigkeit

I.R.d. formellen Rechtmäßigkeit sind Zuständigkeit, Verfahren und Form zu überprüfen.

a) Zuständigkeit

Die Verbandskompetenz (= Zuständigkeit der Gemeinde als solche) für den Erlass einer Veränderungssperre ergibt sich aus dem eindeutigen Wortlaut des § 16 I BauGB.

Die Organkompetenz für die Gemeindeverwaltung liegt grundsätzlich beim Gemeinderat, es sei denn dem Bürgermeister ist die Organkompetenz über Art. 37 GO zugewiesen, vgl. Art. 29 GO.

Nachdem Veränderungssperren ein Instrument der Bauleitplanung sind und diese eine langfristige und sorgfältige Planung voraussetzt, gehört dieser Bereich nicht zu den laufenden Angelegenheiten, für die der Bürgermeister nach Art. 37 I Nr. 1 GO zuständig wäre. Somit ist der Gemeinderat zuständig.

b) Verfahren

Es könnte jedoch ein Verfahrensfehler vorliegen.

Bezüglich der Ladung der Gemeinderäte wurden die relevanten Vorschriften laut Sachverhalt beachtet. Der Gemeinderat war somit beschlussfähig, da alle Mitglieder anwesend und jedenfalls die Mehrheit auch beschlussfähig war. Insoweit spielen die eventuelle persönliche Beteiligung der vier Mitglieder sowie die Alkoholisierung des S noch keine Rolle, da auch ohne diese insgesamt fünf Mitglieder immer noch die Mehrheit anwesend und stimmberechtigt gewesen wäre.

aa) Verstoß gegen Art. 49 I GO

Möglicherweise ist die Abstimmung fehlerhaft, weil auch die Gemeinderäte mitgestimmt haben, welche Grundstücke im Plangebiet haben. Die Problematik der „Selbstbetroffenheit“ wird in Art. 49 GO geregelt.

Anmerkung: Achten Sie auf die richtige Terminologie. Hier geht es um die „Selbstbetroffenheit“ der Gemeinderäte und nicht um eine „Befangenheit“. Halten Sie sich daher an den Wortlaut des Art. 49 GO. Der Begriff „Befangenheit“ spielt eine Rolle, wenn Mitglieder des Gerichts von einem Beteiligten abgelehnt werden, vgl. § 54 VwGO i.V.m. §§ 41 ff. ZPO. Befangen ist ein Richter dabei schon dann, wenn er nicht mehr neutral und unparteiisch ist. Dies reicht für einen Ausschluss eines Gemeinderatsmitglieds nach Art. 49 I GO auf keinen Fall. Dieses soll sich auf die Sitzung ja gerade vorbereiten, also mit einem „Vorurteil“ in die Sitzung hineingehen. Bei einem Gemeinderatsmitglied ist es also sogar erwünscht, dass er bei Beginn der Sitzung „befangen“ ist.

Nach Art. 49 I GO darf das Gemeinderatsmitglied nicht an der Abstimmung teilnehmen, wenn der Beschluss einen unmittelbaren Vor- oder Nachteil für den in Art. 49 I GO genannten Personenkreis bringt.

Anmerkung: Art. 49 GO will verhindern, dass auch nur der Eindruck entsteht, Gemeinderatsmitglieder würden in die eigene Tasche wirtschaften bzw. bei ihren Entscheidungen auf ihre eigenen Vorteile achten.

Vorliegend wären die Gemeinderäte, welche Grundstücke im Plangebiet haben, nachteilig betroffen, da dort zunächst keine Veränderungen mehr vorgenommen werden dürfen.

Es ist jedoch zu unterscheiden, ob ein (nur mittelbares) Gruppeninteresse oder ein unmittelbares individuelles Sonderinteresse vorliegt. Ein bloßes Gruppeninteresse reicht für die Selbstbetroffenheit nicht aus. Immerhin werden die Gemeinderäte auch als Vertreter von Gruppeninteressen gewählt, wobei auch die kommunale Selbstverwaltung in gewisser Weise Mitwirkung von Betroffenen bedeutet.

hemmer-Methode: Ein Beispiel für ein reines Gruppeninteresse wäre z.B. ein Anleinzwang für Hunde.
Hier wäre ein Gemeinderatsmitglied, das selbst Hundebesitzer ist, nicht unmittelbar, individuell selbst betroffen, sondern nur als Mitglied der Gruppe der Hundebesitzer.
Als Denkhilfe können Sie hierzu Art. 20 I S. 3 BayVwVfG heranziehen!

Bei dem Erlass eines Bebauungsplans und auch einer vorgeschalteten Veränderungssperre könnte man nach diesen Grundsätzen eigentlich von einer bloßen Gruppenbetroffenheit ausgehen. Die Gemeinderatsmitglieder sind hier nicht einzeln unmittelbar, sondern nur als Teil der Gruppe „Grundstückseigentümer im Plangebiet“ betroffen. Allerdings sind die Vor- und Nachteile für den einzelnen Grundstückseigentümer i.R.d. Bauleitplanung so groß, dass ausnahmsweise auch ein Gruppeninteresse für einen Ausschluss genügen muss. Die individuellen Anreize, hier sein eigenes Grundstück möglichst optimal zu beplanen, wiegen so schwer, dass eine Mitwirkung der Grundeigentümer nach Art. 49 I GO unzulässig sein muss.

Anmerkung: Ob ein Grundstück bebaubar oder unbebaubar ist, wirkt sich auf den Wert dieses Grundstücks leicht mit dem Faktor 100 aus. Dürfte hier ein Eigentümer über sein eigenes Grundstück mit abstimmen, würde dies eindeutig dem Sinn und Zweck des Art. 49 GO zuwiderlaufen. Es entstünde eindeutig der Eindruck, dass hier Individualinteressen das Abstimmungsverhalten mit beeinflussen!

Somit hätten die vier Gemeinderäte an der Abstimmung nicht teilnehmen dürfen.

Relevanz für das Abstimmungsergebnis?

Art. 49 IV GO verlangt für die Rechtswidrigkeit jedoch auch, dass die Mitwirkung der persönlich beteiligten Gemeinderäte entscheidend für die Abstimmung war.

Dies wird mittels der „Substraktionsmethode“ überprüft.

Hierbei werden die Stimmen der persönlich Beteiligten von der Gesamtzahl der Ja- bzw. Nein-Stimmen abgezogen. Ändert sich am Abstimmungsergebnis hierdurch nichts, so war die Mitwirkung nicht entscheidend und der Beschluss ist, zumindest wegen dieser persönlichen Betroffenheit, nicht rechtswidrig.

Nachdem die Gemeinderäte gegen die Veränderungssperre gestimmt haben, sind von den Nein-Stimmen vier Stimmen abzuziehen. Das bereinigte Ergebnis ergibt somit Fünfzehn zu Zwei für die Veränderungssperre. Die Mitwirkung der persönlich betroffenen Gemeinderäte war daher nicht abstimmungsentscheidend. Insoweit ist der Beschluss rechtmäßig.

hemmer-Methode: Lesen Sie die Normen, die Sie anwenden, stets bis zum Schluss. Wer hier nach Art. 49 I GO aufhört, dem entgeht ein wichtiges Problem und somit Punkte!
Sie müssen zu Art. 49 GO auch den „Umkehrfall“ kennen, wenn also ein Gemeinderatsmitglied ausgeschlossen wird, ohne dass die Voraussetzungen des Art. 49 I GO vorliegen. In diesem Fall ist nicht Art. 49 I GO, sondern das Teilnahmerecht aus Art. 48 I GO verletzt. Art. 49 GO ist hier als Rechtfertigung des Eingriffs in dieses Teilnahmerecht zu prüfen. Art. 49 IV GO darf in diesem Fall nicht (analog) angewendet werden, sodass der zu Unrecht erfolgte Ausschluss eines Mitglieds den Beschluss entsprechend Art. 47 II GO unwirksam macht. Es ist letztlich egal, ob ein Mitglied nicht geladen wird oder aber geladen ist, aber dann vom Beschluss ausgeschlossen wird, s. unten die Abwandlung.

bb) Fehlerhafte Beschlussfassung wegen Alkoholisierung des S

Fraglich ist zudem, wie mit der Stimme des S zu verfahren ist, da die Stimmabgabe offensichtlich in alkoholisiertem Zustand erfolgte.

Dieser Fall ist in der Gemeindeordnung nicht explizit geregelt, sodass auf allgemeine Vorschriften zurückgegriffen werden kann. Relevant könnte hier Art. 12 I Nr. 1 BayVwVfG i.V.m. § 105 Nr. 2 BGB sein.

Die Kernfrage ist daher, ob S tatsächlich volltrunken war, sodass er vorübergehend geschäftsunfähig gewesen ist. Dann könnte seine Stimme womöglich nicht zählen.

Zu dieser Problematik müsste jedoch die Volltrunkenheit des S feststehen. Der Sachverhalt schildert zwar typische Begleiterscheinungen einer Alkoholisierung, jedoch kann eine Volltrunkenheit nicht mit Sicherheit angenommen werden. Zudem gilt der erwachsene Mensch so lange als geschäftsfähig, bis das Gegenteil bewiesen ist.

Letztendlich kann es aber dahingestellt bleiben, ob S volltrunken war oder nicht. Denn selbst wenn seine Stimme unwirksam wäre und damit als nicht abgegeben zu werten wäre, würde sich aufgrund der Mehrheitsverhältnisse das Abstimmungsergebnis nicht ändern, vgl. Art. 51 I GO.

Die Alkoholisierung hat daher keinen Einfluss auf die formelle Rechtmäßigkeit.

Anmerkung: Die Nichtabgabe der Stimme, die sog. Enthaltung, ist nach Art. 48 I S. 2 GO zwar im Gemeinderat unzulässig. Ein Verstoß hiergegen führt aber nicht zur Unwirksamkeit des Beschlusses, sondern allenfalls zu persönlichen Konsequenzen nach Art. 48 II GO.

Andernfalls hätte es ein einzelnes Mitglied in der Hand, einen Beschluss des kompletten Gemeinderats zu boykottieren. Eine solche Sperrminorität ist von Art. 48 I GO nicht gewollt.

2. Materielle Rechtmäßigkeit

Laut Sachverhalt war die Veränderungssperre rechtmäßig.

Anmerkung: Vergessen Sie nicht, die hier unproblematische materielle Rechtmäßigkeit noch zu erwähnen. Damit runden Sie Ihre Klausur ab.

3. Ergebnis

Die Veränderungssperre wurde formell und materiell rechtmäßig beschlossen. Sie ist daher rechtmäßig.

IV. Lösung Abwandlung

I.R.d. Abwandlung kann es sich wiederum nur um einen Verfahrensfehler handeln. Es könnte hier das Teilnahmerecht aus Art. 48 I GO verletzt worden sein.

Letztendlich stellt sich die Frage, ob hier Art. 49 IV GO analog anzuwenden ist.

Anmerkung: Hier kommt nur eine analoge Anwendung in Betracht, denn Art. 49 IV GO regelt vom Wortlaut her ja gerade den umgekehrten Fall.

Der wesentliche Unterschied liegt jedoch darin, dass das Gemeinderatsmitglied bei einem unrechtmäßigen Ausschluss um alle Mitwirkungsmöglichkeiten, welche ihm nach der Gemeindeordnung zustehen, gebracht wird.

Verletzt ist in einem solchen Fall nicht Art. 49 I GO, sondern das aus Art. 48 I GO abgeleitete Teilnahmerecht. Im Interesse dieses Teilnahmerechts fordert auch Art. 47 II GO die Ladung sämtlicher Mitglieder. Sofern also nur ein stimmberechtigtes Gemeinderatsmitglied zu Unrecht von der Abstimmung ausgeschlossen wird, liegt ein derart schwerer Rechtsverstoß vor, dass der Beschluss nichtig ist.[1] Dies gilt unabhängig davon, ob sich der Ausschluss entscheidend auf das Ergebnis niedergeschlagen hat.

Es macht keinen Unterschied, ob das Mitglied überhaupt nicht geladen wurde, Art. 47 II GO, oder ob es geladen, dann aber zu Unrecht ausgeschlossen wurde.

hemmer-Methode: Somit gilt für die Praxis: Ausschlüsse sollten nur bei klaren Sachverhalten ausgesprochen werden, um nicht durch einen Fehler den ganzen Beschluss unwirksam zu machen. Oftmals kann der irrtümliche Nicht-Ausschluss über Art. 49 IV GO überwunden werden. Der zu Unrecht erfolgte Ausschluss führt stets zur Rechtswidrigkeit, da insofern ein Teilnahmerecht des Gemeinderatsmitglieds aus Art. 48 I GO besteht.

Sound: Der zu Unrecht erfolgte Ausschluss eines Gemeinderatsmitgliedes ist stets ein Verfahrensfehler!

---

1 Siehe BayVGH, BayVBl. 1976, 753.

V. Zusammenfassung

- Die Teilnahme von persönlich Beteiligten im Sinne des Art. 49 I GO führt nur zu einem Verfahrensfehler, wenn deren Abstimmungsverhalten entscheidungserheblich ist, Art. 49 IV GO
- Ein Mitglied des Gemeinderates gilt solange als geschäftsfähig, bis das Gegenteil bewiesen ist, bzw. Sie einen entsprechen Hinweis im Sachverhalt finden. Erst ab ca. 3,0 ‰ kann von Geschäftsunfähigkeit ausgegangen werden.
- Der zu Unrecht erfolgte Ausschluss eines Gemeinderatsmitgliedes von einer Abstimmung führt stets zur Rechtswidrigkeit des Beschlusses. Verletzt ist das Teilnahmerecht des Mitglieds aus Art. 48 I GO. Art. 49 IV GO kann in diesem Fall nicht analog angewendet werden
- Gem. Art. 48 I S. 2 GO darf sich kein Gemeinderatsmitglied seiner Stimme enthalten. Verstöße hiergegen führen aber nicht zur Unwirksamkeit des Beschlusses.

hemmer-Methode: Dieser Fall beinhaltete schon tiefergehende Probleme beim Gemeinderatsbeschluss. Dennoch sind diese durch Lesen der Norm und richtiges Verständnis zu meistern. Wichtig ist, dass Sie die Wertung des Art. 49 IV GO verstehen und erkennen, warum eine analoge Anwendung in einem Sachverhalt, welcher der vorliegenden Abwandlung entspricht, nicht in Betracht kommt. Die beiden Fälle, die Sie nun bearbeitet haben, beinhalten die immer wiederkehrenden Klassiker, wenn es um die formelle Rechtmäßigkeit eines Gemeinderatsbeschlusses geht. Geben Sie sich hier keine Blöße!

VI. Vertiefung

- Hemmer/Wüst, Kommunalrecht, Rn. 372 ff.

Fall 3: Zulassung zu öffentlichen Einrichtungen gem. Art. 21 GO

Sachverhalt:

Die Gemeinde G besitzt eine Stadthalle, welche die Gemeinde selbst betreibt. Mit den Benutzern der Halle wird durch die Gemeinde ein Mietvertrag für die jeweilige Veranstaltungszeit geschlossen. Die Halle wurde politischen, sportlichen und kulturellen Zwecken gewidmet. Im Zuge der Landtagswahl wird diese Halle auch öfter von Parteien für Kundgebungen genutzt.

Im Zuge dieser Wahl sieht nun die rechtsgerichtete Partei „Die Rechte" ihre Chance, endlich in München mitzuregieren.

Da sie jedoch kaum bekannt ist, möchte „Die Rechte" in der Stadthalle eine große Wahlveranstaltung abhalten.

Ein entsprechender Antrag der Partei vom 10.01.2011 wird jedoch abgelehnt. Zum einen sei die Partei rechtsradikal und verfassungswidrig und zum anderen möchte man die Stadthalle keiner Gefahr aussetzen. Schließlich wurde im Zuge einer anderen Veranstaltung dieser Partei bereits das Nebenzimmer einer Gastwirtschaft erheblich beschädigt.

Mit dieser Antwort von „Berufsbürokraten" will sich „die Rechte" nicht zufrieden geben und erhebt Klage zum VG.

Frage: *Hat die Klage Aussicht auf Erfolg?*

Abwandlung: *Die Gemeinde ist aufgrund des anstrengenden Gerichtsverfahrens nicht mehr gewillt, die Stadthalle selber zu betreiben. Vielmehr soll die Stadthallen-GmbH die Halle von nun an verwalten, da man so der lästigen Grundrechtsbindung aus dem Weg gehen könne. Nach dem Grundsatz der Privatautonomie bestehe schließlich kein Abschlusszwang zu Mietverträgen mit unerwünschten Parteien. Die Letztentscheidungskompetenz über die Zulassung soll jedoch bei der Stadt verbleiben.*

Frage: *Wird die Gemeinde mit diesem Vorgehen das gewünschte Ziel erreichen?*

I. Einordnung

Dieser Fall greift eine weitere klassische Klausurvariante auf, nämlich den Zugang zu öffentlichen Einrichtungen gem. Art. 21 GO.

Zu diesen gehören beispielsweise die stets klausurrelevanten Stadthallen (ehemalige Nibelungenhalle Passau), aber auch Volksfeste (Oktoberfest!).

Hierbei ist stets zu prüfen, ob der Anspruch aus Art. 21 GO tatsächlich besteht und wenn ja, in welchem Umfang.

II. Gliederung

Gliederung Hauptfall	
1.	Verwaltungsrechtsweg, § 40 VwGO (+)
2.	Zulässigkeit (+)
3.	Begründetheit
a)	Passivlegitimation, § 78 I Nr. 1 VwGO
b)	Rechtswidrigkeit der Ablehnung, subj. Rechtsverletzung, Spruchreife
aa)	Anspruch der R auf Zulassung Grds. (+); fraglich aber Umfang des Anspruchs
bb)	Umfang des Anspruchs
	(1) Widmungszweck
	(2) Verf.widrigkeit der R
	(3) Gefahr für Halle selbst
cc)	Kapazitätsgrenze
dd)	Gefahr für Halle selbst
c)	Zwischenergebnis
4.	Ergebnis
Abwandlung	
⇨	Grds. kein Abschlusszwang im Zivilrecht, aber keine „Flucht ins Privatrecht", um Grundrechte zu umgehen

III. Lösung Hauptfall

Die Klage hat Aussicht auf Erfolg, wenn Sie zulässig und begründet ist.

1. Eröffnung des Verwaltungsrechtsweges

Fraglich ist, ob eine öffentlich-rechtliche Streitigkeit i.S.d. § 40 I VwGO vorliegt, da die Gemeinde mit den einzelnen Benutzern Mietverträge abschließt.

Als streitentscheidende Norm kommt damit neben Art. 21 GO auch § 535 BGB in Betracht. In letztgenanntem Fall wäre nicht der Verwaltungs-, sondern der Zivilrechtsweg eröffnet.

Zur Klärung, ob hier eine öffentlich-rechtliche Streitigkeit vorliegt, ist nach der h.M. auf die „Zwei-Stufen-Theorie" abzustellen.

Diese wurde ursprünglich für den Bereich der Subventionen entwickelt. Sie unterscheidet zwischen dem „Ob" der Zulassung und dem „Wie" der Zulassung. Die Entscheidung i.R.d. ersten Stufe ist dabei stets öffentlich-rechtlich, bei der Entscheidung bezüglich der zweiten Stufe hängt dies vom Einzelfall ab.

Hintergrund dieser Zwei-Stufen-Theorie ist, dass der im Öffentlichen Recht begründete Zulassungsanspruch aus Art. 21 GO nicht dadurch entwertet werden darf, dass der Bürger ihn vor den Zivilgerichten geltend machen muss. Um eine solche Entwertung würde es sich aber handeln, wenn der Bürger seinen Zulassungsanspruch vor den Zivilgerichten erstreiten müsste, da dort ein Kontrahierungszwang anders als im Öffentlichen Recht grundsätzlich nicht anerkannt ist.

hemmer-Methode: Merken Sie sich diese Theorie unbedingt und benutzen Sie in der Klausur auch das Schlagwort „Zwei-Stufen-Theorie"! Sie zeigen damit, dass Sie sich in der juristischen Fachsprache auskennen.

Die Partei begehrt die Zulassung zur Stadthalle gem. Art. 21 GO, sodass es sich i.R.d. „Zwei-Stufen-Theorie" um die erste Stufe, d.h. das „Ob" der Zulassung handelt.

Hierbei wäre der Verwaltungsrechtsweg eröffnet, wenn es sich bei der Stadthalle um eine öffentliche Einrichtung gem. Art. 21 GO handelt.

Dies ist dann der Fall, wenn sie im öffentlichen Interesse unterhalten wird, durch einen Widmungsakt der allgemeinen Benutzung durch die Gemeindeangehörigen zugänglich gemacht wird und in der Verfügungsgewalt der Gemeinde steht.

Die Halle wird zur Durchführung öffentlicher Veranstaltungen genutzt und dient somit zumindest dem Zweck örtlicher Kulturpflege gem. Art. 83 I BV und Art. 57 GO. Zudem betreibt die Gemeinde die Halle selbst. Demnach liegt eine öffentliche Einrichtung vor, streitentscheidende Norm ist Art. 21 GO, es handelt sich also um eine öffentlich-rechtliche Streitigkeit.

Nachdem auch keine doppelte Verfassungsunmittelbarkeit vorliegt, ist der Verwaltungsrechtsweg gem. § 40 VwGO eröffnet.

Exkurs: Die Gemeinde kann eine öffentliche Einrichtung auch in privatrechtlicher Form betreiben, z.B. als GmbH (siehe Abwandlung). Gerade in diesem Fall müssen Sie beim Verwaltungsrechtsweg darauf abstellen, ob sich der Kläger gegen das „Ob“ oder das „Wie“ der Zulassung wendet (Zwei-Stufen-Theorie). Das „Ob“ ist stets öffentlich-rechtlich, während das „Wie“ auch durch einen Mietvertrag i.S.d. § 535 BGB ausgestaltet werden kann.

2. Zulässigkeit

a) Statthafte Klageart

Die Klageart richtet sich nach dem Klagebegehren. Die R möchte vorliegend die Zulassung zur Stadthalle erreichen.

Wie gezeigt, steht hier das „Ob“ der Zulassung in Frage.

Dieser Zulassungsakt ist ein Verwaltungsakt i.S.d. Art. 35 S. 1 BayVwVfG, sodass richtige Klageart die Verpflichtungsklage in Form der Versagungsgegenklage i.S.d. § 42 I Alt. 2 UF 1 VwGO ist.

b) Klagebefugnis

Die Klagebefugnis richtet sich nach § 42 II VwGO. Bei einer Verpflichtungsklage ist Voraussetzung, dass der Kläger zumindest möglicherweise einen Anspruch auf den begehrten Verwaltungsakt hat. Hier scheint ein solcher Anspruch aus Art. 21 I, IV GO zumindest möglich, sodass die Klagebefugnis gegeben ist.

c) Vorverfahren, § 68 II, I S. 2 VwGO

Das Vorverfahren entfällt wegen § 68 I S. 2 VwGO i.V.m. Art. 15 II AGVwGO.

hemmer-Methode: Das Widerspruchsverfahren ist in Bayern weitgehend abgeschafft. Lesen Sie hierzu unbedingt Art. 15 AGVwGO.

d) Klagefrist

Von der Einhaltung der Klagefrist gem. § 74 II, I VwGO ist vorliegend auszugehen.

e) Beteiligten- und Prozessfähigkeit

Obwohl es sich bei dem Ortsverein der Rechten nicht um eine juristische Person handelt, ist dieser wegen Art. 21 I, IV GO gem. § 61 Nr. 2 VwGO beteiligtenfähig.

Der Ortsverein ist gem. § 62 III VwGO auch prozessfähig, soweit er durch seinen Vorsitzenden vertreten wird.

f) Zuständigkeit des Gerichts

Die sachliche Zuständigkeit ergibt sich aus § 45 VwGO, die örtliche aus § 52 Nr. 1 VwGO i.V.m. Art. 1 II AGVwGO.

g) Zwischenergebnis

Die Klage ist somit zulässig.

3. Begründetheit

Die Klage ist begründet, wenn sie sich gegen den richtigen Beklagten richtet, die Ablehnung der R rechtswidrig war und die Sache spruchreif ist.

a) Passivlegitimation, § 78 I Nr. 1 VwGO

Nachdem die Gemeinde die Hallenbenutzung untersagt, ist diese auch passivlegitimiert.

b) Rechtswidrigkeit der Ablehnung der R, subjektive Rechtsverletzung und Spruchreife

Die Ablehnung des Antrags der R wäre rechtswidrig, R dadurch in ihren Rechten verletzt und die Sache spruchreif i.S.d. § 113 V S. 1 VwGO, wenn R ein Anspruch auf Zulassung hätte.

aa) Grds. Anspruch der R auf Zulassung

Zunächst müsste R einen Zulassungsanspruch bezogen auf die Stadthalle haben. Hierfür kommt Art. 21 I GO in Betracht. Wie bereits i.R.d. Verwaltungsrechtsweges gezeigt, ist die Stadthalle eine öffentliche Einrichtung i.S.d. Art. 21 I GO.

Der Ortsverband zählt als ortsansässige Personenvereinigung i.S.d. Art. 21 IV GO, sodass der Zulassungsanspruch nach Art. 21 I, IV GO grundsätzlich besteht.

Anmerkung: Scheitert ein Anspruch aus Art. 21 I, IV GO daran, dass die Partei in der jeweiligen Gemeinde keinen Ortsverband hat, ist ergänzend an einen Anspruch aus § 5 ParteiG zu denken.

bb) Umfang des Anspruchs

Fraglich ist jedoch, wie weit der Umfang dieses Anspruchs reicht. Gem. Art. 21 I GO besteht er nur i.R.d. „allgemeinen Vorschriften“.

(1) Widmungszweck

Eine rechtliche Beschränkung hinsichtlich der Zulassung ist der Widmungszweck. Vorliegend wurde die Halle jedoch auch für politische Zwecke gewidmet. Zudem fanden auch schon Parteiveranstaltungen dort statt, sodass im Zweifel eine Widmung durch ständige Zurverfügungstellung vorliegen würde.

Eine weitere rechtliche Beschränkung ergibt sich aus dem Gedanken der Art. 6 f. LStVG. Die Gemeinde hat als Sicherheitsbehörde die Aufgabe, Gefahren für die öffentliche Sicherheit und Ordnung abzuwehren.

Sollte es absehbar sein, dass es gerade durch die geplante Hallenbenutzung erst zu solchen Gefahren kommt, kann die Gemeinde die Vergabe der Halle verweigern.

Anmerkung: Stellen Sie klar, dass die Gemeinde hier nicht als Sicherheitsbehörde handelt. Dies ist schon deshalb wichtig, weil die Vergabe der öffentlichen Einrichtung eine Frage des eigenen Wirkungskreises ist, während die Gemeinde als Sicherheitsbehörde im übertragenen Wirkungskreis tätig wird. Es ist ihr aber unzumutbar, die Halle über Art. 21 GO zur Verfügung zu stellen, wenn jetzt schon vorherzusehen ist, dass gerade durch die Benutzung der Halle es zu Gefahren für die öffentliche Sicherheit oder Ordnung kommen wird, die die Gemeinde dann wiederum als Sicherheitsbehörde bekämpfen muss.

(2) Verfassungswidrigkeit der R

Hier könnten solche Gefahren schon deshalb vorliegen, weil R möglicherweise eine verfassungswidrige Partei ist.

Hierbei sind jedoch das Parteienprivileg und das Verwerfungsmonopol zu beachten. Gem. Art. 21 I, II GG dürfen Parteien nur vom BVerfG verboten werden. Solange dies nicht geschehen ist, verbietet sich eine Benachteiligung wegen „vermuteter oder gefühlter Verfassungsfeindlichkeit".

Die politische Ausrichtung der R kann also i.R.d. „allgemeinen Vorschriften" nicht nachteilig gewertet werden.

Anmerkung: An diesem Punkt müssen die Sound-Worte „Verwerfungsmonopol" und „Parteienprivileg" kommen. Zeigen Sie dem Korrektor, dass Sie die Fachsprache beherrschen!

(3) Gefahr für die Halle selbst

Womöglich könnte aber eine Versagung wegen einer Gefahr für die Halle selbst in Betracht kommen. Der Gemeinde kann es schließlich nicht zugemutet werden, ihre Einrichtung einer Gefahr auszusetzen. Dennoch sind an eine Zulassungsverweigerung unter dem Aspekt von Art. 8 GG und Art. 21 I GO hohe Anforderungen zu stellen.

Während einer anderen Veranstaltung der R kam es bereits zu größeren Sachschäden. Hierbei trat auch R als Störer auf und nicht etwa Gegendemonstranten.

Ob es auch bei der geplanten Veranstaltung zu Ausschreitungen kommen wird, ist jedoch nicht abzusehen. Eine zwingende Wiederholung scheint nicht gegeben.

In Anbetracht der starken Rechtspositionen der R aus Art. 8 GG und Art. 21 GO sowie ihrer Bedeutung als Partei in Wahlkampfzeiten, kann auf diese Befürchtung eine Ablehnung nicht gestützt werden.

Der Gemeinde steht es aber frei, die Halle unter Auflagen zu überlassen. Dies kann auch eine Kautionshinterlegung oder der Nachweis eines funktionierenden Ordnungsdienstes sein.

hemmer-Methode: Hier können Sie mit entsprechender Argumentation auch etwas anderes vertreten. Der Vorteil an der dargestellten Lösung ist, dass Sie sich weder für ein Ja oder ein Nein entscheiden müssen, sondern einen Mittelweg gehen.

Der Anspruch der R auf Zulassung gem. Art. 21 GO kann vorliegend nicht aufgrund „allgemeiner Vorschriften" untersagt werden.

cc) Kapazitätsgrenze

Der Zulassungsanspruch besteht jedoch nur i.R.d. vorhandenen Kapazitäten; ein Anspruch auf Erweiterung der Kapazitäten steckt in Art. 21 GO gerade nicht.

An dem gewünschten Termin ist die Halle jedoch noch frei, sodass kein Kapazitätsproblem besteht.

c) Zwischenergebnis

R steht somit ein Anspruch auf Zulassung zur Halle zu.

4. Ergebnis

R wird mit der zulässigen und begründeten Klage Erfolg haben.

VI. Lösung Abwandlung

Ziel der Gemeinde ist es, durch Änderung der Betriebsform in die Position zu gelangen, der R nicht die Halle zu überlassen.

Richtig ist, dass dem Zivilrecht ein Abschlusszwang unbekannt ist. Somit könnte die Gemeinde grundsätzlich unerwünschten Mietern den Zutritt zur Halle verweigern.

hemmer-Methode: Behalten Sie die aktuellen Entwicklungen im Auge. Während Grundrechte früher nur mittelbar im Zivilrecht wirkten, hat das AGG den Gedanken des Art. 3 I GG jetzt einfachrechtlich normiert! Insofern könnte die Zugangsverweigerung doch nicht so einfach erfolgen.

Würde man dieser Argumentation jedoch folgen, so könnten sich staatliche Einrichtungen durch eine verhältnismäßig einfache Organisationsänderung der Grundrechtsbindung entziehen. Dieses ist mit der Garantie des Art. 20 III GG nicht zu vereinbaren. Der Staat darf sich zur Grundrechtsumgehung nicht in das Privatrecht flüchten.

Sound: Merken Sie sich unbedingt die Schlagworte: „Keine Flucht ins Privatrecht".

Im Fall der privatrechtlichen Organisation der Halle greift deshalb gerade die oben schon dargestellte Zwei-Stufen-Theorie. Die Gemeindeeinwohner können ihren Anspruch auf das „Ob" der Zulassung weiter vor den Verwaltungsgerichten geltend machen.

Sollte die Gemeinde die Organisationsform umstellen, könnte R also weiter bei den Verwaltungsgerichten gegen die Gemeinde vorgehen.

Statthaft wäre dann eine Leistungsklage gegen die Gemeinde. Diese wäre dann auf entsprechende Einflussnahme gerichtet, die R zuzulassen.

Im Ergebnis würde sich an der rechtlichen Lage also nichts ändern. Die Gemeinde wird mit ihrem Vorgehen das gewünschte Ziel daher nicht erreichen.

IV. Zusammenfassung

- Gem. Art. 21 GO haben alle Gemeindeangehörigen das Recht auf Zugang zu öffentlichen Einrichtungen.
- Dies gilt gem. Art. 21 IV GO auch für ortsansässige Personenvereinigungen (z.B. Ortsverbände von Parteien).
- Der Zulassungsanspruch besteht gem. Art. 21 I GO aber nur in den Grenzen der allgemeinen Vorschriften.

- Die Gemeinde kann sich der Grundrechtsbindung nicht durch Änderung der Organisationsform entziehen. Keine „Flucht ins Privatrecht".
- Zur Bestimmung des Rechtsweges dient die Zwei-Stufen-Theorie, welche nach „Ob" und „Wie" der Nutzung differenziert.
- Eine Partei darf nicht wegen ihrer politischen Richtung diskriminiert werden. Die Entscheidung über die Verfassungswidrigkeit einer Partei liegt ausschließlich beim BVerfG („Verbotsmonopol"), Art. 21 II GG.

hemmer-Methode: Dies war eine Möglichkeit des klassischen „Stadthallenfalles", welcher gerne mit politischen Randgruppierungen gebildet wird. Arbeiten Sie stets sorgfältig heraus, ob der Anspruch aus Art. 21 GO besteht und inwieweit er durch allgemeine Vorschriften eingeschränkt wird. Wichtig ist ebenfalls, dass aus Art. 21 GO kein Anspruch auf Kapazitätserweiterung besteht. Sollte die Halle also durch eine andere Partei besetzt sein, so hat R in diesem Fall „Pech gehabt". Der Anspruch geht daher auf die Nutzungsbefugnis i.R.d. vorhandenen Kapazitäten. Ausnahmen können sich hier ergeben, wenn eine Partei in Wahlkampfzeiten die Zulassung begehrt, die Halle aber durch eine unpolitische Veranstaltung blockiert ist. Hier kann aufgrund der besonderen Bedeutung der Parteien unter Umständen eine Zulassung zu bejahen sei.

V. Zur Vertiefung

- Hemmer/Wüst, Kommunalrecht, Rn. 130 ff.
- Hemmer/Wüst, Kommunalrecht, Rn. 159 ff.

Fall 4: Der kommunale Wirtschaftsbetrieb

Sachverhalt:

Der Gärtner Grün betreibt einen großen Gartenbaubetrieb in der Gemeinde Schönhausen. Mit diesem erzielt er große Gewinne und er hat sich weit über das Gemeindegebiet hinaus einen Ruf als wahrer Fachmann erworben.

Nach einem politischen Wechsel im Gemeinderat geht es für G jedoch langsam aber stetig bergab. Grund dafür ist die neu gegründete Parkanlagen GmbH (P), welche zu 100 % der Gemeinde gehört und das bisherige Grünflächenamt ersetzt hat. Hiervon erhofft man sich eine vorbildliche Grünflächenbetreuung und den „ein oder anderen Euro für das Stadtsäckel", da auch Aufträge von dritter Seite angenommen werden sollen. P ist aufgrund der guten technischen Ausstattung und der großzügigen Unterstützung der Stadt in der Lage, Aufträge schneller und viel günstiger als G auszuführen. Aus diesem Grund haben bereits viele Stammkunden G verlassen und setzen nun auf die Dienste der P.

G ist verzweifelt und steuert immer schneller auf die Insolvenz zu, da er sich gegen P nicht behaupten kann. Allerdings fragt er sich, ob die Stadt das Amt einfach in eine GmbH umwandeln und auf dem Markt tätig werden darf. Seiner Meinung nach sei dies eine unzumutbare Wettbewerbsverzerrung.

Er wendet sich daher verzweifelt an den Jurastudenten J und bittet ihn um ein Gutachten, ob und wie er gegen P schnell und effektiv vorgehen kann.

***Aufgabe**: Entwerfen Sie das Gutachten des J.*

I. Einordnung

Das Wirtschaftsleben in der Bundesrepublik Deutschland ist grundsätzlich von der Konkurrenz unter Privaten geprägt. Allerdings bietet Art. 87 GO den Gemeinden die Möglichkeit, sich ebenfalls am Wirtschaftsleben zu beteiligen. Hieraus ergeben sich zwangsläufig Konfliktsituationen zwischen Staat und privaten Anbietern. Dieser Fall geht auf so eine typische Konstellation ein, wobei auch Aspekte des Eilrechtsschutzes berücksichtigt werden.

II. Gliederung

Gliederung

1. **Verwaltungsrechtsweg, § 40 VwGO (+)**
2. **Zulässigkeit des Antrags**
   a) Statthaft: Antrag gem. § 123 VwGO, da Leistungsklage in Hauptsache
   b) Antragsbefugnis: Möglichkeit der Glaubhaftmachung von Anordnungsgrund und Anordnungsanspruch
3. **Begründetheit**
   a) **Antragsgegner, § 78 I Nr. 1 VwGO analog:** Gemeinde
   b) **Anordnungsgrund (+),** Dringlichkeit
   c) **Anordnungsanspruch (+),** wenn Hauptsache erfolgreich wäre
   aa) Art. 87 I GO grds. erfüllt, aber nach h.M. kein Drittschutz; daher kann sich G nicht darauf berufen.
   bb) Verletzung des Art. 12 I GG (+), da Insolvenz des Privatunternehmens nicht hingenommen werden kann

III. Lösung

1. Eröffnung des Verwaltungsrechtsweges

Der Verwaltungsrechtsweg ist gem. § 40 VwGO eröffnet, wenn die streitentscheidenden Normen öffentlich-rechtlich sind.

Vorliegend kommt aufgrund des Sachverhaltes jedoch eine Klage gem. § 1 UWG in Betracht, welche auf dem Zivilrechtsweg behandelt werden würde. Dieser ist für den Bürger gegenüber der öffentlichen Hand jedoch grundsätzlich nachteiliger als der Verwaltungsrechtsweg. Daher greift die Rechtsprechung hier wiederum auf die Zwei-Stufen-Theorie zurück, welche nach dem „Ob“ und dem „Wie“ der wirtschaftlichen Betätigung der Kommune unterscheidet.

Vorliegend möchte G die wirtschaftliche Betätigung der P gegenüber Privaten vollends unterbinden und nicht nur einzelne Handlungen. Mithin wird hier um das „Ob“ gestritten, sodass der Verwaltungsrechtsweg gem. § 40 I S. 1 VwGO eröffnet ist.

2. Zulässigkeit des Antrages

a) Statthaftigkeit

Nachdem G akut von der Insolvenz bedroht ist, kann ihm nur mit einem schnellen Vorgehen gedient sein. In Betracht kommt daher der verwaltungsrechtliche Eilrechtsschutz, insbesondere § 123 VwGO. Allerdings geht gem. § 123 V VwGO möglicherweise der Eilrechtsschutz gem. §§ 80, 80a VwGO vor. Dies gilt jedoch grundsätzlich nur, wenn in der Hauptsache ein Widerspruch oder eine Anfechtungsklage einzulegen wäre.

Somit ist das Klagebegehren des G zu untersuchen.

Er verlangt von der Gemeinde, die P-GmbH anzuweisen nicht mehr Privaten ihre Dienste anzubieten. Diese Anweisung ist jedoch kein Verwaltungsakt, sondern schlichtes Verwaltungshandeln, sodass in der Hauptsache die allgemeine Leistungsklage statthaft wäre.

In diesem Falle richtet sich der Eilrechtsschutz daher nach § 123 I VwGO. Dabei dürfte hier von einer Regelungsanordnung nach S. 2 und nicht von einer Sicherungsanordnung nach S. 1 auszugehen sein, da G den Erlass eines bislang nicht bestehenden Verbots begehrt.

b) Antragsbefugnis

Die Antragsbefugnis gem. § 42 II VwGO analog besteht, wenn es möglich erscheint, dass G den geltend gemachten Anspruch (= Anordnungsanspruch) hat und eine dringliche Angelegenheit (= Anordnungsgrund) vorliegt. Nachdem G vor der Insolvenz steht, ist Dringlichkeit gegeben. Auch ein Unterlassungsanspruch scheint vorliegend zumindest nicht von vornherein ausgeschlossen. Hierbei ist es letztendlich eine dogmatische Streitigkeit, ob dieser auf § 1004 BGB analog, auf die Grundrechte, oder auf das Rechtsstaatsprinzip gestützt wird. Es besteht jedenfalls Einigkeit, dass ein solcher Unterlassungsanspruch bestehen kann.

c) Beteiligten- und Prozessfähigkeit

G ist gem. § 61 Nr. 1 Alt. 1 VwGO beteiligten- und gem. § 62 I Nr. 1 VwGO prozessfähig.

Die Gemeinde Schönhausen ist gem. § 61 Nr. 1 Alt. 2 VwGO beteiligtenfähig und wird gem. § 62 III VwGO i.V.m. Art. 38 I GO vom Bürgermeister vertreten.

d) Ordnungsgemäße Antragstellung

Der formgerechte Antrag richtet sich nach § 123 III VwGO i.V.m. den genannten ZPO-Vorschriften, sowie §§ 81, 82 VwGO analog.

e) Zuständigkeit des Gerichts

Die Zuständigkeit ergibt sich gem. § 45 VwGO in sachlicher und gem. § 52 Nr. 5 VwGO, Art. 1 II Nr. 6 AGVwGO in örtlicher Hinsicht.

f) Zwischenergebnis

Der Antrag gem. § 123 VwGO ist somit zulässig.

3. Begründetheit

Der Antrag des G ist begründet, wenn er sich gegen den richtigen Antragsgegner richtet und ein Anordnungsgrund, sowie ein Anordnungsanspruch glaubhaft gemacht werden können.

hemmer-Methode: I.R.d. Eilrechtsschutzes genügt bereits eine Glaubhaftmachung, § 123 III VwGO i.V.m. § 920 ZPO. Ein Mittel zur Glaubhaftmachung ist insbesondere die Versicherung an Eides statt.

a) Antragsgegner

Das Rechtsträgerprinzip aus § 78 I Nr. 1 VwGO gilt analog für Leistungsklagen und somit auch für einen Antrag nach § 123 VwGO. Richtiger Antragsgegner ist folglich die juristische Person, gegenüber der das Bestehen eines Anspruchs behauptet wird.

Hier kommen sowohl die Stadt als auch P in Betracht. Allerdings wurde oben bereits die Zwei-Stufen-Theorie angesprochen, wobei hier das „Ob“ des Handelns und mithin die erste Stufe einschlägig ist.

Somit ist hier die Gemeinde richtiger Antragsgegner, da auch nur diese Adressat des Art. 87 GO ist.[2]

b) Anordnungsgrund

Ein Anordnungsgrund kann dann glaubhaft gemacht werden, wenn bei einer Abwägung der öffentlichen und privaten Belange das Zuwarten bis zur Hauptsacheentscheidung unzumutbar erscheint. Es darf allerdings keine andere Möglichkeit geben, das betreffende Recht zu sichern.

Vorliegend steht G aufgrund des Betriebes des P kurz vor der Insolvenz, sodass Eilbedürftigkeit und mithin ein Anordnungsgrund vorliegt.

c) Anordnungsanspruch

Ob ein Anordnungsanspruch glaubhaft gemacht werden kann, entscheidet eine umfassende Abwägung zwischen den Interessen des Antragsstellers und des Antragsgegners.

Als Hauptindiz können hierbei die Erfolgsaussichten der Klage im Hauptsacheverfahren herangezogen werden. Wäre also die Klage des G in der Hauptsache zulässig und begründet, läge ein Anordnungsanspruch vor.

aa) Zulässigkeit der Klage in der Hauptsache

Zulässigkeitsprobleme sind nicht ersichtlich.

---

2 Siehe auch BayVGH, BayVBl. 1959, 90 und BayVBl. 1976,628.

Insbesondere kann hinsichtlich der Prüfungspunkte Rechtsweg, statthafte Klageart und Klagebefugnis auf die obigen Ausführungen zur Zulässigkeit des Eilantrags verwiesen werden.

bb) Begründetheit der Klage in der Hauptsache

Die Klage ist begründet, wenn G ein Anspruch auf Unterlassung zusteht. Dies ist dann der Fall, wenn er durch die öffentliche Gewalt rechtswidrig in einem subjektiven Recht verletzt ist.

In Betracht kommt hier eine Verletzung des G in den Rechten aus Art. 87 GO, sowie Art. 12, 14 GG durch die Umwandlung des Grünflächenamtes in den Betrieb des P.

(1) Verletzung des Art. 87 GO

Art. 87 GO regelt die Möglichkeiten der wirtschaftlichen Betätigung einer Gemeinde. Durch die Umwandlung des Grünflächenamtes hat die Gemeinde ein Unternehmen i.S.d. Art. 87 I S. 1 GO errichtet. Fraglich ist, ob die Voraussetzungen des Art. 87 I S. 1 GO vorliegen.

(a) Öffentlicher Zweck, Art. 87 I S. 1 Nr. 1 GO

I.R.d. öffentlichen Zwecks wird zum Ausdruck gebracht, dass das Unternehmen einen gemeinnützigen Bezug haben muss.

Dies ist nicht der Fall, wenn die Gemeinde nur aus Gewinnerzielungsabsicht handelt, was aber nicht der Fall ist. Vielmehr ist der Gemeinde i.R.e. „kommunalpolitischen Einschätzungsprärogative" zuzugestehen, dass sie in gewissen Grenzen selbstständig tätig werden kann.

Hierbei ist es unstreitig, dass die Gemeinde einen Gartenbetrieb zur Deckung des eigenen Bedarfes unterhalten kann. Problematisch ist jedoch gerade das Anbieten der Dienstleistungen auf dem freien Markt gegen Entgelt.

Durch die Umwandlung ist es P erst möglich geworden, sich in gesteigertem Maße um Privatkunden zu kümmern. Nachdem P somit derzeit mehr Kapazitäten besitzt, als zur Erfüllung der Gartenbautätigkeit im öffentlichen Zweck nötig, muss hier vor dem Hintergrund einer rentablen Betriebsführung der privaten Konkurrenz eine Kapazitätsverringerung geschaffen werden.

Die Ausfüllung dieser Kapazitäten mit privaten Aufträgen dient keinem öffentlichen Zweck, sondern nur einem Gewinnstreben, welches eine solche Tätigkeit jedoch nicht rechtfertigen kann.

Somit liegt bereits kein öffentlicher Zweck vor.

Anmerkung: Dies allein würde G aber nicht weiter helfen, da Art. 87 I Nr. 1 GO jedenfalls kein subjektives Recht des einzelnen betroffenen Unternehmers zu entnehmen ist.

(b) Subsidiaritätsklausel, Art. 87 I S. 1 Nr. 4 GO

Diese Klausel beschränkt die zulässige wirtschaftliche Betätigung der Gemeinde noch weiter. Der Gemeinde ist die wirtschaftliche Betätigung dann verwehrt, wenn ein privates Unternehmen die Versorgung mit Gartenbaudienstleistungen quantitativ genauso gut und wirtschaftlich durchführen kann.

Dies ist laut Sachverhalt bezogen auf G der Fall. Zudem diente die Umwandlung einem reinen Gewinnstreben.

Somit verstößt das Verhalten der Gemeinde gegen Art. 87 I S. 1 Nr. 4 GO.

(c) Drittschutzfunktion des Art. 87 GO

Den Verstoß gegen Art. 87 GO kann G aber nur dann erfolgreich rügen, wenn diese Vorschrift drittschützend ist. Dies ist der Fall, wenn die Norm einem bestimmten Personenkreis zugutekommen soll und G zu diesem Personenkreis gehört.

Ob Art. 87 I S. 1 Nr. 4 GO drittschützend ist, ist hoch umstritten. Die Rechtsprechung verneint dies und verweist darauf, dass nur der Schutz der Privatwirtschaft im Allgemeinen bezweckt sei.[3] Zwar soll eine Schädigung der privatwirtschaftlichen Betriebe durch kommunale Betriebe grundsätzlich verhindert werden, dies sei jedoch nur ein Rechtsreflex und kein subjektives Recht. Dies wird auch auf den Wortlaut des Art. 153 BV gestützt.

Es ist jedoch zu bemerken, dass das Erfordernis „Öffentlicher Zweck“ bzw. die „Subsidiaritätsklausel“ stark dafür sprechen, nicht nur die Privatwirtschaft, sondern auch die Angehörigen der Privatwirtschaft davon umfasst zu sehen. Zudem sollte Art. 87 GO auch dazu dienen, eine ungezügelte Erwerbstätigkeit der öffentlichen Hand zu Lasten Privater zu verhindern.

Dennoch ist die bayerische Rechtsprechung in diesem Punkt noch der Auffassung, dass ein Drittschutz nicht besteht. Nachdem Art. 87 GO somit nicht dem Individualinteresse dient, kann sich G hierauf nicht berufen.

Zwischenergebnis: Somit liegt zwar ein Verstoß gegen Art. 87 GO vor. Nachdem diese Vorschrift aber nicht drittschützend ist, kann sich G nicht darauf berufen.

(2) Art. 95 II GO

Auch mit Art. 95 II GO findet sich eine Vorschrift, welche die wirtschaftlichen Tätigkeiten einer Gemeinde beschränkt.

Nachdem hier eine wesentliche Schädigung des Antragsstellers glaubhaft gemacht werden kann, wäre Art. 95 II GO zunächst erfüllt. Genau wie bei Art. 87 GO ist aber auch hier umstritten, ob diese Norm einen drittschützenden Charakter hat.

Von der h.M. wird dies mit den von Art. 87 GO bekannten Argumenten verneint, sodass sich G hierauf nicht berufen kann.

hemmer-Methode: An diesem Punkt können Sie sehr gut eine andere Ansicht vertreten. So hat Art. 95 II GO bei der Auslegung der h.M. keine eigenständige Bedeutung und ist neben Art. 87 I Nr. 4 GO eigentlich überflüssig. Wichtig ist vor allem, dass Sie dieses Problem ansprechen und die Rechtsprechung, sowie die Gegenpositionen diskutieren. Nach dieser Diskussion kann man die Streitigkeit womöglich auch offenlassen und auf die mögliche Verletzung von Grundrechten verweisen. Hören Sie also keinesfalls an dieser Stelle auf, sondern prüfen Sie stets noch Grundrechtsverletzungen, ansonsten lassen Sie (einfache) Punkte liegen.

(3) Verletzung von Art. 12 I GG

Art. 12 I GG umfasst als einheitliches Grundrecht auch die Wettbewerbsstellung des Privatunternehmers. Aufgrund des Verhaltens der Gemeinde ist der Schutzbereich eröffnet.

[3] Vgl. BayVGH, BayVBl. 1959, 90; 1976, 628.

Ob ein Eingriff vorliegt, bedarf genauerer Untersuchung. Art. 12 I GG schützt grundsätzlich nicht vor Konkurrenz, sei sie öffentlich oder privat.

Eine Ausnahme besteht dann, wenn die gemeindliche Tätigkeit eine private Konkurrenz wirtschaftlich unmöglich macht. Somit liegt ein Eingriff dann vor, wenn der Privatunternehmer darlegen kann, durch die konkrete Wirtschaftsbetätigung der öffentlichen Hand von der Insolvenz bedroht zu sein.

Genau dies ist bei G der Fall, sodass ein faktischer Eingriff in Form der Konkurrenz durch P vorliegt.

Eine Rechtfertigung müsste sich im Hinblick auf Art. 87 GO bzw. Art. 28 II GG i.V.m. Art. 11 II S. 2 BV aus einem öffentlichen Zweck ergeben, der so gewichtig ist, dass eine Insolvenz von Privatunternehmen hingenommen werden kann.

Nachdem die Gemeinde jedoch vor allem auf Gewinnerzielung bedacht ist, kann eine Rechtfertigung nicht vorliegen.

Art. 12 I GG ist daher verletzt.

cc) Ergebnis der Hauptsacheklage

Somit wäre die Klage in der Hauptsache begründet. Dies bedeutet, dass eine Abwägung zwischen den Belangen des Anspruchsstellers und des Anspruchsgegners hier zugunsten des Anspruchsstellers ausfällt.

4. Ergebnis

Somit besteht ein Anordnungsanspruch des G. Der Antrag gem. § 123 VwGO ist somit begründet und hat Aussicht auf Erfolg.

IV. Zusammenfassung

- Bei der Frage nach dem Rechtsweg ist stets an die Zwei-Stufen-Theorie zu denken.
- I.R.d. Eilrechtsschutzes gem. § 123 VwGO kann zur Glaubhaftmachung auch auf die eidesstattliche Versicherung zurückgegriffen werden.
- Das bloße Gewinnstreben ist kein öffentlicher Zweck, der eine wirtschaftliche Betätigung der Gemeinde gestattet.
- Die wirtschaftliche Betätigung einer Gemeinde kann leicht gegen Art. 87 GO verstoßen. Dieser Norm kommt nach h.M. aber kein Drittschutz zu, sodass sich ein Bürger darauf nicht berufen kann.
- Auch Art. 95 II GO ist nach h.M. nicht drittschützend, wobei gerade hier angesichts des Wortlauts eine andere Ansicht vertretbar ist.

V. Zur Vertiefung

- Faber, DVBl. 2003, 761.
- Hemmer/Wüst, Kommunalrecht, Rn. 170 ff.

Fall 5: Ordnungsmaßnahmen im Gemeinderat

Sachverhalt:

Um eine offene und ehrliche Berichterstattung über angebliche Schmierereien und Schiebereien innerhalb des Gemeinderates zu betreiben, beschließt Journalist J, der regelmäßig für die „Süddeutsche“ schreibt, die nächste Gemeinderatssitzung, bei der es um die örtliche Baupolitik geht, mit der Kamera aufzuzeichnen, um so die Abstimmung und die Diskussion in Wort und Bild vorliegen zu haben.

Als J am 25.02.11 in der Gemeinderatssitzung seine Digicam auspackt, um die Sitzung zu filmen, wird er vom Bürgermeister aufgefordert, dies zu unterlassen.

Daraufhin beantragte J, vor dem Hintergrund der Pressefreiheit, die Aufnahmen zuzulassen. Dieser Antrag wurde einstimmig abgelehnt.

Schon am nächsten Tag legte er jedoch Klage beim VG München ein mit der Begründung, dass er in seiner Pressefreiheit verletzt worden wäre. Schließlich wolle er bei der nächsten Sitzung wieder filmen, um die nun noch stärker vermutete Korruption aufzudecken. Hierbei seien die Filmaufnahmen auch notwendig, um besonders unsichere und nervöse Gemeinderäte aufzuspüren.

Der zuständige Richter am VG bittet den ihm zugeteilten Rechtsreferendar R um ein Gutachten zur Begründetheit der Klage.

Aufgabe: *Entwerfen Sie das Gutachten des R!*

I. Einordnung

Grundsätzlich sind die Sitzungen des Gemeinderates öffentlich. Damit jedoch eine produktive und störungsfreie Sitzungsatmosphäre gewahrt ist, braucht es gewisser Ordnungsbefugnisse. Diese stehen nach der Gemeindeordnung dem Ersten Bürgermeister zu. In diesem Fall erfahren Sie, wie diese Befugnisse aufgebaut sind und wie der Bürgermeister davon Gebrauch machen kann.

II. Gliederung

Gliederung

1. Passivlegitimation: Rechtsträgerprinzip, § 78 Nr. 1 VwGO

2. Rechtmäßigkeit der Anordnung

a) Rechtsgrundlage: Art. 53 GO

b) Formelle Rechtmäßigkeit (+)
(P): Anhörung?

c) Materielle Rechtmäßigkeit (+)

aa) Vorliegen einer Störung

bb) Ermessensfehlerfreiheit

(1) Verletzung der Pressefreiheit, Art. 5 GG

(2) Abwägung

3. Ergebnis: Klage unbegründet

III. Lösung

Die Klage ist begründet, soweit sie gegen den richtigen Beklagten gerichtet ist, die Aufforderung des Bürgermeisters, die Aufnahmen zu unterlassen, rechtswidrig war und J hierdurch in seinen Rechten verletzt wurde, §§ 78, 113 I S. 1 u. 4 VwGO.

hemmer-Methode: Beachten Sie, dass in der Fallfrage nur nach der Begründetheit gefragt ist. Was die Zulässigkeit angeht, so handelt es sich um eine zulässige Fortsetzungsfeststellungsklage analog § 113 I S. 4 VwGO.
Das Verbot Kameraaufnahmen zu erstellen, ist ein Verwaltungsakt i.S.d Art. 35 S. 1 BayVwVfG, der sich schon vor Erhebung der Klage erledigt hat.
In diesem Fall greift die h.M. auf eine Analogie zu § 113 I S. 4 VwGO zurück, während die Gegenauffassung § 43 VwGO heranzieht (vgl. hierzu **Hemmer/Wüst, VerwaltungsrR II, Rn. 141 ff.**). Für die hier gefragte Begründetheit ergeben sich dabei keine Unterschiede.

1. Passivlegitimation

Gem. § 78 Nr. 1 VwGO ist die Gemeinde aufgrund des dort verankerten „Rechtsträgerprinzips" passivlegitimiert.

2. Rechtmäßigkeit der Anordnung

Die Anordnung des Bürgermeisters war rechtmäßig, wenn eine Rechtsgrundlage existierte und die Anordnung formell und materiell rechtmäßig war.

a) Rechtsgrundlage

Die zentrale Ordnungsgewalt des Bürgermeisters, inklusive der Sitzungsverweisung, findet sich in Art. 53 I S. 1 GO. Hiernach ist er zu entsprechenden Ordnungsmaßnahmen berechtigt.

b) Formelle Rechtmäßigkeit

Nach dem Wortlaut des Art. 53 I S. 1 GO ist der Bürgermeister als Vorsitzender des Gemeinderats nach Art. 36 GO zuständig.

Fraglich ist, ob eine Anhörung gem. Art. 28 I BayVwVfG durchgeführt werden muss. Gegenüber dem Adressaten der Ordnungsmaßnahme ist diese ein VA i.S.d. Art. 35 S. 1 BayVwVfG. Die erforderliche Anhörung könnte also dadurch gegeben sein, dass J sich zur Sache äußern durfte.

Letztendlich kann dies jedoch offen bleiben, da die Anhörung gem. Art. 28 II Nr. 1 BayVwVfG bei Gefahr in Verzug unterlassen werden kann.

Nachdem ein ordnungsgemäßer Sitzungsbetrieb bei laufender Kamera nicht möglich war, ist von einer solchen Gefahr auszugehen.

c) Materielle Rechtmäßigkeit der Aufforderung

aa) Tatbestand des Art. 53 I S. 1 GO

Nach Art. 53 I S. 1 GO handhabt der Bürgermeister die Ordnung im Gemeinderat. Er kann auf dieser Grundlage in Vollzug seines Hausrechts Maßnahmen gegen Zuhörer erlassen, wenn diese die Ordnung stören.

Unter einer Störung versteht man ein Verhalten, durch welches der ordnungsgemäße Sitzungsablauf unmöglich gemacht oder wesentlich erschwert wird.

Eine solche Störung kann in den Filmaufnahmen grundsätzlich gesehen werden.

Es ist zu befürchten, dass die Gemeinderatsmitglieder bei laufender Kamera aus Angst vor einer Blamage ihre Unbefangenheit verlieren und sich nicht mehr oder nur noch eingeschränkt an der Diskussion im Gemeinderat beteiligen. Damit ist die Funktionsfähigkeit des Gemeinderats gefährdet.

Anmerkung: Eine Ordnungsstörung ist nach dem eindeutigen Wortlaut auch für einen „Rauswurf" aus dem Sitzungssaal erforderlich, Art. 53 I S. 2 GO. Insoweit handelt es sich bei S. 2 aber nur um eine Konkretisierung des Hausrechts nach S. 1. Auch sonstige, mildere Maßnahmen darf der Bürgermeister nur erlassen, wenn eine Ordnungsstörung vorliegt.

bb) Ermessensfehlerfreiheit

Zu klären ist aber, ob die Entscheidung nicht ermessensfehlerhaft war. Schließlich ist der Bürgermeister nur zu Ordnungsmaßnahmen berechtigt, nicht aber verpflichtet.

Hier könnte ein Ermessensfehlgebrauch vorliegen, wenn der Bürgermeister wesentliche Grundrechtspositionen des J missachtet hat.

(1) Verletzung der Pressefreiheit, Art. 5 I S. 2 GG

S veröffentlicht seine Berichte in den Printmedien und kann sich damit grundsätzlich auf Art. 5 I S. 2 GG berufen.

Das Filmen einer Gemeinderatssitzung fällt als Form der Informationsbeschaffung dabei auch unter den Schutzbereich des Art. 5 I S. 2 GG.

Allerdings kann dieses Recht durch ein „allgemeines Gesetz" eingeschränkt werden. Art. 53 I GO ist ein solches.

hemmer-Methode: Kennen Sie noch die Besonderheit des allgemeinen Gesetzes i.S.d. Art. 5 II GG?

Allgemeine Gesetze sind solche, die sich nicht gegen eine bestimmte Meinung richten, sondern dem Schutz eines Rechtsgutes dienen, welches der Meinungsfreiheit vorrangig ist.[4]

(2) Abwägung

Somit müssen die Pressefreiheit des J und die Ziele des Art. 53 GO im Einzelfall miteinander abgewogen werden. Letzterer dient vorliegend dem Schutz der Funktionsfähigkeit des Gemeinderats sowie evtl. dem Schutz des Persönlichkeitsrechts der Gemeinderatsmitglieder.

Grundsätzlich darf jedermann selbst entscheiden, ob und von wem sein Wort oder Bild aufgenommen werden soll.[5]

Allerdings ist zu bedenken, dass die Diskussion öffentlich ist und die Abgeordneten in ihrer gesellschaftlichen Sphäre (und nicht in der Privat- oder Intimsphäre) wirken. Sie werden hier als Gemeinderatsmitglieder und damit als Teil der öffentlichen Hand tätig, sodass fraglich ist, ob sie überhaupt Grundrechtsschutz für sich in Anspruch nehmen können: Die Grundrechte sind Abwehrrechte gegen den Staat und keine Rechte für den Staat.

Dies kann letztlich offen bleiben, da jedenfalls die Funktionsfähigkeit des Gemeinderats durch die Kameraaufnahmen gefährdet wird. Das einzelne Gemeinderatsmitglied kann durch diese Aufnahmen eingeschüchtert und von Redebeiträgen abgehalten werden, s.o.

---

4 Vgl. hierzu BVerfGE 124, 300 = **Life&Law 2010, 111. Unser Service-Angebot an Sie: kostenlos hemmer-club-Mitglied werden (www.hemmer-club.de) und Entscheidungen der Life&Law lesen und downloaden.**

5 Vgl. BVerfGE 34, 238 (246).

Dabei ist auch die mediale Unerfahrenheit eines durchschnittlichen Gemeinderates zu beachten. Im Gegensatz zu hochrangigen Politikern sind sie die stete Präsenz der Medien nicht gewöhnt, was zu Drucksituationen führen kann und letztendlich der offenen Diskussion abträglich wäre. Hierfür spricht auch der Rechtsstatus des Gemeinderates als Verwaltungsorgan, da es sich gerade nicht um ein Parlament handelt.

Der Schutz der Funktionsfähigkeit des Gemeinderates hat somit gewichtige Argumente für sich. Im Gegensatz dazu kann das Informationsinteresse des J auch auf andere Weise befriedigt werden. Es steht ihm schließlich frei die Diskussion mitzuschreiben oder die Niederschriften einzusehen.

Hierdurch ist es im Übrigen möglich, den Informationsgehalt und den Diskussionsgang problemlos festzuhalten. Lediglich Tonfall und Emotionalität der Sprechenden könnten nicht dauerhaft fixiert werden (vgl. OLG Köln, DVBl. 1979, 523).

Somit ist ein Verbot der Aufnahmen nach Abwägung aller Punkte als verhältnismäßig anzusehen. Das bloße Niederschreiben erlaubt es, dem Zweck einer öffentlichen Sitzung nachzukommen, ohne das Persönlichkeitsrecht der Gemeinderäte zu verletzen.

Insgesamt überwiegt der Schutz des Persönlichkeitsrechtes der Gemeinderäte hier das Informationsinteresse des J. Ein Ermessensfehler liegt daher nicht vor.

d) Zwischenergebnis

Die Aufforderung des Bürgermeisters war somit rechtmäßig.

3. Ergebnis

Die Klage des J ist daher unbegründet.

IV. Zusammenfassung

- Art. 53 I GO ermächtigt den Bürgermeister zu Ordnungsmaßnahmen gegen Zuhörer
- Störung i.S.d. Art. 53 I GO ist ein Verhalten, durch welches der ordnungsgemäße Sitzungsablauf unmöglich gemacht oder wesentlich erschwert wird.
- Diese Anordnungen sind VAe, wobei die Anhörung jedoch wegen Art. 28 II Nr. 1 BayVwVfG meist entfallen kann.

V. Vertiefung

- Hemmer/Wüst, Kommunalrecht, Rn. 213 ff.

Fall 6: Rechtsaufsicht / Fachaufsicht

Sachverhalt:

Die Gemeinde Feieringen (Reg.Bez. Schwaben) hat sich in letzter Zeit zu einem beliebten Treffpunkt für Jugendliche entwickelt. Diese bevölkern zusehends die Kneipen in der Altstadt, was bei den alteingesessenen Stammtischbrüdern nicht auf Gegenliebe stößt. Zudem lassen die Wirte nun vermehrt moderne „BumBum" Musik laufen, wodurch sich die älteren Besucher ebenfalls gestört fühlen. Die Lärmemissionen bleiben jedoch stets unter dem gesetzlichen Höchstmaß.

Um der „Verjugendlichung" der Gemeinde F entgegenzuwirken, beschließt der Gemeinderat - formell ordnungsgemäß - eine Verlängerung der Sperrzeit auf ein Uhr per Verordnung gem. § 10 BayGastV.

Als Referendar R, der gerade beim zuständigen Landratsamt arbeitet, dies mitbekommt, ist er erbost und bezweifelt die Rechtmäßigkeit. Auch das Landratsamt teilt seine Bedenken und weist mit Bescheid vom 01.02.2013 die Gemeinde an, die Sperrzeitverkürzung aufzuheben, da hierfür die gesetzlichen Voraussetzungen nicht vorliegen.

Die Gemeinde will jedoch an der Verlängerung festhalten.

Frage: *Wie kann sie sich dagegen wehren?*

I. Einordnung

Dieser Fall behandelt die Konstellation, dass eine Gemeinde gegen eine aufsichtsrechtliche Maßnahme des Landratsamtes vorgeht. Hierbei ist insbesondere die Unterscheidung zwischen Rechts- und Fachaufsicht zu diskutieren. Zudem wird auf die Besonderheiten der GastV eingegangen, welche (auch) Zuständigkeiten im Gaststättenwesen regelt. Dieses Gesetz muss nicht von vornherein bekannt sein; der Bearbeiter sollte aber in der Lage sein, den Aufbau und die Wertungen eines Gesetzes zu erkennen.

So lernen Sie examenstypische Aufgabenstellungen zu bewältigen!

II. Gliederung

Gliederung

1. **Verwaltungsrechtsweg, § 40 VwGO (+)**
2. **Zulässigkeit der Klage**

(P): Wirkungskreis der Maßnahme: GastV ist spezielles Sicherheitsrecht, daher übertragener Wirkungskreis

3. **Begründetheit**

a) Rechtsgrundlage:

⇨ Fachaufsicht, Art. 116 I S. 2 GO

b) materielle RMK der Aufsichtsmaßnahme

aa) Rechtsgrundlage

bb) formelle RMK

cc) materielle RMK des Ausgangs-VA
⇨ öffentliches Bedürfnis (-)
⇨ Besondere örtliche Verhältnisse (-)

4. **Ergebnis**: Klage unbegründet

Zunächst kann sich die Gemeinde formlos an das Landratsamt wenden und um Aufhebung des Bescheides bitten.

Diese Variante wird jedoch realistischerweise keine Aussicht auf Erfolg haben.

Somit muss die Gemeinde auf dem Rechtsweg vorgehen. In Betracht kommt hier die Klageerhebung beim Verwaltungsgericht.

1. Eröffnung des Verwaltungsrechtsweges

Der Verwaltungsrechtsweg ist gem. § 40 VwGO eröffnet, da es sich um Probleme aus dem Gaststätten- sowie dem kommunalen Aufsichtsrecht handelt. Diese Rechtsgebiete gehören zum Öffentlichen Recht. Eine doppelte Verfassungsunmittelbarkeit liegt ebenfalls nicht vor.

2. Zulässigkeit der Klage

a) Statthafte Klageart

Welche Klageart statthaft ist, hängt von dem Klageziel der F ab. Vorliegend möchte sie erreichen, dass der Bescheid des LRA vom 01.02.2013 aufgehoben wird.

Fraglich ist aber, welche Rechtsnatur dieser Bescheid besitzt. In Betracht kommt zunächst ein Verwaltungsakt i.S.d. Art. 35 S. 1 BayVwVfG, wobei hier die Außenwirkung genau zu untersuchen ist.

Der erlassene Bescheid wurde entweder i.R.d. Rechtsaufsicht oder i.R.d. Fachaufsicht erlassen. Sollte das Landratsamt i.R.d. Rechtsaufsicht handeln, so wäre die Maßnahme ein Verwaltungsakt, da hier in den eigenen Wirkungskreis der Gemeinden eingegriffen würde.

Im übertragenen Wirkungskreis hingegen ist die Außenwirkung fraglich. Z.T. wird die Gemeinde hier nur als verlängerter Arm des Staates gesehen, sodass Fachaufsichtsmaßnahmen von einer Staatsbehörde gegenüber einer „Quasi-Staatsbehörde“ ergehen, also den Rechtskreis des Staates nicht verlassen.

aa) Wirkungskreis der Maßnahme

Zunächst ist also zu klären, ob die Verkürzung der Sperrzeit für F eine Maßnahme des eigenen (dann Rechtsaufsicht) oder des übertragenen Wirkungskreises ist (dann Fachaufsicht).

Aus der Zuständigkeitsvorschrift § 1 V, VI GastV ergibt sich, dass der Gemeinde bei der Sperrzeitverkürzung die Zuständigkeit verliehen ist.

Fraglich ist, ob dies eine Zuständigkeitszuweisung oder nur eine deklaratorische Vorschrift ist. Das Gaststättenrecht gehört zum speziellen Sicherheitsrecht. Dieses ist eine staatliche Angelegenheit und den Gemeinden übertragen. Somit handelt die Gemeinde hier im übertragenen Wirkungskreis, sodass der Bescheid des LRA eine fachaufsichtliche Maßnahme ist.

Ob diese Verwaltungsakte sind ist umstritten. Zwar spricht Art. 120 GO explizit von aufsichtlichen Verwaltungsakten, jedoch wird auch die Auffassung vertreten, dass die Gemeinde nur als verlängerter Arm des Staates tätig wird und somit keine Außenwirkung besteht, s.o. Hiergegen wird jedoch unter Bezugnahme auf Art. 6 GO eingewendet, dass die Kommune auch i.R.d. übertragenen Wirkungskreises rechtlich selbstständig handelt.

Dieser Ansicht ist insbesondere wegen des Wortlauts des Art. 120 GO zu folgen.

bb) Zwischenergebnis

Somit liegt Außenwirkung und mithin auch ein Verwaltungsakt vor.

Aufgrund des Klageziels ist die Anfechtungsklage nach § 42 I Alt. 1 VwGO die richtige Klageart.

b) Klagebefugnis, § 42 II VwGO

F ist zwar Adressat eines belastenden VAs, jedoch kann sie sich nicht auf Art. 28 GG, Art. 11 II BV berufen, da die Maßnahme des LRA i.R.d. Fachaufsicht also des übertragenen Wirkungskreises erfolgte. Nachdem eine Sperrzeitverlängerung jedoch eine Ermessensentscheidung ist, kommt eine Verletzung von Art. 109 II S. 2 GO in Betracht.

c) Vorverfahren

Ein Vorverfahren ist nach § 68 I S. 2 VwGO, Art. 15 II AGVwGO entbehrlich.

d) Frist

Zur Frist fehlen nähere Angaben. Will die Gemeinde jedoch verwaltungsgerichtlich vorgehen, muss sie die Monatsfrist zur Klageeinreichung nach § 74 I S. 2 VwGO einhalten.

e) Beteiligten-/Prozessfähigkeit

Die Gemeinde F ist gem. § 61 Nr. 1 Alt. 2 VwGO beteiligtenfähig und wird gem. § 62 III VwGO i.V.m. Art. 38 I GO vom Bürgermeister vertreten.

f) Zuständiges Gericht

Das VG Augsburg ist gem. § 45 VwGO sachlich und gem. § 52 Nr. 1 VwGO i.V.m. Art. 1 II AGVwGO örtlich zuständig.

g) Zwischenergebnis

Die Klage wäre somit zulässig.

3. Begründetheit

Die Klage ist begründet, wenn sie sich gegen den richtigen Beklagten richtet, die Aufsichtsmaßnahme des Landratsamtes rechtswidrig ist und F hierdurch in eigenen Rechten verletzt wird, §§ 78, 113 I S. 1 VwGO.

a) Passivlegitimation

Gem. § 78 Nr. 1 VwGO ist der Rechtsträger der handelnden Behörde passivlegitimiert. Hier handelt das LRA gem. Art. 37 I S. 2 LKrO im Rahmen einer staatlichen Aufgabe, nämlich der Fachaufsicht gem. Art. 115 I S. 2, 110 S. 1 GO. Daher ist der Freistaat Bayern als Rechtsträger passivlegitimiert.

Dieser ist gem. § 61 Nr. 1 Alt. 2 VwGO beteiligten- und gem. § 62 III VwGO prozessfähig, soweit er nach Art. 16 AGVwGO, § 3 II S. 1 LABV von der Ausgangsbehörde vertreten wird.

b) Rechtmäßigkeit der Aufsichtsmaßnahme

aa) Rechtsgrundlage

Wie oben gezeigt, handelt es sich bei der Aufsichtsmaßnahme um eine Maßnahme i.R.d. Fachaufsicht, da das Gaststättenrecht zum übertragenen Wirkungskreis der Gemeinde gehört. Die Befugnisse bei der Fachaufsicht sind in Art. 116 GO aufgezählt. Vorliegend wurde eine Weisung erteilt, welche zu den möglichen Maßnahmen zählt, Art. 116 I S. 2 GO.

bb) Formelle Rechtmäßigkeit

Die sachliche Zuständigkeit ergibt sich vorliegend aus Art. 115 I S. 2 GO i.V.m. Art. 110 GO

cc) Materielle Rechtmäßigkeit der Aufsichtsmaßnahme

Die fachaufsichtliche Weisung, den Ausgangsverwaltungsakt der Gemeinde aufzuheben, ist von Art. 116 I S. 2 GO gedeckt, wenn der Ausgangsverwaltungsakt entweder rechtswidrig oder aber in den Grenzen des Art. 109 II S. 2 GO unzweckmäßig ist.

(1) Rechtsgrundlage für den Ausgangsverwaltungsakt

Rechtsgrundlage für die Sperrzeitverlängerung ist § 10 BayGastV.

(2) Formelle Rechtmäßigkeit des Ausgangsverwaltungsakts

Die Sperrzeitverlängerung wurde laut Sachverhalt formell ordnungsgemäß beschlossen. Die Zuständigkeit der Gemeinde ergibt sich explizit aus § 1 V GastV.

hemmer-Methode: Denken Sie in Zusammenhängen und rufen Sie sich die Fälle 1 und 2 in Erinnerung!
Die Beschlussfassung im Gemeinderat ließe sich an dieser Stelle problemlos einbauen, um „ein Problem mehr“ bearbeiten zu lassen. Gerade anhand solcher Kleinigkeiten erfolgt die Notendifferenzierung im oberen und mittleren Bereich.

(3) Materielle Rechtmäßigkeit des Ausgangsverwaltungsakts

Gem. § 18 GastG i.V.m. § 10 GastV kann eine Sperrzeitverlängerung unter den dort genannten Bedingungen ausgesprochen werden.

Öffentliches Bedürfnis

Sollte im Interesse der Allgemeinheit eine Sperrzeitverlängerung notwendig sein, so spricht man von einem öffentlichen Bedürfnis.

Vorliegend erging der Beschluss, um dem starken Andrang jugendlichen Publikums entgegenzuwirken.

Ob eine Gaststätte vorwiegend junges oder älteres Publikum anspricht ist jedoch letztendlich Entscheidung des Gaststättenbetreibers. Schließlich kann dieser durch z.B. Musik- oder Getränkeangebote eine bestimmte Zielgruppe ansprechen oder die Gaststätte für eine andere Bevölkerungsgruppe vollkommen uninteressant machen.

Besondere örtliche Verhältnisse

Eine genaue Definition von „besonderen örtlichen Verhältnissen“ ist schwierig und kaum trennscharf neben dem „öffentlichen Bedürfnis“ durchzuführen. Der Begriff örtlich stellt jedoch auf die Verhältnisse der Gaststätte selbst oder aber der Nachbarschaft ab. Nachdem jedoch diesbezüglich keine weiteren Informationen vorliegen und die Lärmemissionen die Grenzwerte nicht überschreiten, liegen keine besonderen örtlichen Verhältnisse vor, welche eine Sperrzeitverlängerung rechtfertigen würden.

(4) Zwischenergebnis

Nachdem die Voraussetzungen für eine Maßnahme gem. § 10 GastV nicht vorliegen, war der Ausgangsverwaltungsakt materiell rechtswidrig.

c) Verletzung von Art. 109 II S. 2 GO

Nachdem hier die Voraussetzungen für eine Sperrzeitverlängerung schon nicht vorliegen, ist auch kein Spielraum für eine Ermessensentscheidung eröffnet.

Somit kann auch kein zu weitgehender Eingriff in die Ermessensentscheidung der Gemeinde vorliegen.

d) Zwischenergebnis

Die Weisung des LRA, die Sperrzeitverlängerung wieder aufzuheben, ist daher rechtmäßig.

4. Ergebnis

Die zulässige, aber unbegründete Klage der Gemeinde wird keinen Erfolg haben.

hemmer-Methode: Die Gemeinde könnte allerdings der Weisung schlichtweg keine Folge leisten. Schließlich stehen der Fachaufsichtsbehörde keine Zwangsmittel zur Weisungsdurchsetzung zu. Ob dies jedoch zu einem für die Gemeinde befriedigenden Ergebnis führt, darf sehr bezweifelt werden, da eine zwangsweise Durchsetzung durch die Rechtsaufsichtsbehörde verlangt werden kann, Art. 116 II GO. Diese Variante bürdet der Gemeinde also noch zusätzliche Kosten auf und führt trotzdem zur Aufhebung der Sperrzeitverlängerung.

Anmerkung: Zum Prüfungsaufbau eines Widerspruchsverfahrens beschäftigen Sie sich bitte mit Fall 7.

IV. Zusammenfassung

- I.R.v. Aufsichtsmaßnahmen ist zwischen Rechts- und Fachaufsicht zu unterscheiden
- Rechtsaufsicht besteht i.R.d. eigenen Wirkungskreises der Gemeinde. Fachaufsicht dagegen im übertragenen Wirkungskreis.
- Die Klagebefugnis beim Vorgehen gegen eine fachaufsichtliche Maßnahme kann nur auf Art. 109 II S. 2 GO und nicht wie im eigenen Wirkungskreis auf Art. 11 II BV, Art. 28 II GG gestützt werden.
- Die Fachaufsichtsbehörde kann gem. Art. 116 I S. 2 GO Weisungen aussprechen. Eine zwangsweise Durchsetzung ist jedoch nur mit Hilfe der Rechtsaufsichtsbehörde zulässig, vgl. Art. 116 I S. 3, II GO. Für diese Durchsetzung ist insbesondere Art. 113 GO relevant.

V. Zur Vertiefung

- Hemmer/Wüst, Kommunalrecht Bayern, Rn. 80 ff. (Abgrenzung Wirkungskreise).
- Hemmer/Wüst, Kommunalrecht Bayern, Rn. 105 ff. (Rechts-/ Fachaufsicht).

Fall 7: Kommunalabgabenrecht

Sachverhalt:

In der unterfränkischen kreisangehörigen Gemeinde Doggingen hat der Gemeinderat am 20.12.2012 eine „Verordnung" verabschiedet, nach welcher pro Hund eine Hundesteuer in Höhe von 40,- € im Jahr zu bezahlen ist. Sämtliche formellen Vorschriften wurden hierbei eingehalten. Die Steuer soll ab 2013 erhoben werden.

Hundefreund Hasso ist von diesem Beschluss nicht besonders angetan, schließlich besitzt er vier Hunde und erhält einen ordnungsgemäßen Steuerbescheid über 160,- €.

Erbost über die Tierhasser im Gemeinderat legt er form- und fristgerecht Widerspruch beim zuständigen Landratsamt Kitzingen ein.

Besonders stört ihn der „willkürliche" Beschluss einer Hundesteuer, die Gemeinde könne ja nicht besteuern was sie will. Zudem habe er noch nie gehört, dass Gemeinden Steuerverordnungen erlassen können.

Frage: *Wird H mit seinem Widerspruch Erfolg haben?*

I. Einordnung

Zu den notwendigen Kenntnissen für das Erste Staatsexamen gehören auch einige wesentliche Vorschriften aus dem Kommunalabgabenrecht. Gerade bei dieser vermeintlich unspektakulären Materie fällt es vielen Studenten ohne Vorkenntnisse schwer, den Sachverhalt in den Griff zu bekommen.

Mit diesem Fall wird ein Einstieg in das KAG getan und zudem das Widerspruchsverfahren wiederholt.

I.R.d. Zusatzfrage setzen Sie sich mit der Frage einer Normverwerfungskompetenz der Widerspruchsbehörde auseinander.

II. Gliederung

Gliederung

1. Zulässigkeit des Widerspruchs

Verwaltungsrechtsweg, §§ 68, 40 VwGO (+)

Statthaftigkeit: Art. 15 I S. 1 Nr. 1 AGVwGO

2. Begründetheit

§§ 68 I S. 1, 113 I S. 1 VwGO analog: Rechtswidrigkeit des Steuerbescheids und subjektive Rechtsverletzung:

a) Wirksamkeit der Verordnung als Rechtsgrundlage?

aa) formelle RMK der „Verordnung" (+)

Gemeinde kann zwar nur Satzung erlassen, aber Falschbezeichnung unschädlich

bb) Materielle RMK der Satzung:

Ortsbezogenheit, Art. 3 KAG (+)

Verstoß gegen höherrangiges Recht (-), da Art. 14 GG und Art. 2 GG nicht verletzt.

b) Subsumtion unter Rechtsgrundlage

3. Ergebnis: Steuerbescheid rechtmäßig, Widerspruch unbegründet

III. Lösung

H wird mit seinem Vorgehen Erfolg haben, wenn der Widerspruch statthaft, zulässig und begründet ist.

Über den Widerspruch entscheidet gem. § 73 I S. 2 VwGO grundsätzlich die Ausgangsbehörde, hier also die Gemeinde, da es sich bei dem angefochtenen Abgabenbescheid um eine Angelegenheit des eigenen Wirkungskreises handelt, sog. Finanzhoheit.

Allerdings existiert in Art. 119 Nr. 1 GO eine hiervor abweichende Spezialregelung, die die Rechtsaufsichtsbehörde zur Widerspruchsbehörde ernennt. Zuständig ist somit nach Art. 110 S. 1 GO das örtlich zuständige Landratsamt Kitzingen.

1. Zulässigkeit des Widerspruchs

a) Eröffnung des Verwaltungsrechtswegs gem. §§ 68, 40 VwGO

Für den Widerspruch als Vorschaltrechtsbehelf zur Anfechtungsklage muss analog § 40 I VwGO ebenfalls der Verwaltungsrechtsweg eröffnet sein. Da es im vorliegenden Fall um eine abgabenrechtliche, d.h. subordinationsrechtliche Streitigkeit nichtverfassungsrechtlicher Art geht, ist dies grundsätzlich der Fall. Allerdings könnte der Weg zur Finanzgerichtsbarkeit eröffnet sein. Jedoch fehlt es hierfür an einer besonderen abdrängenden Zuweisung, da § 33 FGO bei kommunalen Steuern nicht einschlägig ist (außer bei Grund- und Gewerbesteuern, welche hier offensichtlich nicht vorliegen).

hemmer-Methode: Da Ihnen die FGO in der Klausur im Zweifelsfall nicht vorliegen wird (anders im Zweiten Staatsexamen), können diese Ausführungen von Ihnen nicht erwartet werden.

b) Statthaftigkeit des Widerspruchs

Fraglich ist, ob der Widerspruch nach § 68 I S. 1 VwGO statthaft ist. Grundsätzlich ist dies zu bejahen, da der Abgabenbescheid ein Verwaltungsakt i.S.d. Art. 35 S. 1 BayVwVfG ist.

Allerdings hat Bayern das Vorverfahren weitgehend abgeschafft, § 68 I S. 2 VwGO i.V.m. Art. 15 II AGVwGO. Art. 15 I S. 1 Nr. 1 AGVwGO erhält jedoch eine besondere Bestimmung für den Bereich des Kommunalabgabenrechts.

Der Betroffene kann hiernach entweder Widerspruch einlegen oder gleich Klage erheben.

Ihm steht diesbezüglich die freie Wahlmöglichkeit zu, sodass der Anfechtungswiderspruch des H statthaft ist.

hemmer-Methode: Im Zweiten Staatsexamen sollten Sie noch kurz erwähnen, dass Art. 13 I KAG hieran nichts ändert, da auf das Einspruchsverfahren nach der AO gerade nicht verwiesen wird.

c) Widerspruchsbefugnis gem. § 42 II VwGO analog

H ist analog § 42 II VwGO widerspruchsbefugt, wenn er geltend machen kann, durch einen rechtswidrigen Verwaltungsakt in seinen Rechten oder durch dessen Unzweckmäßigkeit in seinen rechtlich geschützten Interessen verletzt zu sein.

Nachdem H Adressat eines belastenden VAs ist, kommt jedenfalls eine Verletzung von Art. 2 I GG in Betracht. H ist folglich widerspruchsbefugt.

d) Ordnungsgemäße Widerspruchserhebung

H hat den Widerspruch beim LRA eingelegt, was gem. § 70 I S. 2 VwGO fristwahrend möglich ist. Schließlich müsste das LRA gem. § 73 I S. 2 Nr. 3 VwGO i.V.m. Art. 119, 110 S. 1 GO den Widerspruchsbescheid erlassen (vgl. oben).

hemmer-Methode: Der Normalfall ist nach § 70 I S. 1 VwGO die Einlegung des Widerspruchs bei der Ausgangsbehörde. Sinn und Zweck dieser Regelung ist, dass ohnehin zunächst die Ausgangsbehörde über eine Abhilfe nach § 72 VwGO zu entscheiden hat, bevor die Widerspruchsbehörde nach § 73 VwGO den Widerspruchsbescheid erlässt.

e) Beteiligtenbezogene Voraussetzungen bezüglich H

H erfüllt die gem. Art. 79 BayVwVfG i.V.m. Art. 11 BayVwVfG notwendigen Voraussetzungen.

Er ist gem. Art. 11 Nr. 1 Alt. 1 BayVwVfG beteiligungs- und gem. Art. 12 I Nr. 1 BayVwVfG handlungsfähig.

f) Zwischenergebnis

Der Widerspruch des H ist mithin zulässig.

3. Begründetheit

Der Widerspruch wäre begründet, soweit der angefochtene VA rechtswidrig und der Widerspruchsführer dadurch in seinen Rechten verletzt ist, § 113 I S. 1 VwGO analog, §§ 68 ff. VwGO.

hemmer-Methode: Das Widerspruchsverfahren kennt, da es sich nicht um ein kontradiktorisches Verfahren handelt, keinen „Widerspruchsgegner“. Nach § 68 I S. 1 VwGO ist im Widerspruchsverfahren grundsätzlich auch die Zweckmäßigkeit des angefochtenen Verwaltungsakts zu prüfen. Dies entfällt hier aus zwei Gründen: Zum einen handelt es sich bei dem angefochtenen Steuerbescheid um eine gebundene Maßnahme ohne Ermessen der Behörde. Zum anderen entfällt die Zweckmäßigkeitsprüfung durch die Widerspruchsbehörde, wenn es wie hier um eine Selbstverwaltungsangelegenheit geht, vgl. Art. 119 Nr. 1 GO a.E.

a) (Wirksame) Rechtsgrundlage

Der Bescheid erging aufgrund einer gemeindlichen Vorschrift. Der Verwaltungsakt kann mithin nur dann rechtmäßig sein, wenn diese „Verordnung“ wirksam ist.

hemmer-Methode: Art. 2 I KAG stellt klar, dass der einzelne Abgabenbescheid niemals direkt auf das KAG, sondern immer nur auf eine wirksame Abgabensatzung gestützt werden kann. Eine KAG-Klausur ist damit regelmäßig eine Klausur, bei der ein Schwerpunkt die inzidente Prüfung der Abgabensatzung ist.

aa) Formelle Rechtmäßigkeit der „Verordnung“

Die Gemeinde Doggingen besitzt gem. Art. 1, 3 KAG die notwendige Kompetenz.

Hiernach kann die Gemeinde jedoch nur Satzungen erlassen, nicht aber Verordnungen.

Allerdings ist erkennbar, dass die Gemeinde eine Maßnahme i.R.d. Kommunalabgabenrechts treffen wollte, sodass die bloße Falschbezeichnung unschädlich ist.

hemmer-Methode: Letztlich ist auch dies ein Fall des „falsa demonstratio non nocet Grundsatzes“ aus dem Zivilrecht. Hier ist klar zu erkennen, dass die Gemeinde eine Steuersatzung erlassen wollte, sodass sie sich nicht am Wortlaut festhalten muss. Abgesehen davon könnte sie auch in einem neuen Beschlussverfahren den Inhalt der Verordnung als „Satzung“ beschließen. Dies wäre jedoch umständlich und nicht ökonomisch, sodass die Falschbezeichnung unschädlich ist.

bb) Materielle Rechtmäßigkeit der Satzung

(1) Nachdem in Rechte des Bürgers eingegriffen wird, bedarf die Steuersatzung einer gesetzlichen Grundlage. Diese bietet Art. 3 I KAG i.V.m. Art. 105 IIa GG. Nach diesen Vorschriften können Verbrauchs- und Aufwandssteuern eingeführt werden, sofern sie nicht schon auf Bundesebene eingeführt wurden.

Somit müsste die Abgabe auch tatsächlich eine Steuer sein. Unter einer solchen versteht man Geldleistungen, welche nicht eine Gegenleistung für eine besondere Leistung darstellen und von einem öffentlich-rechtlichen Gemeinwesen zur Erzielung von Einnahmen allen auferlegt werden, bei denen der Tatbestand zutrifft an den das Gesetz die Leistungspflicht knüpft, vgl. § 3 AO.

hemmer-Methode:. Merken Sie sich, dass eine Steuer eine Abgabe ohne Finanzierungszweck und ohne konkrete Gegenleistung ist.

Darüber hinaus ist eine Aufwandsteuer gegeben, wenn der Steuertatbestand an das Besitzen eines Gegenstandes des persönlichen Lebensbedarfes geknüpft ist, welcher eine besondere wirtschaftliche Leistungsfähigkeit zum Ausdruck bringt.

Das Halten eines Hundes bringt eine solche gesteigerte Leistungsfähigkeit im Vergleich zum Durchschnitt zum Ausdruck, sodass eine Aufwandssteuer vorliegt.

(2) Aufgrund der Verwendung des Begriffes „Örtlichkeit“ in Art. 3 I KAG ist jedoch zu beachten, dass das Steuerfindungsrecht der Gemeinde nur ortsbezogene Tatbestände umfassen darf. Schließlich haben die Länder und Gemeinden nur hier gem. Art. 106 VI GG die Ertragshoheit.

Außerhalb der örtlichen Steuern besitzt der Bund die Gesetzgebungskompetenz, Art. 105 II GG.

Da jedoch nur Hundehalter im Gemeindegebiet herangezogen werden, liegt auch Ortsbezogenheit vor.

(3) Die Satzung könnte jedoch gegen höherrangiges Recht verstoßen.

Verstoß gegen Art. 14 GG

Dem H wird aufgetragen, den Betrag von 160,- € zu bezahlen. Der Schutz des bloßen Vermögens an sich ist jedoch nicht von Art. 14 I GG umfasst, sodass hier schon der Schutzbereich nicht eröffnet ist.

Verstoß gegen Art. 2 I GG

Zuletzt käme ein Verstoß gegen die allgemeine Handlungsfreiheit in Betracht.

Hierbei ist jedoch zu bedenken, dass das Hundehalten nicht direkt eingeschränkt wird.

Auch kann jeder nach wie vor selbst entscheiden, ob und wie viele Hunde er hält.

Die Hundesteuer selbst ist mit 40,- € pro Jahr auch nicht unverhältnismäßig hoch.[6]

Ein Verstoß gegen höherrangiges Recht liegt daher nicht vor.

cc) Zwischenergebnis

Die Steuersatzung der Gemeinde ist wirksam und damit eine taugliche Rechtsgrundlage für den angefochtenen Abgabenbescheid.

b) formelle und materielle Rechtmäßigkeit des Abgabenbescheides = Subsumtion unter die Rechtsgrundlage

Es sind keine Fehler formeller oder materieller Art ersichtlich, die der Behörde bei der Vollziehung der Steuersatzung, d.h. dem Erlass des angefochtenen Abgabenbescheides im Einzelfall, unterlaufen sein könnten.

4. Ergebnis

Der Widerspruch des H ist unbegründet und hat daher keine Aussicht auf Erfolg.

IV. Zusammenfassung

- Eine Steuer ist eine Geldleistung, welche nicht als Gegenleistung für eine bestimmte Leistung gezahlt wird (Art. 3 I AO).
- Gebühren sind öffentlich-rechtliche Geldleistungen für die tatsächliche Benutzung öffentlicher Einrichtungen (z.B. Benutzungsgebühren, Art. 8 KAG oder Verwaltungsgebühren, Art. 1, 22 KAG); Anknüpfungspunkt ist hier die tatsächliche Inanspruchnahme.
- Beiträge sind öffentlich-rechtliche Geldleistungen die zur Deckung des Investitionsaufwandes von denjenigen erhoben werden, denen die Möglichkeit der Inanspruchnahme einen besonderen Vorteil bietet (Art. 5 I KAG); Anknüpfungspunkt ist hier die (abstrakte) Benutzungsmöglichkeit.
- Bei Gebühren und Beiträgen ist das Prinzip der Kostendeckung zu beachten. Dies ist in Art. 5 I S. 1, 8 II KAG normiert und schreibt eine Obergrenze für die Festlegung der abzudeckenden Gesamtkosten vor.
- Ebenfalls bei Gebühren und Beiträgen ist das Äquivalenzprinzip zu beachten, welches ein angemessenes Verhältnis von Leistung und Gegenleistung fordert, vgl. Art. 5 II, 8 IV KAG.
- Nach Art. 3 I KAG haben die Gemeinden ein Steuerfindungsrecht für örtliche Verbrauchs- und Aufwandssteuern.
- I.R.d. Kommunalabgabenrechts kann auch für Sachverhalte nach dem 01.07.2007 ein Widerspruchsverfahren durchgeführt werden, Art. 15 I S. 1 Nr. 1 AGVwGO.
- Das Widerspruchsverfahren ist nicht kontradiktorisch, d.h. es wird keine Passivlegitimation geprüft.

[6] Zur erhöhten Steuer für Kampfhunde vgl. BVerwG, **Life&Law 2007, 631**.

hemmer-Methode: Erschrecken Sie nicht vor vermeintlich unlösbaren Sachverhalten im Abgabenrecht. Hier werden nur Grundlagen verlangt. Sie sollten jedoch die Definitionen und Unterschiede zwischen Steuer, Gebühr und Beitrag kennen. Lesen Sie sich einmal in Ruhe die Vorschriften der AO und des KAG durch; hierdurch wird schon vieles klarer. Denken Sie stets daran, dass Sie sich in dieser Thematik absetzen können, da der Durchschnittsstudent sich nicht zwingend mit dem „langweiligen Nebengebiet“ Abgabenrecht auseinandersetzt.

V. Zur Vertiefung

- Hemmer/Wüst, Kommunalrecht, Rn. 504 ff. (Kommunales Abgabenrecht).
- Hemmer/Wüst, Verwaltungsrecht III, Rn. 25 ff. (Widerspruchsverfahren).
- Vgl. zum Problem der „kommunalen Verpackungssteuern“ BVerwGE 96, 272 und **Life&Law 1998, 608**.

Fall 8: Verwaltungsgemeinschaft

Sachverhalt:

A wohnt in der oberfränkischen kreisangehörigen Gemeinde Barschberg. Diese gehört zur Verwaltungsgemeinschaft Seenland.

Um seine große Passion, die Fischerei, endlich in vollem Umfang ausüben zu können, beantragt A unter Vorlage einiger Dokumente am 12.03.2013 bei der Gemeinde Barschberg die Ausstellung eines Fischereischeines. Diese leitet den Antrag an die Verwaltungsgemeinschaft weiter.

Am 17.03.2013 erhält A einen Bescheid, der mit „Verwaltungsgemeinschaft Seenland" überschrieben ist, in welchem der Antrag mangels Vorlage eines Prüfungszeugnisses über die staatliche Fischerprüfung abgelehnt wird.

A möchte dies so aber nicht hinnehmen. Schließlich schaue er oftmals anderen Anglern zu und lese regelmäßig Fachzeitschriften. Außerdem habe ihm die Verwaltungsgemeinschaft nichts zu sagen. Wenn er bei der Gemeinde einen Antrag stelle, dann müsse ihm doch auch die Gemeinde antworten.

Bevor er Klage gegen die Gemeinde einlegt, fragt er seinen Bekannten B, welcher die Erste Juristische Staatsprüfung bestanden hat, ob er in der Sache Erfolg haben könnte.

Aufgabe: *Entwerfen Sie die Antwort des A!*

Auf Art. 66 des BayFiG (Z/T Nr.220) und §§ 1 - 2a AVFiG (Z/T Nr. 222) wird hingewiesen.

I. Einordnung

Mit diesem Fall werden Sie an eine mögliche Form der kommunalen Zusammenarbeit, nämlich die der Verwaltungsgemeinschaft, herangeführt. Durch den Einbau dieser Problematik erhält die Klausur wieder ein Problem mehr und wieder mehr Raum zur Notendifferenzierung.

Wiederum wurde hier als Aufhänger eine Ihnen unbekannte Rechtsmaterie gewählt. Lernen Sie frühzeitig, durch genaues Lesen auch mit unbekannten Gesetzen zu arbeiten. Genau dies wird im Examen oftmals verlangt.

II. Gliederung

Gliederung

1. Eröffnung des Verwaltungsrechtsweges, § 40 VwGO

2. Zulässigkeit

a) statthafte Klageart: Verpflichtungsklage, § 42 I Alt. 2 VwGO

b) Klagebefugnis, § 42 II VwGO, (+), Anspruch aus Art. 66 I FiG oder § 2a AVFiG möglich

c) Vorverfahren: nicht nötig, Art. 15 AGVwGO

d) Frist nach § 74 II, I S. 2 VwGO (+)

e) Sonstige Voraussetzungen (+)

3. Begründetheit

a) Passivlegitimation, § 78 I Nr. 1 VwGO: Rechtsträger der zuständigen Behörde ⇨ Art. 4 VGemO:

Handeln im eigenen oder übertragenen Wirkungskreis? Fischereirecht = Ordnungsrecht, daher übertragener Wirkungskreis, d.h. VGem passivlegitimiert

b) Anspruch des A (-), Fischerprüfung nicht abgelegt; Ausnahme § 2a AVFiG nicht einschlägig

c) Zwischenergebnis: Klage unbegründet

4. Ergebnis: Klage erfolglos

III. Lösung

A wird mit seiner Klage Erfolg haben, wenn seine Klage zulässig und begründet wäre.

1. Eröffnung des Verwaltungsrechtsweges

Der Verwaltungsrechtsweg ist gem. § 40 I VwGO eröffnet, da es sich um Probleme aus dem Fischereirecht und Kommunalrecht handelt. Bei diesen Rechtsgebieten handelt es sich um Öffentliches Recht. Eine doppelte Verfassungsunmittelbarkeit liegt ebenso wie spezielle Rechtswegzuweisungen nicht vor.

2. Zulässigkeit der Klage

a) Statthafte Klageart

Die statthafte Klageart hängt vom Klageziel des A ab. Dieser möchte erreichen, dass ihm ein Fischereischein gem. Art. 57 FiG ausgestellt wird. Dieser ist Verwaltungsakt i.S.d. Art. 35 I BayVwVfG, da dem Inhaber von behördlicher Seite bescheinigt wird, den Fischfang gemäß der entsprechenden Vorschriften ausüben zu dürfen. Da A durch seine Klage den Erlass eines abgelehnten Verwaltungsakts begehrt, ist die Verpflichtungsklage gem. § 42 I Alt. 2 UF 1 VwGO in Form der Versagungsgegenklage statthaft.

b) Klagebefugnis, § 42 II VwGO

Gem. § 42 II VwGO müsste A geltend machen, durch die Ablehnung des VA in seinen Rechten verletzt zu sein. Dies ist dann der Fall, wenn A zumindest möglicherweise ein Anspruch auf Erlass des Verwaltungsakts zusteht und ihm dieser versagt wird. Ein solcher könnte sich aus Art. 66 I FiG oder § 2a AVFiG ergeben.

Nachdem seinem Antrag nicht stattgegeben wurde, ist A hier klagebefugt.

c) Vorverfahren

Das nach § 68 II, I S. 1 VwGO eigentlich erforderliche Vorverfahren entfällt nach § 68 I S. 2 VwGO i.V.m. Art. 15 II AGVwGO.

d) Frist

Zur Frist fehlen nähere Angaben. Nachdem A jedoch kurz nach Erhalt mit seinem Anliegen an B herangetreten ist, kann die Monatsfrist gem. § 74 II, I S. 2 VwGO wohl gewahrt werden.

e) Weitere Voraussetzungen

Die übrigen Voraussetzungen der Beteiligten-/Prozessfähigkeit, sind vorliegend gewahrt, §§ 61 Nr. 1 Alt. 1, 62 I VwGO.

Darüber hinaus muss A die Klage beim zuständigen Gericht einreichen. Dies wäre hier das Verwaltungsgericht Bayreuth, §§ 45, 52 Nr. 3 VwGO i.V.m. Art. 1 II AGVwGO.

f) Zwischenergebnis

Die Klage ist zulässig.

3. Begründetheit

Die Klage ist begründet, wenn sie gegen den richtigen Beklagten gerichtet ist, der Kläger durch die Ablehnung des VAs in seinen Rechten verletzt wurde und die Sache spruchreif ist, §§ 78, 113 V S. 1 VwGO.

a) Passivlegitimation, § 78 I VwGO

Passivlegitimiert ist der Rechtsträger der Behörde, die für den Erlass des begehrten Verwaltungsakts zuständig ist.

Nach Art. 60 I FiG sind grundsätzlich die Gemeinden für die Erteilung des begehrten Fischereischeines zuständig. Damit wäre die Gemeinde im vorliegenden Fall passivlegitimiert, ohne dass es einen Unterschied machen würde, ob diese dabei im eigenen oder im übertragenen Wirkungskreis handelt.

hemmer-Methode: Bei einer Gemeinde findet anders als beim Landratsamt keine Organleihe statt. Die Gemeindeorgane handeln also immer nur für die Gemeinde und niemals für den Freistaat! Allerdings ist im vorliegenden Fall die Besonderheit zu beachten, dass die Gemeinde Mitglied in einer Verwaltungsgemeinschaft ist. Diese ist nach Art. 1 II VGemO eine Körperschaft des Öffentlichen Rechts und kann damit als Rechtsträger selbst auch passivlegitimiert sein.

Die Abgrenzung zwischen einem Handeln der Mitgliedsgemeinde und einem Handeln der Verwaltungsgemeinschaft ist dabei in Art. 4 VGemO geregelt.

I.R.d. eigenen Wirkungskreises wird die Verwaltungsgemeinschaft nur als Behörde der Mitgliedsgemeinde tätig, Art. 4 II VGemO. Hier ist folglich die Gemeinde Rechtsträger und darum passivlegitimiert.

Im übertragenen Wirkungskreis der Mitgliedsgemeinden nimmt dagegen die Verwaltungsgemeinschaft die Aufgaben der Mitgliedsgemeinden selbstständig wahr, sodass in diesem Falle die Verwaltungsgemeinschaft Rechtsträger und damit passivlegitimiert ist, Art. 4 I VGemO.

Es muss somit an dieser Stelle geklärt werden, in welcher Funktion die VGem hier gehandelt hat bzw. zu welchem Wirkungskreis die Erteilung eines Fischereischeines zu rechnen ist.

Art. 73 I S. 1 BayFiG bestimmt explizit, dass der Vollzug des Fischereigesetzes eine staatliche Aufgabe ist, mithin nicht zum eigenen Wirkungskreis einer Gemeinde zählen kann. Die Zuständigkeitsregelung des Art. 60 I BayFiG stellt damit die Übertragung einer staatlichen Aufgabe dar.

Die Erteilung eines Fischereischeines erfolgt somit im übertragenen Wirkungskreis und wird demnach von der Verwaltungsgemeinschaft als originäre Aufgabe ausgeführt, Art. 4 I VGemO.

Etwas anderes ergibt sich auch nicht aus Art. 4 I S. 3 VGemO i.V.m. § 1 der Verordnung über Aufgaben der Mitgliedsgemeinden von Verwaltungsgemeinschaften (Z/T Nr. 286).

hemmer-Methode: Behalten Sie diese nur zwei Vorschriften lange Verordnung unbedingt im Hinterkopf! Hier wird geregelt, welche Aufgaben des übertragenen Wirkungskreises nicht auf die Verwaltungsgemeinschaften übergehen. Die Zuständigkeit bleibt also bei der Mitgliedsgemeinde.
Die größte Examensrelevanz dürfte wohl § 1 Nr. 10 der Verordnung haben, wo es um Ausnahmen von der Sperrzeit geht.

Im Ergebnis ist damit die Verwaltungsgemeinschaft Seenland sachlich zuständig und somit auch passivlegitimiert.

hemmer-Methode: Bei einer Maßnahme im eigenen Wirkungskreis der Gemeinden ist die jeweilige Mitgliedsgemeinde passivlegitimiert!
Wichtig: Bei einer Verpflichtungsklage ist der Rechtsträger der zuständigen und nicht der konkret handelnden Behörde passivlegitimiert. Bei einer Anfechtungsklage kommt es hingegen allein darauf an, welche Behörde den Verwaltungsakt erlassen hat, ihre Zuständigkeit ist dann eine Frage der formellen Rechtmäßigkeit. Bei einer Anfechtungsklage wäre deshalb allein danach zu fragen, ob die Verwaltungsgemeinschaft erkennbar für den Adressaten in eigenem Namen oder im Namen der Gemeinde aufgetreten ist.

b) Anspruch des A auf Erteilung eines Fischereischeines

Gem. Art. 59 BayFiG ist für die Erteilung eines Fischereischeines Voraussetzung, dass der Antragssteller erfolgreich an der Fischerprüfung teilgenommen hat.

Dies hat A jedoch gerade nicht.

Allerdings wurden auf Grundlage von Art. 61 III Nr. 5 BayFiG die Verordnung AVFiG erlassen. Dort finden sich in §§ 2 f. AVFiG Voraussetzungen, unter denen der Fischereischein auch ohne Fischerprüfung erteilt werden kann. Von den dort aufgestellten Kriterien erfüllt A jedoch keines.

Insbesondere sind seine in der Freizeit gesammelten Kenntnisse nicht geeignet, an die Stelle des Nachweises einer staatlichen Prüfung zu treten. Vielmehr muss A ebenfalls die Fischerprüfung ablegen und dann mit einem entsprechenden Nachweis den Fischereischein beantragen.

Somit besteht für A derzeit kein Anspruch auf Erteilung des Fischereischeines.

c) Zwischenergebnis

Die Klage des A ist unbegründet.

4. Ergebnis

A würde mit seiner Klage keinen Erfolg haben.

IV. Zusammenfassung

- Die Verwaltungsgemeinschaft unterstützt kleine Gemeinden bei der Bewältigung ihrer kommunalen Aufgaben.
- I.R.d. übertragenen Wirkungskreises ist die Verwaltungsgemeinschaft originär zuständig, Art. 4 I VGemO. Daher ist in einer solchen Streitigkeit auch die Verwaltungsgemeinschaft zu verklagen.

- I.R.d. eigenen Wirkungskreises handelt die Verwaltungsgemeinschaft als Behörde der Mitgliedsgemeinde, Art. 4 II VGemO. Somit muss hier die Mitgliedsgemeinde als Rechtsträger verklagt werden (Passivlegitimation).
- **Praxistipp:** Handelt die Verwaltungsgemeinschaft als Behörde der Mitgliedsgemeinde (eigener Wirkungskreis), so sind die Bescheide mit „Verwaltungsgemeinschaft XY für die Gemeinde Z“ überschrieben.
- Art. 4 I S. 3 VGemO i.V.m. der Verordnung über Aufgaben der Mitgliedsgemeinden von Verwaltungsgemeinschaften (Z/T Nr. 286) enthält einige Ausnahmen, bei denen die Mitgliedsgemeinden auch im übertragenen Wirkungskreis zuständig bleiben.

V. Zur Vertiefung

- Hemmer/Wüst, Kommunalrecht Bayern, Rn. 549 ff. (Verwaltungsgemeinschaft).
- Hemmer/Wüst, Verwaltungsrecht II, Rn. 25 ff. (Verpflichtungsklage).

Fall 9: Bürgerbegehren

Sachverhalt:

Die mittelfränkische Gemeinde Ortsdorf (8.342 Einwohner, 6.000 Wahlberechtigte) steht Kopf. Nachdem der örtliche Fußballverein stets besser in Form gerät, soll nun ein modernes Stadion gebaut werden.

Die Gemeinde möchte dies jedoch auf einen großen Teil des Lindenparks platzieren, in welchem regelmäßig Bürger spazieren gehen und wo sich auch Spielgeräte für Kinder befinden.

Gegen dieses „bürgerfeindliche" Projekt wendet sich eine Bürgerinitiative. Diese sammelt durch Unterschriftenlisten Unterschriften für ein entsprechendes Bürgerbegehren.

Die Listen sind mit folgendem Text überschrieben:

„Sind Sie dagegen, dass im „Lindenpark" ein Stadion gebaut wird?"

Im Anschluss finden sich Informationen bezüglich der Folgen für die Bewegungs- und Erholungsräume in der Stadt, wenn das Stadion gebaut würde. Zudem sind drei Vertreter für das Bürgerbegehren benannt.

Auf diesen Listen finden sich 612 Unterschriften, wobei auch sechs niederländische und sieben türkische Staatsbürger unterschrieben haben.

Frage: *Ist das Bürgerbegehren zulässig?*

Abwandlung:

Angenommen, der Gemeinderat hätte das Bürgerbegehren nicht zugelassen: Mit welcher Klageart könnte die Zulassung durchgesetzt werden?

I. Einordnung

In Deutschland gibt es auf Bundesebene vergleichsweise wenig Elemente einer direkten Demokratie (anders z.B. die Schweiz). Das Bürgerbegehren bzw. der Bürgerentscheid stellen wichtige Formen der direkten Demokratie auf kommunaler Ebene dar, welche auch eine hohe praktische Bedeutung haben. Sie können daher durchaus klausurrelevant werden. Dieser Fall zeigt Ihnen die wichtigen Besonderheiten und Voraussetzungen für Bürgerbegehren und Bürgerentscheide auf.

hemmer-Methode: Anders schaut dies zumindest theoretisch auf Landesebene aus. Hier regeln Art. 72 ff. BV die Möglichkeit, ein Landtagsgesetz durch Volksbegehren und Volksentscheid zu ersetzen. In der Wirklichkeit scheitert das Volksbegehren aber in der Regel an der hohen Hürde des Art. 74 BV, wonach 10 % der Wahlberechtigten dieses unterzeichnen müssen. Eine Ausnahme waren das Volksbegehren für einen besseren Nichtraucherschutz im Jahr 2010 und das Volksbegehren zur Abschaffung der Studienbeiträge im Jahr 2013, die die 10-%-Hürde mit Leichtigkeit nahmen und im Fall des Volksbegehrens Nichtrauscherschutz auch zu einem positiven Volksentscheid am 04.07.2010 führte.

Im Fall der Abschaffung der Studienbeiträge kam der Landtag dem Volksbegehren bereits nach, so dass die Durchführung eines Volksentscheides entfällt.

II. Gliederung

Gliederung

1. Formelle Voraussetzungen

a) ⇨ Erfüllung des Quorums, Art. 18a VI GO(+), da Stimmen der niederländischen Staatsbürger mitgezählt werden, Art. 1 GLKrWG;

⇨ nicht aber die Stimmen der türkischen Staatsbürger.

b) Zwischenergebnis

2. Materielle Rechtmäßigkeit

a) Ausnahmekatalog, Art. 18a III GO

b) Eigene Angelegenheit der Gemeinde? Differenzierung Bauplanungsrecht-Bauordnungsrecht: Hier Bauplanungsrecht, daher eigener WK (+)

c) Rechtmäßigkeit der Maßnahmen und Ziele des Bürgerbegehrens (+)

3. Ergebnis:

Bürgerbegehren zulässig

Abwandlung:

Klageart abhängig von Klageziel

Zulassung des Bürgerbegehrens = VA?

Außenwirkung (+), daher Verpflichtungsklage statthaft

III. Lösung

Das Bürgerbegehren ist zulässig, wenn es den gesetzlichen Voraussetzungen entspricht.

1. Formelle Voraussetzungen eines Bürgerbegehrens

Die Voraussetzungen für ein Bürgerbegehren finden sich in Art. 18a IV und VI GO.

Hiernach müssen bis zu drei Vertreter für das Bürgerbegehren benannt werden und eine Fragestellung vorliegen, welche mit „Ja“ oder „Nein“ beantwortet werden kann. Zudem muss das Bürgerbegehren eine Begründung enthalten und das in Art. 18a VI GO geforderte Quorum muss erfüllt sein.

Die ersten beiden Punkte sind vorliegend unproblematisch erfüllt.

Fraglich ist aber, ob das notwendige Quorum erreicht wurde.

Das Gesetz schreibt in Art. 18a VI GO vor, dass in Gemeinden mit weniger als 10.000 Einwohnern 10 % der Gemeindebürger das Bürgerbegehren unterschreiben müssen.

Gem. Art. 15 II GO ist Gemeindebürger jeder Wahlberechtigte. Nachdem in Ortsdorf 6.000 Wahlberechtigte wohnen, müssten 600 Unterschriften gesammelt werden.

hemmer-Methode: Beachten Sie, dass für die Bestimmung des Quorums nicht die Bürger- sondern die Einwohnerzahl maßgeblich ist! Das so ermittelte Quorum muss dann allerdings von Bürgern erfüllt werden!

Wie die notwendigen Unterschriften gesammelt werden ist letztlich den Initiatoren des Begehrens überlassen. Insbesondere ist (anders als beim Volksbegehren nach Art. 74 BV) das freie Unterschriftensammeln in Fußgängerzonen, Ladengeschäfte u.Ä. zulässig.

Wichtig ist jedoch, dass die Listen deutlich als Bürgerbegehren gekennzeichnet sind, damit der Gemeindebürger auch weiß, was er unterschreibt. Vorliegend waren die Listen aber korrekt betitelt und sogar mit weiterem Infomaterial versehen.

a) Erfüllung des Quorums

Letztendlich wurden 612 Unterschriften gesammelt. Allerdings ist fraglich, ob diese Unterschriften so gültig sind, da auch ausländische Staatsbürger unterschrieben haben.

Dies hängt davon ab, ob die entsprechenden Staatsbürger bei Gemeindewahlen wahlberechtigt sind. Zu beachten ist hierbei, dass die Niederlande in der EU sind, die Türkei jedoch nicht.

Unionsbürger besitzen jedoch gem. Art. 1 I Nr. 1 i.V.m. II GLKrWG das Wahlrecht bei Kommunalwahlen (vgl. auch Art. 22 AEUV sowie Art. 28 I S. 3 GG), sodass die „niederländischen Stimmen" mitzuzählen sind.

hemmer-Methode: An dieser Stelle ist die Erfüllung des Quorums bereits gesichert. Denken Sie aber daran: Sie schreiben ein Gutachten! Greifen Sie also das offensichtlich angelegte Problem der Stimmen von EU/Nicht-EU Mitgliedsbürgern auf und schreiben Sie kurz etwas dazu. An dieser Stelle der Klausur bietet sich dem Korrektor auch die Gelegenheit Ihr Wissen zu den Mitgliedstaaten der EU abzuprüfen, vgl. hierzu Art. 52 EUV.

Aus einem Umkehrschluss zu den gerade getätigten Ausführungen ergibt sich, dass Nicht-EU-Ausländern das kommunale Wahlrecht nicht zusteht. Die Stimmen der türkischen Staatsbürger können somit nicht gezählt werde.

Allerdings bleiben trotzdem noch 605 Unterschriften, weshalb das Quorum von 600 Stimmen erfüllt ist.

b) Zwischenergebnis

Die formellen Voraussetzungen wurden daher eingehalten.

2. Materielle Rechtmäßigkeit des Bürgerbegehrens

Gem. Art. 18a I, III GO ist ein Bürgerbegehren nur zulässig, soweit es um Angelegenheiten des eigenen Wirkungskreises der Gemeinde geht und keine Angelegenheit i.S.d. Art. 18a III GO geregelt werden soll.

a) Eigene Angelegenheit der Gemeinde

Fraglich ist aber, ob es sich gem. Art. 18a I GO um eine Angelegenheit des eigenen Wirkungskreises handelt.

Bezüglich des Bauordnungsrechtes ist die untere Bauaufsichtsbehörde, also meistens das Landratsamt als Staatsbehörde, sachlich zuständig. Das Bauordnungsrecht ist folglich dem übertragenen Wirkungskreis zuzurechnen.

I.R.d. Bürgerbegehrens geht es aber um die bauplanungsrechtliche Ebene des Stadionbaus. Hier nimmt die Gemeinde im Rahmen ihrer baurechtlichen Planungshoheit, § 2 I BauGB, eine eigene Aufgabe war. Dies bedeutet aber, dass die Entscheidung ob und wo das Stadion gebaut werden soll im eigenen Wirkungskreis getroffen wird.

Diese Voraussetzung ist daher erfüllt.[7]

---

[7] Vgl. **Hemmer/Wüst, Kommunalrecht Bayern, Rn. 95 ff.**

hemmer-Methode: An dieser Stelle merken Sie, wie wichtig die genaue Kenntnis der Problematik der Wirkungskreise ist. Die Bestimmung an dieser Stelle war deshalb schwierig, weil man nicht auf das „Baurecht“ abstellen darf, sondern auf „Bauplanungsrecht“ und „Bauordnungsrecht“. Merken Sie sich, dass hier unterschiedliche Wirkungskreise vorliegen.

b) Ausnahmekatalog gem. Art. 18a III GO

Bei dem aktuellen Bürgerbegehren handelt es sich nicht um einen der in Art. 18a III GO normierten Fälle.

c) Rechtmäßigkeit der Maßnahmen und Ziele des Bürgerbegehrens

Das Bürgerbegehren darf jedoch nicht offenkundig auf ein rechtswidriges Ziel sein. Dann nämlich müsste ein möglicher erfolgreicher Bürgerentscheid sofort vom Bürgermeister gem. Art. 59 II GO beanstandet werden. Es ist der Gemeinde aber schon aus Kostengründen nicht zumutbar, erst einen Bürgerentscheid herbeizuführen, wenn die Gemeinde diesen dann aufgrund seiner Rechtswidrigkeit ohnehin nicht umsetzen kann.

Aus diesem Grund ist die Zulässigkeit von Bürgerbegehren, die den Erlass eines Bebauungsplans betreffen, problematisch: Weder darf durch ein Bürgerbegehren/Bürgerentscheid das Verfahren nach dem BauGB umgangen oder ausgehöhlt werden, noch darf die Planabwägung nach § 1 VII BauGB durch einen Bürgerentscheid ersetzt werden, zumal eine Abwägung keine Frage ist, die mit „Ja“ oder „Nein“ i.S.d. Art. 18a IV GO beantwortet werden kann.

Gegenstand eines Bürgerbegehrens kann deshalb auf keinen Fall der Beschluss eines bestimmten Bebauungsplans sein.

Allenfalls können durch ein Bürgerbegehren der eigentlichen Bauleitplanungen gewisse Vorgaben gemacht werden oder eine Entscheidung zwischen verschiedenen Alternativen getroffen werden.

Im vorliegenden Fall soll nicht der Bebauungsplan als solcher beschlossen werden.

Gegenstand des Bürgerbegehrens ist allein der Wunsch, das Stadion solle nicht im „Lindenpark“ gebaut werden. Dies bietet keine Angriffsfläche für einen Vorwurf der Rechtswidrigkeit.

d) Zwischenergebnis

Es liegen auch die materiellen Voraussetzungen vor.

3. Ergebnis:

Das Bürgerbegehren ist zulässig.

Anmerkung: Nächster Schritt wäre nun der Bürgerentscheid. Dieser kommt zustande, wenn die Mehrheit der Abstimmenden zustimmt **und** wenn das Quorum gem. Art. 18a XII GO erreicht wird.

Abwandlung:

Die Klageart ist stets abhängig vom Klageziel.

Klageziel wäre hier, das Bürgerbegehren zuzulassen.

Fraglich ist, ob der Beschluss über die Zulassung eines Bürgerbegehrens ein Verwaltungsakt ist.

Nach Art. 18a XIII S. 1 GO ist die Wirkung des Bürgerentscheides jedoch einem Gemeinderatsbeschluss gleichgestellt. Die Streitigkeit könnte daher als Kommunalverfassungsstreitigkeit bezeichnet werden, bei welcher mangels Außenwirkung kein VA vorliegt. Vielmehr geht es um Kompetenzen innerhalb der Gemeinde.

Dem steht jedoch entgegen, dass Art. 20 II S. 2 GG vorschreibt, dass die Staatsgewalt vom Volke durch Wahlen und Abstimmungen ausgeht. Aus dieser Formulierung lässt sich aber nicht lesen, dass das Volk bei der Abstimmung zum Organ wird. Dann kann aber auch denknotwendig keine organinterne Streitigkeit über Kompetenzen vorliegen. Die Gemeindeorgane sind abschließend in Art. 29 GO aufgezählt, das Bürgerbegehren ist dabei gerade nicht genannt.

Letztendlich spricht auch der Wortlaut von Art. 18a VIII S. 2 GO ebenfalls für die Qualifizierung als Verwaltungsakt, da dort das Vorverfahren explizit erwähnt wird. Ein solches gibt es jedoch nur bei Verwaltungsakten.

Die Zulassung des Bürgerbegehrens ist im Ergebnis eine Maßnahme mit Außenwirkung und damit ein Verwaltungsakt i.S.d. Art. 35 S. 1 BayVwVfG.

Somit ist eine Verpflichtungsklage statthaft.

IV. Zusammenfassung

- Das Bürgerbegehren ist die Vorstufe zum Bürgerentscheid.
- Gesetzlich geregelt sind beide in Art. 18a GO.
- Bei den Mehrheiten kommt es stets auf die Mehrheit der wahlberechtigten Gemeindebürger an, Art. 15 II GO an. Hierzu gehören gem. Art. 1 GLKrWG auch EU-Bürger.
- Ein Bürgerbegehren ist nur zulässig, sofern es sich um Angelegenheiten im eigenen Wirkungskreis der Gemeinde handelt.
- Der Beschluss über die Zulassung eines Bürgerbegehrens (Art. 18a VIII GO) ist Verwaltungsakt und **kein** bloßes Verwaltungsinternum.
- Der Bürgerentscheid steht in seiner Wirkung einem Gemeinderatsbeschluss gleich, Art. 18a XIII GO.

Anmerkung: Es ist umstritten, ob die Bauleitplanung Gegenstand von Bürgerbegehren sein kann.[8] Diese gehört zwar zum eigenen Wirkungskreis der Gemeinde, benötigt aber eine sehr umfangreiche und komplizierte Abwägung, vgl. § 1 VII BauGB.
Bei solch komplizierten Sachverhalten soll eine Entscheidung durch Bürgerbegehren nicht zulässig sein.
Allerdings ging es in vorliegendem Fall ja nicht darum, dass die Bürger die Bauleitplanung selber gestalten wollen. Diese wollten lediglich eine Maßnahme der Bauleitplanung verhindern.

V. Zur Vertiefung

- Hemmer/Wüst, Kommunalrecht Bayern, Rn. 415 ff. (Bürgerbegehren).

[8] Zu unzulässigen Gegenständen von Bürgerbegehren vgl. BayVGH, BayVBl. 1996, 247.

Fall 10: Ausschussbesetzung

Sachverhalt:

In der Gemeinde Wahlstadt besteht ein Gemeinderat mit zwölf Gemeinderatsmitgliedern. Hiervon halten die A-Partei sechs Sitze, die B-Partei vier Sitze und die C und D-Partei jeweils einen Sitz.

Zur Koordinierung von lokalen Festivitäten soll ein „Festausschuss" von fünf Personen gebildet werden. Nach dem korrekt angewendeten d'Hondtschen Auswahlverfahren erhält die A-Partei drei Sitze und die B-Partei zwei. Die anderen Parteien gehen leer aus.

Hiergegen wendet sich die C-Partei. Schließlich habe sie einen Sitz im Gemeinderat, sodass sie auch einen Anspruch auf einen Ausschussplatz habe; dies gewährleiste das Spiegelbildprinzip.

Ansonsten müsse die Anzahl der Ausschusssitze so lange erhöht werden, bis auch die C-Partei einen Sitz bekomme.

Frage: *Hat die C-Partei einen Anspruch auf einen Ausschussplatz oder auf die Erhöhung der Sitze?*

I. Einordnung

In diesem Fall werden Sie mit den Ausschüssen eines Gemeinderats konfrontiert. Diese können beratende und beschließende Funktion haben, Art. 32 I, II GO. Zu Streit im Gemeinderat führt dabei regelmäßig die Besetzung der Ausschüsse. Nach welchen Maßstäben die Verteilung erfolgt, zeigt dieser Fall. Lesen Sie außerdem Art. 55 GO, der das Verfahren in den Ausschüssen regelt.

II. Gliederung

Gliederung

1. Besetzung der Ausschüsse

a) Spiegelbildprinzip (Art. 33 I S. 2 GO): Ausschuss ist verkleinertes Abbild des Gemeinderates

b) Anwendbarkeit des d`Hondtschen Verfahrens?

Grds. eher Bevorzugung großer Parteien; aber zulässiges Zuteilungsverfahren

c) Pflicht zur Erhöhung der Ausschusssitze?

(-) da kein Anspruch auf Sitz und zudem Handlungsfähigkeit erhalten werden soll.

2. Ergebnis: Anspruch für C (-)

III. Lösung

Die C-Partei hat einen Anspruch auf den Ausschussplatz, wenn es eine Anspruchsgrundlage gibt, welche deren Begehr stützen kann.

1. Zusammensetzung der Ausschüsse

Wie Ausschüsse besetzt werden, bestimmt der Gemeinderat gem. Art. 33 I S. 1 GO selbst in der Geschäftsordnung. Hierbei ist er jedoch nicht völlig frei.

a) Spiegelbildprinzip (Art. 33 I S. 2 GO)

Insbesondere ist das Spiegelbildprinzip (Art. 33 I S. 2 GO) zu beachten. Nach diesem müssen die Ausschüsse ein verkleinertes Abbild des Gemeinderats darstellen. Die Stärkeverhältnisse aus dem Gemeinderat sollen somit auch in den Ausschüssen vertreten sein.

Hierbei besteht jedoch das Problem der „Unteilbarkeit des ganzen Sitzes". Räumt man der C-Partei einen Sitz im Ausschuss ein, würde diese dort 20 % der Sitze innehaben, obwohl sie im Gemeinderat nur 8 % der Sitze hält.

Der C-Partei 8 % der Sitze einzuräumen ist jedoch aus tatsächlichen Gründen nicht möglich.

b) Anwendbarkeit des d`Hondtschen Verfahrens

Das gewählte d`Hondtsche Verfahren (siehe Exkurs am Ende des Falles) ist ein zulässiges und häufig angewendetes Zuteilungsverfahren, welches jedoch unter Umständen große Parteien bevorzugt.

hemmer-Methode: Das d`Hondtsche Verfahren wird in Bayern am häufigsten verwendet. Ebenfalls verbreitet sind die Verfahren nach Hare/Niemeyer und St.Lague/Schepers. Diese führen eher für kleinere Parteien zu besseren Ergebnissen.

Allerdings hat der Gesetzgeber bewusst kein Zuteilungsverfahren vorgeschrieben, um somit eine zwangsweise Benachteiligung großer oder kleiner Gruppierungen zu vermeiden.

Wenn die Kommunen von dieser Wahlfreiheit Gebrauch machen, erschiene es planwidrig, diesen die Entscheidung für ein bestimmtes Verfahren vorzuwerfen, zumal sie nicht nur auf bereits entwickelte Verfahren, sondern auch auf deren Modifizierungen zurückgreifen können, sofern hierdurch kein Systembruch entsteht.[9]

Eine Entscheidung für das d`Hondtsche Verfahren ist daher nicht prinzipiell abzulehnen.

c) Erhöhung der Ausschusssitze

Auch die vorgetragene Erhöhung der Ausschusssitze bis zu einer Höhe, bei welcher die C-Partei einen Platz bekommt, ist nicht vertretbar.

Schließlich muss bedacht werden, dass die Ausschussarbeit gerade eine effektive Arbeitsweise beabsichtigt, wie sie in einem kompletten Gemeinderat aufgrund der Größe desselben kaum möglich wäre.

Dieses Problem der Ineffektivität stellt sich ebenfalls, wenn der Ausschuss um drei Plätze erweitert werden muss, nur damit auch die kleinste Gemeinderatsfraktion vertreten ist, was aber nicht Sinn des Art. 33 I S. 2 GO ist.[10] Hierbei ist dem Spannungsverhältnis des Minderheitenschutzes und des Spiegelbildprinzips Rechnung zu tragen. Vorliegend erscheint die Funktionalität jedoch schützenswerter, da die C-Partei in dem Ausschuss ansonsten überrepräsentiert wäre. Immerhin ist auch zu bedenken, dass die C-Partei im Gemeinderat nur 8 % der Sitze hält.

---

9 Vgl. BVerwG, DÖV 1992, 830 = **juris**byhemmer (Wenn dieses Logo hinter einer Fundstelle abgedruckt wird, finden Sie die Entscheidung online unter „juris by hemmer": www.hemmer.de); Schmidt-Bleibtreu/ Klein, Art. 38 GG, Rn. 15.

10 Masson/Samper, Art. 33 GO, Rn. 14.

Die Wahlergebnisse und die Sitzverteilung zeigen deutlich, dass die Bürger eine Dominanz der A- und B-Partei wollten.

In diesem Fall erscheint die Erhaltung der effektiven Arbeitsweise schützenswerter als die Beteiligung einer kleinen Partei.

2. Ergebnis

Daher besteht kein Anspruch auf einen Ausschussplatz oder auf eine Erhöhung der Ausschussstärke.

IV. Zusammenfassung

- Kleine Parteien haben keinen unbedingten Anspruch auf einen Sitz in jedem Ausschuss. Dem Minderheitenschutz ist bereits dann Rechnung getragen, wenn kleine Parteien in wenigstens einem Ausschuss vertreten sind.
- Bei der Besetzung der Ausschüsse muss das Spiegelbildprinzip beachtet werden. Nach diesem müssen die Ausschüsse ein verkleinertes Abbild des Gemeinderates sein, Art. 33 I S. 2 GO.
- Welches Auswahlverfahren zur Besetzung gewählt wird, entscheidet der Gemeinderat gem. Art. 33 I S. 1 GO in der Geschäftsordnung (Art. 45 GO).

V. Vertiefung

- Hemmer/Wüst, Kommunalrecht, Rn. 344 ff.

Exkurs: Bei dem d`Hondtschen Verfahren wird die erhaltene Anzahl der Stimmen einer Partei fortwährend durch 1, 2, 3, 4, … geteilt. Dies geschieht so lange, bis aus den Teilungszahlen so viele Höchstzahlen ausgesondert wurde, wie Plätze in den Ausschüssen zu vergeben sind.[11] Die Zuteilung der Sitze erfolgt in der Reihenfolge der ermittelten Höchstzahlen.

Berechnung für den vorliegenden Fall:

Partei	**A**	**B**	**C**	**D**
Mandate im Gem.Rat	**6**	**4**	**1**	**1**
:1	**6 (1)**	**4 (2)**	**1**	**1**
:2	**3 (3)**	**2 (4)**	**0,5**	**0,5**
:3	**2 (5)**	**1,3**	**0,33**	**0,33**
Sitze (Ausschuss)	**3**	**2**	**0**	**0**

[11] Vgl. Knemeyer, Bayerisches Kommunalrecht, S. 157 mit weiteren Berechnungsbeispielen.

Fall 11: Kruzifix im Gemeindesaal

Sachverhalt:

Der Bürgermeister der Gemeinde G beschließt, im Sitzungssaal des Gemeinderats ein Kruzifix aufhängen zu lassen.

Hiergegen wendet sich das muslimische Gemeinderatsmitglied A. Das Kruzifix sei ein spezifisch christliches Symbol. Ihm sei es nicht zuzumuten, unter dem Kreuz die Sitzungen zu besuchen. Nachdem er zur Sitzungsteilnahme verpflichtet ist, müsse das Kruzifix entfernt werden.

Der G hält dagegen, dass sämtliche anderen Gemeinderatsmitglieder katholisch seien. Das Kruzifix diene der Ernsthaftigkeit und der Aufrechterhaltung der Funktionsfähigkeit des Gemeinderates. Zudem handele es sich bei dem Kruzifix auch um ein kulturelles Symbol. Wenn A dies nicht verstehen wolle, so müsse er eben den Sitzungen fernbleiben.

Frage: *Kann A die Entfernung verlangen?*

I. Einordnung

Dieser Fall streift die Kompetenzen des Bürgermeisters und die organschaftlichen Rechte des Gemeinderatsmitglieds. Anschließend wird im Rahmen einer stets relevanten Problematik und unter dem Aspekt der Einschränkung der organschaftlichen Rechte des Gemeinderatsmitglieds die Religionsfreiheit geprüft.

II. Gliederung

Gliederung

1. **Anspruch aus Teilnahmepflicht, Art. 48 I GO i.V.m. Art. 4 GG**

a) **Eröffnung Schutzbereich (+): negative Glaubensfreiheit**

b) **Eingriff (+):** Kruzifix als christliches Symbol

c) **Rechtfertigung**

Art. 53 GO (-), Kruzifix allein hat keinen Einfluss auf Ordnung

Art. 4 GG der anderen Gemeinderäte

(-), da Art. 4 GG Minderheiten schützt; zudem Art. 4 GG kein Leistungsrecht!

2. **Ergebnis:**

A kann die Entfernung verlangen

III. Lösung

A kann die Entfernung verlangen, wenn er auf diese einen Anspruch hat.

Ein solcher Anspruch könnte sich aus dem Teilnahmerecht des A ergeben.

1. Teilnahmepflicht

Als Gemeinderatsmitglied ist A verpflichtet, an den Sitzungen des Gemeinderates teilzunehmen, Art. 48 I S. 1 GO. Aus dieser Verpflichtung resultiert jedoch auch das organschaftliche Recht, dieser Verpflichtung möglichst ungestört nachzukommen.

Eine Entfernung kann daher dann verlangt werden, wenn das Kruzifix A in diesem Recht stört. Dies ist der Fall, wenn das Kruzifix die Glaubensfreiheit des A verletzen würde. In diesem Fall wäre er vor die Wahl gestellt, ob er unter Verletzung seiner Glaubensfreiheit sein Teilnahmerecht wahrnimmt bzw. seine Teilnahmepflicht erfüllt oder ob er zum Schutz seiner Glaubensfreiheit sein Teilnahmerecht „aufopfert“.

hemmer-Methode: Der „Umweg“ über das Teilnahmerecht aus Art. 48 I GO ist nach h.M. erforderlich, da A als Teil des Gemeinderats eigentlich nicht grundrechtsberechtigt, sondern eher grundrechtsverpflichtet ist.

a) Eröffnung des Schutzbereichs des Art. 4 GG

Art. 4 I, II GG gewährt unter anderem die Freiheit, sich eine religiöse Überzeugung zu bilden oder nicht zu bilden, bzw. zu haben oder nicht zu haben. Diese negative Religionsfreiheit kann zwar nicht so weit gehen, völlig von Religion verschont zu werden; jedoch ist es gerade dem Staat über Art. 1 III GG verboten, dem Einzelnen einen bestimmten Glauben aufzudrängen. Dies könnte jedoch hier der Fall sein. Der Schutzbereich ist daher eröffnet.

b) Eingriff

Eingriff ist jedes staatliche Handeln, welches die Grundrechtsausübung ganz oder teilweise unmöglich macht.

Fraglich ist hier, ob das Kruzifix als kulturelles oder religiöses Symbol verstanden wird und ob es einen Zwang zur Identifikation mit einem bestimmten Glauben ausübt.

aa) Unterscheidung Kruzifix - Kreuz

Zu unterscheiden ist das Kruzifix vom „normalen“ Kreuz. Das Kruzifix ist eine Darstellung des gekreuzigten Jesus Christus, während das gewöhnliche Kreuz keine Christusdarstellung enthält. Somit kommt dem Kruzifix ein eindeutig religiöser Charakter zu. Ob dies auch für das Kreuz gilt, ist hier nicht zu entscheiden.

bb) Zwischenergebnis

Somit wird A zwangsläufig mit einem christlichen Symbol konfrontiert, welchem er sich wegen Art. 48 I S. 1 GO auch nicht durch Fernbleiben entziehen kann. Nachdem sich A subjektiv belastet fühlt, ist ein Eingriff zu bejahen.

c) Rechtfertigung

Die Rechtsgrundlage für das Aufhängen des Kruzifixes findet sich in Art. 36 S. 1 GO und in Art. 53 I S. 1 GO, da der Bürgermeister das Kruzifix zur Aufrechterhaltung der Ordnung aufhängen lässt.

Maßnahmen zur Aufrechterhaltung der Ordnung gehören zum Hausrecht des Bürgermeisters gem. Art. 53 I GO.

d) Schranke

Zu beachten ist jedoch, dass Art. 4 I, II GG ein schrankenloses Grundrecht ist. Ein solches kann nur durch kollidierendes Verfassungsrecht eingeschränkt werden, nicht aber durch Schrankenübertragungen aus anderen Grundrechten, z.B. Art. 5 II GG. Dieses widerspräche dem Willen des Grundgesetzgebers.

Zu fragen ist daher, ob das Grundrecht auf Religionsfreiheit des A hier durch kollidierendes Verfassungsrecht beschränkt werden kann.

aa) Religionsfreiheit der übrigen Mitglieder

Eine Schranke könnte sich aus Art. 4 I, II GG bezüglich der anderen Gemeinderatsmitglieder ergeben. Diese sind alle katholisch und sehen in dem Kruzifix einen Ausdruck ihres Glaubens. Allerdings kann eine Entscheidung nicht nach den Mehrheitsverhältnissen gefällt werden, da das Grundgesetz gerade den Minderheitenschutz bezweckt. Abgesehen davon drücken hier nicht die Gemeinderatsmitglieder selbst ihre Überzeugung aus, sondern zeigen diese im Zusammenhang mit der staatlichen Institution Gemeinderat. Art. 4 I GG ist kein Leistungsrecht.

bb) Funktionsfähigkeit des Gemeinderats

Der Bürgermeister führt an, das Kruzifix sei für die Funktionsfähigkeit des Gemeinderates gem. Art. 28 II GG notwendig. Allerdings ist nicht nachvollziehbar, wie das Aufhängen eines Symbols die Funktionsfähigkeit des Gemeinderates verbessern soll.

Zwar sind hierfür gewisse christliche Werte hilfreich, welche jedoch nicht durch ein Symbol an der Wand ausgedrückt werden, sondern durch das Verhalten und den moralischen Maßstab der Gemeinderatsmitglieder.

Zudem ist der Gemeinderat gem. Art. 1 III GG der Glaubensfreiheit verpflichtet und darf dies nicht unter dem Mantel der Funktionsfähigkeit umgehen.

e) Zwischenergebnis

Der Eingriff in die Religionsfreiheit des A ist nicht gerechtfertigt.

2. Ergebnis

A hat einen Anspruch auf Entfernung.

IV. Zusammenfassung

- Das Kruzifix ist stets auch ein christliches Symbol. Ob dies auch für das „gewöhnliche“ Kreuz gilt, ist nicht eindeutig, im Zweifelsfall aber im Interesse der staatlichen Neutralität zu bejahen.
- Art. 4 I, II GG ist schrankenlos gewährleistet, kann also nur durch kollidierendes Verfassungsrecht beschränkt werden.

V. Vertiefung

- Hemmer/Wüst, Staatsrecht I, Rn. 191 ff.
- Hemmer/Wüst, Kommunalrecht, Rn. 219.

Kapitel II: Baurecht

Fall 12: Bauplanungsrechtliche Zulässigkeit

Sachverhalt:

Bauherr B hat es kürzlich zu Geld gebracht und möchte nun sein Traumhaus bauen. Wäre sein Bauvorhaben (zweigeschossiges Wohnhaus, Grundfläche 130 qm) in den folgenden Fällen bauplanungsrechtlich zulässig?

Frage 1: *Das zu bebauende Grundstück liegt im Geltungsgebiet eines qualifizierten Bebauungsplans, welcher das Gebiet als Industriegebiet i.S.d. § 9 BauNVO festsetzt. Auf den umliegenden Grundstücken befinden sich Lagerhallen, eine Tankstelle und eine Zementfabrik.*

Frage 2: *Das zu bebauende Grundstück befindet sich in einer Häuserlücke innerhalb einer Ortschaft. Ein Bebauungsplan besteht nicht. Die Nachbarschaft ist geprägt von ein- bis zweigeschossigen Wohnhäusern, sowie kleineren Restaurants und Bars.*

Frage 3: *B möchte gerne seine Ruhe im Grünen genießen. Er plant daher sein Haus auf einer Wiese, kurz vor einem Waldstück. Die Ortsbebauung endet ca. in 800 m Entfernung. Das Gebiet ist im Flächennutzungsplan als Weide- und landwirtschaftliches Nutzgebiet ausgeschrieben. Auf dem Nachbargrundstück befindet sich ein alter Bauernhof.*

I. Einordnung

Dieser einfache Einstiegsfall soll Sie an eine der Kernfragen der baurechtlichen Klausur heranführen, nämlich die bauplanungsrechtliche Zulässigkeit. Diese ist der erste Teil der Zulässigkeitsprüfung des Bauvorhabens, an welchen sich dann – je nach Prüfungsmaßstab, Art. 59, 60 BayBO – die Prüfung des Bauordnungsrechtes anschließt.

Hierbei richtet sich die bauplanungsrechtliche Zulässigkeit nach dem BauGB und der BauNVO, die bauordnungsrechtliche Zulässigkeit nach der BayBO.

Der Einstieg in eine Baurechtsklausur erfolgt gewöhnlich über Art. 68 I BayBO, der die Anspruchsgrundlage auf Erteilung der Baugenehmigung enthält.

Über Art. 68 I BayBO gelangt man dann zum Prüfungsmaßstab der Art. 59, 60 BayBO. Der Normalfall ist dabei das vereinfachte Genehmigungsverfahren nach Art. 59 BayBO. Das Verfahren nach Art. 60 BayBO ist nur einschlägig, wenn es sich um einen Sonderbau nach Art. 2 IV BayBO handelt.

Soweit es allein um die bauplanungsrechtliche Zulässigkeit geht, ist die Unterscheidung irrelevant, da diese sowohl nach Art. 59 S. 1 Nr.1 BayBO als auch nach Art. 60 S. 1 Nr. 1 BayBO zu prüfen ist.

II. Gliederung

Gliederung
Frage 1: Zulässigkeit gem. § 30 BauGB
⇨ Entspricht das Vorhaben dem Bebauungsplan?
⇨ Hier Industriegebiet (§ 9 BauNVO) festgesetzt
⇨ Wohnhaus unzulässig, auch § 13 BauNVO (-)
Frage 2: Zulässigkeit gem. § 34 BauGB
⇨ Baugebiet im Innenbereich
⇨ Vorliegen von § 34 II BauGB (-); kann nicht eindeutig festgestellt werden.
⇨ § 34 I BauGB: Einfügen des Vorhabens in Umgebung (+)
⇨ Wohnhaus zulässig
Frage 3: Zulässigkeit gem. § 35 BauGB
⇨ Privilegiertes Vorhaben i.S.d. § 35 I BauGB (-)
⇨ Zulässigkeit gem. § 35 II BauGB (-)
⇨ Wegen entgegenstehender öffentlicher Belange, § 35 III Nr. 1, 5, 7 BauGB
⇨ Daher: Vorhaben unzulässig

III. Lösung

Die bauplanungsrechtliche Zulässigkeit ist im BauGB in den §§ 30 ff. BauGB geregelt. Zunächst muss über § 29 BauGB geprüft werden, ob diese Vorschriften überhaupt zur Anwendung kommen. Ist dies der Fall, gilt es herauszufinden, ob das Vorhaben in einem beplanten oder unbeplanten Bereich ausgeführt werden soll.

Frage 1

1. Vorliegen eines Vorhabens i.S.d. § 29 BauGB

B möchte ein Wohnhaus errichten, welches eine bauliche Anlage darstellt und zudem planungs- und bodenrechtlich relevant ist.

hemmer-Methode: Der Begriff der baulichen Anlage ist im BauGB nicht definiert. Sie können aber gedanklich auf den Begriff aus Art. 2 I S. 1 BayBO zurückgreifen. Allerdings dürfen Sie die BayBO an dieser Stelle keinesfalls zitieren, da Bundesrecht (BauGB) ansonsten durch Landesrecht bestimmt würde und der Begriff in jedem Bundesland anders definiert sein könnte. Wichtig ist, dass über die Merkmale des Art. 2 I BayBO i.R.d. § 29 BauGB das Merkmal der bodenrechtlichen oder planungsrechtlichen Relevanz verlangt wird. Dieses ist vor allen Dingen bei einer bloßen Nutzungsänderung problematisch.

Nachdem ein Vorhaben i.S.d. § 29 I BauGB vorliegt, finden die §§ 30 – 37 BauGB Anwendung.

2. Zulässigkeit des Vorhabens des B i.R.v. § 30 I BauGB

Das Grundstück, auf welchem B bauen möchte, liegt im Geltungsbereich eines wirksamen qualifizierten Bebauungsplans.

hemmer-Methode: Der qualifizierte Bebauungsplan enthält mindestens Vorschriften über Art und Maß der baulichen Nutzung, die überbaubaren Grundstücksflächen und die örtlichen Verkehrsflächen (§ 30 I BauGB).

Der einfache Bebauungsplan enthält diese Festsetzungen gerade nicht. In diesem Fall gelten neben den Festsetzungen des einfachen Bebauungsplans ergänzend die §§ 34, 35 BauGB, vgl. § 30 III BauGB.

Somit richtet sich die Zulässigkeit ausschließlich nach dem Inhalt des Bebauungsplans.

Für die Zulässigkeit nach § 30 I BauGB darf das Vorhaben den Festsetzungen des Bebauungsplans nicht widersprechen. Zudem muss die Erschließung gesichert sein.

Anmerkung: Letzteres ist in der Klausur grundsätzlich immer der Fall. Sollte dies ausnahmsweise nicht so sein, wird sich im Sachverhalt ein deutlicher Hinweis finden.

Von einer gesicherten Erschließung ist auszugehen.

Bezüglich Art und Maß der baulichen Nutzung wurde das Gebiet als Industriegebiet i.S.d. § 9 BauNVO festgesetzt. Durch diese Festsetzung wurde § 9 BauNVO unmittelbar Inhalt des Bebauungsplans, vgl. § 1 III BauNVO.

In einem Industriegebiet sind Wohngebäude grundsätzlich nicht zulässig.

Eine Ausnahme bietet § 9 III BauNVO jedoch für Wohnungen von Betriebsleitern und Bereitschaftspersonen. Zu dieser Personengruppe zählt B jedoch nicht. Er will in dem Haus nur wohnen und hat keinerlei Bezug zu einem der dortigen Gewerbebetriebe.

Auch die Ausnahme des § 13 BauNVO greift nicht ein, da B das Haus nur zu Wohnzwecken errichten möchte.

hemmer-Methode: Merken Sie sich diese Vorschrift unbedingt, sie ist leicht zu übersehen. Klassischer Fall hierzu ist die Rechtsanwaltskanzlei oder die Arztpraxis, die im festgesetzten Gebiet nach der BauNVO grundsätzlich unzulässig ist, aber dann über § 13 BauNVO doch zulässig wird.

Somit widerspricht das Vorhaben den Festsetzungen des Bebauungsplans und ist daher unzulässig. Anhaltspunkte für eine Ausnahme oder Befreiung gem. § 31 BauGB sind nicht ersichtlich.

3. Ergebnis Frage 1

Das Vorhaben ist an der gewünschten Stelle unzulässig.

Frage 2

Ein Vorhaben i.S.d. § 29 BauGB liegt vor (s.o.). Allerdings liegt das Grundstück nicht im Geltungsbereich eines Bebauungsplans. Daher muss festgestellt werden, ob es sich um ein Vorhaben im Innenbereich oder im Außenbereich handelt.

Je nachdem richtet sich die bauplanungsrechtliche Zulässigkeit nach § 34 BauGB oder nach § 35 BauGB.

hemmer-Methode: Der wesentliche Unterschied zwischen § 34 BauGB und § 35 BauGB ist, dass Bauen im Bereich des § 34 BauGB grundsätzlich erlaubt ist, während der Außenbereich nach § 35 BauGB grundsätzlich frei von Bebauung bleiben soll!

1. Vorliegen eines Innenbereichsvorhabens gem. § 34 BauGB

Innenbereich (= „im Zusammenhang bebaute Ortsteile", vgl. Wortlaut § 34 I BauGB) bedeutet „jede Bebauung im Gebiet einer Gemeinde, die trotz vorhandener Baulücken, den Eindruck von Geschlossenheit und Zusammengehörigkeit erweckt, nach der Anzahl der vorhandenen Bauten ein gewisses Gewicht hat und Ausdruck einer organischen Siedlungsstruktur ist".[12]

Laut Sachverhalt befindet sich das Grundstück in einer Häuserlücke, mithin also zwischen zwei Gebäuden. Auch die Schilderung der Umgebung (Wohnhäuser, Gastronomie) lässt auf eine bereits gewachsene Siedlungsstruktur schließen, bei der Wohn- und Vergnügungsstätten bereits vorhanden sind. Das Vorhaben liegt daher im Innenbereich, sodass sich die Zulässigkeit nach § 34 BauGB richtet.

Innerhalb des § 34 BauGB ist wiederum zwischen Absatz eins und zwei zu unterscheiden. Absatz zwei kommt aber nur dann zur Anwendung, wenn eine Zuordnung zu einem Gebiet in der BauNVO auch möglich ist. Zudem ersetzt Absatz zwei den Absatz eins nur in Bezug auf die Art der baulichen Nutzung. Bestehen hier Zweifel, bleibt es bei den Vorschriften des Absatzes eins.

2. Zulässigkeit gem. § 34 II BauGB

Das geschilderte Gebiet lässt sich tatsächlich nicht mit Sicherheit einem der in der BauNVO geschilderten Gebiete zuordnen. In Betracht kämen hier §§ 4, 4a, 6 und 7 BauNVO.

Nachdem eine eindeutige Zuordnung nicht möglich ist, kommt allein § 34 I BauGB zur Anwendung.

[12] Vgl. BVerwGE 31, 21 = **juris**byhemmer; BVerwG, JuS 2001, 405 f. = **juris**byhemmer.

Anmerkung: Zur Bestimmung des Gebietstyps enthielt dieser Sachverhalt sehr wenig Informationen. Dennoch kann von Ihnen eine solche Zuordnung verlangt werden.
Entweder wird angegeben, welchem Gebietstyp die Nachbarschaft entspricht oder aber sie erhalten mehrere Hinweise bezüglich des Aussehens der Nachbarschaft.

3. Zulässigkeit gem. § 34 I BauGB

Somit müsste sich das Bauvorhaben des B in die Eigenart der näheren Umgebung einfügen.

In der Nachbarschaft stehen bereits ein- und zweigeschossige Wohnhäuser, sowie Bars und Restaurants.

Das von B geplante Gebäude hält daher den Rahmen der bereits bestehenden Bebauung ein. Auch ein Verstoß gegen das Gebot der Rücksichtnahme liegt nicht vor, da nicht davon auszugehen ist, dass sich die Situation in der genannten Gegend ändert, wenn die Baulücke mit einem Wohnhaus geschlossen wird.

hemmer-Methode: Auch wenn das Vorhaben sich grundsätzlich einfügt, also den Rahmen der vorhandenen Bebauung einhält, kann es im Einzelfall unzulässig sein, wenn es das Gebot der Rücksichtnahme verletzt. Über dieses ist es möglich, eigentlich zulässige Bauten ausnahmsweise nicht zuzulassen. Hier muss eine deutlich erkennbare, sorgfältige Abwägung getroffen werden. Im aktuellen Fall konnte diese kurz ausfallen, da die Situation hier eindeutig war.
Für den Bereich des § 30 I BauGB regelt § 15 I S. 2 BauNVO die gleichen Fragen.

4. Ergebnis zu 2

Das Bauvorhaben fügt sich demnach in die nähere Umgebung ein, sodass das Wohnhaus vorliegend bauplanungsrechtlich zulässig ist.

Frage 3

Ein Vorhaben i.S.d. § 29 BauGB liegt vor (s.o.).

Allerdings liegt das Grundstück nicht im Geltungsbereich eines Bebauungsplans. Daher muss festgestellt werden, ob es sich um ein Vorhaben im Innenbereich oder im Außenbereich handelt.

Je nachdem richtet sich die bauplanungsrechtliche Zulässigkeit nach § 34 BauGB oder nach § 35 BauGB.

1. Vorliegen eines Außenbereichsvorhabens

Wie der Innenbereich bestimmt wird, hat Variante 2 gezeigt. Bei einem Bauvorhaben „auf der grünen Wiese" liegt eindeutig ein Außenbereichsvorhaben vor. Schließlich ist die Ortsbebauung 800 m entfernt.

hemmer-Methode: Der Außenbereich bestimmt sich also negativ. Immer wenn § 30 BauGB oder § 34 BauGB nicht einschlägig sind, handelt es sich um Außenbereich.

Sound: Außenbereich ist alles, was nicht Bebauungsplan oder Innenbereich ist.

Bezüglich der Zulässigkeit von Vorhaben im Außenbereich ist zu bemerken, dass dieser Bereich grundsätzlich von Bebauung freigehalten werden soll.

Eine Ausnahme besteht für privilegierte Vorhaben i.S.d. § 35 I BauGB, welche hier aber nicht vorliegen.

Anmerkung: Lesen Sie sich den Katalog des § 35 I BauGB genau durch. Die dort genannten Vorhaben sind innerhalb einer Ortschaft nicht denkbar, sei es wegen ihres Platzbedarfes, ihrer Emissionen oder ihres Gefährdungspotentials.

2. Zulässigkeit gem. § 35 II BauGB

Es können aber auch sonstige Vorhaben gem. § 35 II BauGB genehmigt werden. Der Wortlaut im Gesetz „kann" spricht zwar für eine Ermessensvorschrift, dies ist jedoch nicht der Fall.

Vielmehr ergibt sich nach der h.M. wenn öffentliche Belange nicht einmal beeinträchtigt werden, im Zusammenspiel mit Art. 14 I S. 2 GG ein Anspruch auf Genehmigung des Vorhabens.

Fraglich ist demnach, ob das Wohnhaus des B öffentliche Belange beeinträchtigt. An eine Beeinträchtigung sind dabei keine allzu hohen Anforderungen zu stellen. Gleichwohl bedeutet „Beeinträchtigung" mehr als nur „Berührung". Eine Hilfestellung hierzu bietet § 35 III S. 1 BauGB, bei welchem die Abwägung antizipiert ist. Dieser ist jedoch nicht abschließend.

3. Beeinträchtigung öffentlicher Belange

a) Verstoß gegen Flächennutzungsplan, § 35 III S. 1 Nr. 1 BauGB

Das Gebiet ist im Flächennutzungsplan als Weidegebiet ausgewiesen. In einem solchen Gebiet ist eine Wohnbebauung nicht vorgesehen, sodass bereits § 35 III S. 1 Nr. 1 BauGB vorliegt.

b) Verstoß gegen § 35 III S. 1 Nr. 5 BauGB

Auch § 35 III S. 1 Nr. 5 BauGB könnte hier einschlägig sein, was sich aber mangels detaillierter Informationen nicht abschließend klären lässt.

c) Befürchtung einer Splittersiedlung, § 35 III S. 1 Nr. 7 BauGB

Zu befürchten ist aber jedenfalls das Entstehen einer Splittersiedlung gem. § 35 III S. 1 Nr. 7 BauGB: Auf dem Nachbargrundstück befindet sich bereits ein Bauernhof.

Bei Hinzutreten des Vorhabens des B entsteht eine bereits verfestigte Bebauung, die womöglich für weitere Eigentümer die Veranlassung sein kann, ebenfalls hier bauen zu wollen.

4. Ergebnis Frage 3

Somit beeinträchtigt das Vorhaben des B öffentliche Belange und kann daher nicht genehmigt werden.

Das Vorhaben des B ist unzulässig.

IV. Zusammenfassung

- Die Prüfungsreihenfolge in der bauplanungsrechtlichen Zulässigkeit ist §§ 30, 34, 35 BauGB.
- In jedem Fall muss ein bauliches Vorhaben gem. § 29 I BauGB vorliegen. Den Begriff können Sie sich **gedanklich** aus Art. 2 I S. 1 BayBO herleiten.
- Der Außenbereich ist grundsätzlich von einer Bebauung freizuhalten. Privilegierte Vorhaben sind abschließend in § 35 I BauGB aufgezählt.
- Sonstige Vorhaben sind, sofern sie öffentliche Belange nicht beeinträchtigen, gem. § 35 II BauGB zuzulassen. Es handelt sich hier nicht um eine Ermessensvorschrift.

V. Zur Vertiefung

- Hemmer/Wüst, Baurecht Bayern, Rn. 122 ff.

Fall 13: Klage auf Erlass einer Baugenehmigung

Sachverhalt:

Pferdewirt P möchte in der Gemeinde Eppstadt, Landkreis Unterallgäu, endlich seinen lang ersehnten Pferdestall mit einer Grundfläche von insgesamt 1.500 m² in ortstypischer Bauweise errichten.

Hierzu beantragt er eine Baugenehmigung für die zu errichtenden Gebäude. Das Grundstück liegt deutlich außerhalb der Ortsgrenzen. P möchte allerdings nicht auf seinem ganzen Grund Pferdewirtschaft betreiben. Auf dem Teil des Grundes, welcher nicht von dem Stall eingenommen wird, möchte er Hafer anbauen, um einen kleinen Teil des benötigten Futters selbst zu produzieren. Diese Fläche macht 20 % der Gesamtfläche aus.

Der Antrag auf Erlass einer Baugenehmigung, gestellt am 10.01.2013, wird ihm mit formell ordnungsgemäßem Schreiben vom 20.03.13 abschlägig beschieden, obwohl die Gemeinde zuvor ihr Einvernehmen erteilt hatte.

P gibt sein Projekt jedoch nicht auf und möchte die Baugenehmigung vor Gericht erstreiten.

Frage: *Wird er damit Erfolg haben?*

I. Einordnung

Aufbauend auf die bauplanungsrechtliche Zulässigkeitsprüfung aus Fall 12 wird in diesem Fall nun das komplette Verfahren bei der Baugenehmigung behandelt. Dabei geht es insbesondere darum, welche Prüfungspunkte notwendig sind und wie eine Baugenehmigung prozessual erstritten werden kann.

II. Gliederung

Gliederung

1. § 40 VwGO(+) und Zuständigkeit des Gerichts

2. Zulässigkeit der Klage (+)

a) Statthaft: Verpflichtungsklage

b) Klagebefugnis (+)

Möglicher Anspruch aus Art. 68 BayBO, Art. 14 GG

3. Beiladung der Gemeinde, § 65 II VwGO

4. Begründetheit

a) Passivlegitimation

§ 78 I Nr. 1 VwGO, Freistaat Bayern

b) Anspruchsgrundlage: Art. 55, 68 BayBO

Genehmigungspflichtigkeit, Art. 55 BayBO (+)

Genehmigungsfähigkeit, Art. 68 I BayBO?

§ 35 I BauGB (-)

§ 35 II BauGB (+)

c) Rechtsverletzung des P

5. Ergebnis

III. Lösung

P wird mit seiner Klage Erfolg haben, wenn diese zulässig und begründet ist.

1. Sachentscheidungskompetenz des Gerichts

Der Verwaltungsrechtsweg ist gem. § 40 VwGO eröffnet, da es sich um Probleme aus dem öffentlichen Baurecht handelt. Die streitentscheidenden Normen sind Art. 68 BayBO und §§ 29 ff. BauGB.

Eine doppelte Verfassungsunmittelbarkeit liegt ebenso wenig vor wie eine anderweitige Rechtswegzuweisung.

Das VG Augsburg ist gem. § 45 VwGO sachlich und gem. § 52 Nr. 1 VwGO i.V.m. Art. 1 II Nr. 6 AGVwGO örtlich zuständig.

Anmerkung: Das zuständige Verwaltungsgericht bestimmt sich nach dem Regierungsbezirk. Sollten Sie einmal keinen Hinweis im Sachverhalt finden (Dies wird jedoch nur bei größeren Gemeinden der Fall sein), in welchem Regierungsbezirk die Streitigkeit wurzelt, schauen Sie zur Sicherheit in die Karte vorne im Ziegler/Tremel.
Die Zuständigkeit ist aufgrund der Verweisung des § 83 VwGO auf § 17a II GVG ebenso wenig eine „echte“ Zulässigkeitsfrage wie der Rechtsweg. Soweit es möglich ist, die Zuständigkeit also nicht von der Klageart abhängt, sondern wie in § 52 Nr. 1 VwGO von der Belegenheit des Grundstücks, sollten Sie deshalb auch die Zuständigkeit vor der „Klammer“ der Zulässigkeit prüfen.

2. Zulässigkeit der Klage

a) Statthafte Klageart

Welche Klageart statthaft ist, hängt von dem Klageziel des P ab. Vorliegend möchte P den Erlass der begehrten Baugenehmigung erreichen.

Diese ist Verwaltungsakt i.S.d. Art. 35 S. 1 BayVwVfG. Statthaft ist mithin die Verpflichtungsklage in Form der Versagungsgegenklage gem. § 42 I Alt. 2 UF 1 VwGO.

b) Klagebefugnis, § 42 II VwGO

Bei einer Verpflichtungsklage ist der Kläger dann klagebefugt i.S.d. § 42 II VwGO, wenn er einen möglichen Anspruch auf den begehrten Verwaltungsakt hat. Für die hier begehrte Baugenehmigung ergibt sich ein solcher möglicher Anspruch schon aus Art. 68 I BayBO, der der Behörde keinerlei Ermessen einräumt. Ergänzend kann auf Art. 14 I GG zurückgegriffen werden, der dem Eigentümer eines Grundstücks auch grundrechtlich die Baufreiheit garantiert.

c) Vorverfahren

Ein Vorverfahren muss wegen der Regelung des § 68 II, I S. 2 VwGO i.V.m. Art. 15 II AGVwGO nicht durchgeführt werden.

d) Frist

P müsste die Klage innerhalb eines Monats nach Bekanntgabe des Ablehnungsbescheides erheben, § 74 II, I S. 2 VwGO.

e) Beteiligten-/Prozessfähigkeit

P ist gem. § 61 Nr. 1 VwGO beteiligtenfähig und gem. § 62 I Nr. 1 VwGO prozessfähig.

g) Zwischenergebnis

Die Klage ist zulässig.

3. Beiladung der Gemeinde

Nachdem es sich hier um ein Vorhaben im unbeplanten Bereich handelt, welches sich nach § 34 BauGB oder § 35 BauGB richtet, ist nach § 36 I S. 1 BauGB das Einvernehmen der Gemeinde erforderlich. Da die Gemeinde dieses laut Sachverhalt erteilt hat, ist sie im gerichtlichen Verfahren nicht mehr notwendig nach § 65 II VwGO, sondern nur einfach nach § 65 I VwGO beizuladen.

hemmer-Methode: Lassen Sie einfache Punkte nicht liegen. Die Beiladung erkennen die wenigsten Klausurbearbeiter. Die weitere Prüfung wird hierdurch meist zwar nicht beeinflusst, jedoch gehört dieser Punkt zu einer vollständigen Klausur dazu. Heben Sie sich in solchen Punkten vom Durchschnitt ab.

4. Begründetheit

Die Klage des P ist begründet, wenn sie sich gegen den richtigen Beklagten richtet, P durch die Ablehnung in einem seiner subjektiv-öffentlichen Rechte verletzt ist und zudem Spruchreife vorliegt, §§ 113 V, 78 VwGO.

a) Passivlegitimation, § 78 VwGO

Gem. § 78 Nr. 1 VwGO ist der Rechtsträger der Behörde zu verklagen, welche den beantragten Verwaltungsakt vorliegend unterlassen hat. Dies muss jedoch so gelesen werden, dass der Rechtsträger der Behörde zu verklagen ist, welche für den Erlass des Verwaltungsakts tatsächlich zuständig ist. Ansonsten könnte es sein, dass eine unzuständige Behörde zum Erlass des Verwaltungsakts verurteilt werden soll, was aufgrund der Bindung der Gerichte an Recht und Gesetz denknotwendig ausscheidet.

Zuständig ist hier das Landratsamt Mindelheim als Staatsbehörde, Art. 53 I, 54 I BayBO, Art. 37 I S. 2 LKrO. Somit ist der Freistaat Bayern passivlegitimiert.

b) Anspruch des P auf Erlass der Baugenehmigung

Die Ablehnung des begehrten Verwaltungsakts ist rechtswidrig, der Kläger in subjektiv-öffentlichen Rechten verletzt und die Sache spruchreif, wenn dem Kläger ein Anspruch auf den begehrten Verwaltungsakt zusteht.

Gem. Art. 55, 68 I BayBO besteht ein solcher Anspruch auf Erteilung der Genehmigung, sofern das Vorhaben genehmigungspflichtig und genehmigungsfähig ist.

aa) Genehmigungspflichtigkeit, Art. 55 I BayBO

Bei dem Pferdestall handelt es sich um eine (bauliche) Anlage i.S.d. Art. 2 I S. 4, 1 BayBO, sodass das Vorhaben gem. Art. 55 I BayBO genehmigungspflichtig ist. Eine Ausnahme nach Art. 56 ff. BayBO ist hier nicht einschlägig.

hemmer-Methode: Durchschauen Sie das System der BayBO. Der Grundsatz in Art. 55 BayBO geht von einer Genehmigungspflichtigkeit aus.

Die Ausnahmen hiervon sind in Art. 56 ff. geregelt.

bb) Genehmigungsfähigkeit, Art. 68 I BayBO

Nach Art. 68 I BayBO ist die Baugenehmigung zu erteilen, wenn keine Vorschriften entgegenstehen, die im Baugenehmigungsverfahren zu prüfen sind.

Welche Vorschriften hier überhaupt zu prüfen sind, bestimmt nicht Art. 68 I BayBO, sondern ist in Art. 59, 60 BayBO geregelt.

Der Prüfungsmaßstab hängt demnach davon ab, ob ein Sonderbau beantragt wird oder nicht.

(1) Vorliegen eines Sonderbaus

Der Begriff „Sonderbau" ist in Art. 2 IV BayBO definiert. Nachdem die Anlage eine Fläche von 1500 m² hat, ist Art. 2 IV Nr. 3 BayBO nicht einschlägig. Auch die Anwendung der anderen Nummern kommt mangels Erfüllung des jeweiligen Tatbestandes nicht in Betracht.

Somit liegt kein Sonderbau vor. Der Prüfungsumfang richtet sich daher nach Art. 59 BayBO.

Zu prüfen ist damit jedenfalls die planungsrechtliche Zulässigkeit nach Art. 59 S. 1 Nr. 1 BayBO, §§ 29 ff. BauGB.

(2) Bauplanungsrechtliche Zulässigkeit, Art. 59 S. 1 Nr. 1 BayBO

Die Errichtung eines Gebäudes mit 1500 m² Grundfläche ist ein Vorhaben mit planungsrechtlicher Relevanz i.S.d. § 29 BauGB.

Das Grundstück liegt 800 m von der Ortsbebauung entfernt, sodass hier nicht von einer gewachsenen Siedlungsstruktur gesprochen werden kann, welche Voraussetzung für ein Innenbereichsvorhaben ist. Es handelt sich damit um ein Außenbereichsvorhaben, dessen Zulässigkeit sich nach § 35 BauGB richtet.

(a) Landwirtschaftlicher Betrieb i.S.d. § 35 I Nr. 1 BauGB

Aufgrund ihres großen Platzbedarfes sind landwirtschaftliche Betriebe im Außenbereich privilegiert, § 35 I Nr. 1 BauGB. Landwirtschaft ist die planmäßige und eigenverantwortliche Bewirtschaftung des Bodens, um den Ertrag zu nutzen (vgl. die Aufzählung in § 201 BauGB).

Es liegt daher nur dann ein landwirtschaftlicher Betrieb vor, wenn P das Futter weitgehend selber erzeugen könnte. Nachdem er auf der für den Haferanbau genutzten Fläche jedoch nur einen geringen Teil des Futterbedarfs selber produziert, kann hiervon nicht ausgegangen werden.

(b) Besondere Anforderungen an die Umgebung, § 35 I Nr. 4 BauGB

Diese Vorschrift soll unter anderem Betriebe privilegieren, von denen starke Geruchsemissionen ausgehen, welche innerhalb einer Ortschaft nicht zuzumuten sind.

Zwar ruft auch ein Pferdestall landwirtschaftliche Emissionen hervor (Misthaufen), jedoch nicht in einem derart hohen Maße, dass ein solches Gebäude nur im Außenbereichs stehen könnte.

Eine Privilegierung gem. § 35 I Nr. 4 BauGB scheidet daher ebenso aus.

(c) **Zulässigkeit gem. § 35 II BauGB**

Es können aber auch sonstige Vorhaben gem. § 35 BauGB genehmigt werden. Der Wortlaut im Gesetz „kann" spricht zwar für eine Ermessensvorschrift, dies ist jedoch nicht der Fall.

Vielmehr ergibt sich nach h.M., wenn öffentliche Belange nicht beeinträchtigt werden, im Zusammenspiel mit Art. 14 I S. 2 GG ein Anspruch auf Genehmigung des Vorhabens.

Fraglich ist demnach, ob der Pferdestall des P öffentliche Belange beeinträchtigt. Ob dies der Fall ist, muss durch eine sorgfältige und fehlerfreie Abwägung ermittelt werden. Eine Hilfestellung hierzu bietet § 35 III BauGB, welcher aber nicht abschließend ist.

Von den dort aufgezählten Fällen ist jedoch keiner einschlägig. Insbesondere will P die Halle in ortstypischer Bauweise errichten, sodass keine Verunstaltung des Landschaftsbildes gem. § 35 III S. 1 Nr. 5 BauGB droht.

Grundsätzlich ist der Außenbereich im Interesse einer geordneten baulichen Entwicklung von Bebauung freizuhalten. Allerdings benötigt das Vorhaben des P eine große Fläche, welche im Innenbereich kaum zur Verfügung steht. Außerdem gehört zum Pferdesport sowohl das Reiten in der Halle, als auch das Reiten in der Natur. Hier bietet die Lage den Reitern ideale Voraussetzungen für beide Alternativen.

Weiterhin handelt es sich um einen Anlagenkomplex, der zudem nach außen durch landwirtschaftliche Flächen begrenzt wird.

Im Übrigen handelt es sich auch nicht um ein Vorhaben, welche größere raumplanerische Konsequenzen, im Sinne von Verkehrsströmen und weiterer Infrastruktur nach sich zieht.

Somit überwiegen die Gründe für den Bau der Reithalle. Nachdem eine Beeinträchtigung öffentlicher Belange nicht zu befürchten ist, hat P einen Anspruch auf die Genehmigung gem. § 35 II BauGB.

(3) **Zwischenergebnis**

Das Vorhaben ist daher bauplanungsrechtlich zulässig.

(4) **Bauordnungsrechtliche Zulässigkeit**

Diese wird wegen des vereinfachten Genehmigungsverfahrens gem. Art. 59 I S. 1 BayBO nur sehr eingeschränkt geprüft, vgl. Art. 59 S. 1 Nr. 1 BayBO i.V.m. Art. 81 BayBO und Art. 59 S. 1 Nr. 2 BayBO i.V.m. Art. 63 BayBO. Beide Punkte sind hier nicht einschlägig.

(5) **Zwischenergebnis**

Das Bauvorhaben des P ist mithin genehmigungsfähig.

Somit hat er einen Anspruch auf Erteilung der Baugenehmigung.

5. Ergebnis

P würde mit einer Klage Erfolg haben.

IV. Zusammenfassung

- Die Baugenehmigung ist ein Verwaltungsakt i.S.d. Art. 35 S. 1 BayVwVfG
- Eine Baugenehmigung wird dann erlassen, wenn das Vorhaben genehmigungspflichtig und genehmigungsfähig ist.

- Bezüglich der Genehmigungsfähigkeit existieren die Prüfungsmaßstäbe der Art. 59 und 60 BayBO. Hierbei kommt Art. 60 BayBO in der Praxis allerdings nur eine untergeordnete Rolle zu.
- Auf jeden Fall ist bei der Genehmigungsfähigkeit Bauplanungsrecht zu prüfen.

V. Zur Vertiefung

- Hemmer/Wüst, Baurecht Bayern, Rn. 122 ff. (Bauplanungsrecht).
- Hemmer/Wüst, Baurecht Bayern, Rn. 214 ff. (Bauordnungsrecht).
- Buchner, BayVBl. 1989, 673 (Vertiefung zu § 35 I Nr. 4 BauGB).

Fall 14: Baugenehmigung bei Vorliegen eines Bebauungsplans

Sachverhalt:

In der niederbayerischen Gemeinde Landolfing, Landkreis Landshut, möchte die extrem konservative Religionsvereinigung „Hasta dei e.V." (Lanze Gottes; im Folgenden H) für ihre stark wachsende Anhängerzahl (bereits 10 % der Gemeindebürger sind Mitglieder) eine Kirche errichten. Diese soll mit einem 20 m hohen spitzen Turm in Lanzenform ausgestattet werden, um das Wirken dieser Glaubensgemeinschaft deutlich zu präsentieren. Zudem finden die meisten Kulthandlungen in diesem Turm statt.

Ein entsprechender Bauantrag wird vom LRA jedoch abgelehnt, da seit kurzem ein qualifizierter Bebauungsplan dem Vorhaben entgegenstehe, der eine maximale Gebäudehöhe von 15 m für den beplanten Bereich vorschreibt.

Dieser Plan diene laut Aussagen der Gemeinde dem Schutz des freien Blickes auf die beiden historischen Stadttürme, welche jeweils 25 m hoch sind, und wurde gerade auch im Hinblick auf das Bauvorhaben der H aufgestellt.

H hält diesen Bebauungsplan für unrechtmäßig und fühlt sich in seinem Recht auf Religionsfreiheit verletzt. Daher wird form- und fristgerecht Klage auf Erteilung der Baugenehmigung erhoben.

Frage: *Wird sie damit Erfolg haben?*

Bearbeitervermerk: *Gehen Sie davon aus, dass der geplante „Lanzenturm" tatsächlich aus manchen Blickwinkeln den Blick auf die historischen Stadttürme beschränken würde.*

Die geplante Kirche erfüllt nicht die Voraussetzungen eines Sonderbaus.

I. Einordnung

Nachdem Sie sich bereits mit Innen- und Außenbereichsvorhaben auseinandergesetzt haben, lernen Sie nun die Prüfung i.R.e. Bebauungsplanes kennen. Kernpunkt solcher Fälle ist meistens die Überprüfung der Rechtmäßigkeit des Bebauungsplans. Hier kommt es oft auf Kenntnisse bei den Grundrechten an! Machen Sie sich also noch einmal mit den wichtigsten vertraut.

II. Gliederung

Gliederung

1. Sachentscheidungskompetenz des Gerichts

2. Zulässigkeit

a) Statthaft: Verpflichtungsklage

b) Klagebefugnis (+)

möglicher Anspruch Art. 68 BayBO, Art. 14 GG

c) Vorverfahren nicht nötig

d) Frist

e) Beteiligtenfähigkeit

f) Zwischenergebnis
3. Begründetheit
a) Passivlegitimation: Freistaat Bayern
b) Anspruchsgrundlage: Art. 55, 68 BayBO
aa) Genehmigungspflichtigkeit (+)
bb) Genehmigungsfähigkeit?
(1) Sonderbau (-)
(2) Bauplanungsrechtl. Zulässigkeit
(a) Gültigkeit BBpl.
(b) formelle RM
(c) materielle RM
(3) Zwischenergebnis
4. **Ergebnis:** Klage erfolgreich

III. Lösung

H wird mit seiner Klage Erfolg haben, wenn diese zulässig und begründet ist.

1. Sachentscheidungskompetenz des Gerichts

Der Verwaltungsrechtsweg ist gem. § 40 VwGO eröffnet, da es sich um Probleme aus dem öffentlichen Baurecht handelt. Eine doppelte Verfassungsunmittelbarkeit liegt ebenso wenig vor wie eine anderweitige Rechtswegzuweisung.

Das VG Regensburg ist gem. § 45 VwGO sachlich und gem. § 52 Nr. 1 VwGO i.V.m. Art. 1 II Nr. 2 AGVwGO örtlich zuständig.

Anmerkung: Achtung, der Regierungsbezirk Niederbayern hat kein eigenes VG, sondern liegt im Zuständigkeitsbereich des VG Regensburg!

2. Zulässigkeit der Klage

a) Statthafte Klageart

Welche Klageart statthaft ist, hängt von dem Klageziel der H ab. Vorliegend begehrt sie den Erlass der begehrten Baugenehmigung.

Diese ist Verwaltungsakt i.S.d. Art. 35 S. 1 BayVwVfG. Statthaft ist mithin die Verpflichtungsklage in Form der Versagungsgegenklage gem. § 42 I Alt. 2 UF 1 VwGO.

b) Klagebefugnis, § 42 II VwGO

H ist klagebefugt, wenn sie zumindest möglicherweise in subjektiven Rechten verletzt ist. Dies ist dann der Fall, wenn sie einen Anspruch auf die begehrte Baugenehmigung hat. Dieser könnte sich hier aus Art. 68 I BayBO ergeben. H ist daher klagebefugt.

c) Vorverfahren

Ein Vorverfahren muss wegen der Regelung des § 68 II, I S. 2 VwGO i.V.m. Art. 15 II AGVwGO nicht durchgeführt werden.

d) Frist

H hat die Klage laut Sachverhalt fristgerecht erhoben.

e) Beteiligten-/Prozessfähigkeit

H ist gem. § 61 Nr. 1 Alt. 2 VwGO i.V.m. § 21 BGB als juristische Person beteiligten- und gem. § 62 III VwGO i.V.m. § 26 BGB prozessfähig.

f) Zwischenergebnis

Die Klage ist zulässig.

3. Begründetheit

Die Klage der H ist begründet, wenn sie sich gegen den richtigen Beklagten richtet, H durch die Ablehnung in einem ihrer subjektiv-öffentlichen Rechte verletzt ist und zudem Spruchreife vorliegt, §§ 113 V, 78 VwGO.

a) Passivlegitimation

Gem. § 78 I Nr. 1 VwGO ist der Rechtsträger der Behörde zu verklagen, welche für den Erlass des VA tatsächlich zuständig ist.

Zuständig ist hier das Landratsamt Landshut als Staatsbehörde (untere Bauaufsichtsbehörde), Art. 53 I, 54 I BayBO i.V.m. Art. 37 I S. 2 LKrO. Somit ist der Freistaat Bayern passivlegitimiert.

b) Anspruch der H auf Erlass der Baugenehmigung

Gem. Art. 55, 68 I BayBO besteht ein Anspruch auf Erteilung der Genehmigung, sofern das Vorhaben genehmigungspflichtig und genehmigungsfähig ist.

aa) Genehmigungspflichtigkeit, Art. 55 I BayBO

Bei der Kirche handelt es sich um eine (bauliche) Anlage i.S.d. Art. 2 I S. 4 i.V.m. S. 1 BayBO, sodass das Vorhaben gem. Art. 55 BayBO genehmigungspflichtig ist.

hemmer-Methode: Für die Genehmigungspflichtigkeit kommt es eigentlich allein auf das Vorliegen einer Anlage und nicht zwingend einer baulichen Anlage an.

Da nach Art. 2 I S. 4 BayBO aber jede bauliche Anlage zugleich auch eine Anlage in diesem Sinne ist, können Sie zumindest auch auf Art. 2 I S. 1 BayBO zurückgreifen.

Die in Art. 55 I BayBO aufgeführten Ausnahmen von der Genehmigungspflichtigkeit sind nicht einschlägig.

bb) Genehmigungsfähigkeit

Bevor die Zulässigkeitsvoraussetzungen geprüft werden, muss der Prüfungsmaßstab bestimmt werden. Dieser richtet sich entweder nach Art. 59 BayBO oder nach Art. 60 BayBO. Dies hängt davon ab, ob ein Sonderbau beantragt wird oder nicht.

(1) Vorliegen eines Sonderbaus

Ein Sonderbau gem. Art. 2 IV BayBO liegt laut Bearbeitervermerk nicht vor. Der Prüfungsumfang richtet sich daher nach Art. 59 BayBO.

(2) Bauplanungsrechtliche Zulässigkeit, Art. 59 S. 1 Nr. 1 BayBO

Eine bauliche Anlage i.S.d. § 29 BauGB liegt vor, da die Kirche dauerhaft mit dem Erdboden verbunden wird und auch die bodenrechtliche Relevanz gegeben ist.

Nachdem für das relevante Gebiet ein qualifizierter Bebauungsplan existiert, bemisst sich die Zulässigkeit des Vorhabens danach, ob die entsprechenden Vorgaben eingehalten werden, § 30 I BauGB.

Im Bebauungsplan wird die maximale Gebäudehöhe auf 15 m festgesetzt; der geplante Lanzenturm soll jedoch 20 m hoch gebaut werden.

Somit ist dieses Vorhaben grundsätzlich unzulässig.

(a) Gültigkeit des Bebauungsplans

Zu beachten ist jedoch, dass der Bebauungsplan eine Satzung ist, welche ihre Wirksamkeit nur bei Rechtmäßigkeit entfaltet. Läge bezüglich des Bebauungsplans also ein formeller oder materieller Fehler vor, wäre dieser unwirksam.

Das VG hat in diesem Fall auch die nötige Prüfungs- und Verwerfungskompetenz. Dies ergibt sich in einem Umkehrschluss zu Art. 100 I GG, der nur für formelle, nachkonstitutionelle Gesetze ein Verwerfungsmonopol des BVerfG und eine entsprechende Vorlagepflicht der Fachgerichte statuiert.

(b) Formelle Rechtmäßigkeit

Für formelle Fehler ist nichts ersichtlich.

(c) Materielle Rechtmäßigkeit

Die materielle Rechtmäßigkeit des Bebauungsplans wird anhand von drei Schritten geprüft. Es muss eine Planrechtfertigung vorliegen, die zwingenden Planungsleitsätze müssen eingehalten werden und die Planabwägung muss fehlerfrei erfolgen.

Das Erfordernis der Planrechtfertigung ergibt sich aus § 1 III BauGB. Nachdem die Gemeinde hier planungsrechtliche Ziele verfolgt, ist die Planrechtfertigung zu bejahen, zumal diese aufgrund der Planungshoheit der Gemeinde, Art. 28 II GG, Art. 11 II BV, von den Gerichten nur eingeschränkt überprüfbar ist.

Zwingende Planungsleitsätze ergeben sich aus § 9 BauGB. Zunächst könnte es sich bei einer Höhenbegrenzung um eine Festsetzung des Maßes der baulichen Nutzung gem. § 9 I Nr. 1 BauGB handeln. Wäre dies der Fall, so müssten gem. § 16 II Nr. 1 u. Nr. 4 BauNVO jedoch auch Grundflächenzahl oder die Größe der Grundfläche festgesetzt werden. Eine isolierte Festsetzung der Maximalhöhe ist auf diesem Wege daher nicht möglich.

Es könnte sich aber um eine örtliche Bauvorschrift i.S.d. § 9 IV BauGB i.V.m. Art. 81 Nr. 1 BayBO handeln, da die Gemeinde zur Erhaltung des Ortsbildes handelte. Eine solche Vorschrift kann gem. § 9 IV BauGB in den Bebauungsplan als Festsetzung aufgenommen werden.

hemmer-Methode: Eine weitere zwingende Planvorgabe, die in der Klausur relevant werden kann, ist das materielle Planentwicklungsgebot des § 8 II S. 1 BauGB, wonach der Bebauungsplan aus dem Flächennutzungsplan zu entwickeln ist.

Möglicherweise wurden aber bei der Planaufstellung Abwägungsfehler gemacht.

In Betracht kommt hier eine Abwägungsdisproportionalität als Fehler i.S.d. § 1 VII BauGB. Kernproblem ist, ob die Gemeinde die Religionsfreiheit der H (korrekt) berücksichtigt hat.

hemmer-Methode: Sie könnten auch von einem Abwägungsdefizit bzw. einer –fehlgewichtung ausgehen. Beides müsste i.R.d. § 2 III BauGB geprüft werden. Dieser ist bereits als formeller Fehler i.R.d. Verfahrens zu prüfen.

Im vorliegenden Fall ist aber nicht davon auszugehen, dass die Gemeinde, die Religionsfreiheit der H überhaupt nicht berücksichtigt hat, sondern sie hat sie allenfalls in der Abwägung im eigentlichen Sinne nicht hinreichend gewürdigt.

Auch juristische Personen können sich auf die Religionsfreiheit aus Art. 4 I, II GG berufen, solange die kollektive Religionsausübung der Mitglieder berührt ist. Dies folgt aus Art. 19 III GG. H hat bereits eine große Mitgliederzahl, welche tendenziell noch steigen wird.

Von der Religionsausübung ist nicht nur die innere Überzeugung umfasst, sondern auch die Errichtung von Gebäuden, welche für die Ausübung von Religionshandlungen erforderlich sind.

Vorliegend ist von einer solch wichtigen Bedeutung für die Anhänger der H auszugehen, da sich in dem Lanzenturm der Großteil der Kulthandlungen abspielt.

Der Schutzbereich ist daher eröffnet.

Ein Eingriff liegt mit dem Verbot der Errichtung vor.

Die Religionsfreiheit gem. Art. 4 I, II GG wird grundsätzlich schrankenlos gewährleistet. Dies bedeutet, dass Einschränkungen dieses Grundrechts nur aus kollidierendem Verfassungsrecht erwachsen können.

Als konkurrierendes Verfassungsrecht kommt hier die Planungshoheit der Gemeinde aus Art. 28 II GG, Art. 11 II BV in Betracht.

Nachdem nun zwei verfassungsmäßige Rechte aufeinandertreffen, ist i.R.d. praktischen Konkordanz eine Abwägung zu treffen.

Zwar steht den Gemeinden die Planungshoheit zu, jedoch müssen auch bei der Aufstellung von Bebauungsplänen weitere Bedürfnisse beachtet werden, § 1 V S. 1 BauGB. Die Planungshoheit gibt daher keinen „Freibrief" um andere Belange in den Hintergrund zu drängen.

Andererseits ist der Lanzenturm für die Kulthandlungen der H ein wichtiger Bestandteil der sakralen Architektur.

Auch steigt die Anzahl der Mitglieder dieser Religionsgemeinschaft stark an, sodass auch nicht von einer untergeordneten Gruppierung gesprochen werden kann.

Weiterhin wird der Blick auf die historischen Stadttürme auch nicht völlig unmöglich gemacht, sondern nur aus einigen Richtungen beschränkt. Sofern sich der Betrachter also einen Standpunkt sucht, bei welchem der Lanzenturm nicht stört, können die Stadttürme ohne Beeinträchtigung betrachtet werden.

Somit kommt der Religionsfreiheit der H hier ein größeres Gewicht zu.

Die Höhenbegrenzung verstößt daher gegen Art. 4 II GG.

Nachdem hier ein Fehler im Abwägungsergebnis vorliegt, ist dieser gem. § 214 III BauGB stets beachtlich.

Der Bebauungsplan ist somit in Bezug auf die Höhenbeschränkung teilnichtig, im Übrigen besteht er weiter, da der Plan auch ohne die fehlerhafte Bestimmung sinnvoll bleibt.

(3) Zwischenergebnis

Nachdem die Höhenbegrenzung nicht beachtet werden darf, entspricht das Vorhaben der H dem Bebauungsplan. Weitere Unzulässigkeitsgründe, z.B. aus § 15 BauNVO sind nicht ersichtlich.

hemmer-Methode: Wäre der Bebauungsplan nicht nur teilunwirksam, müsste nun eine Prüfung der planungsrechtlichen Zulässigkeit am Maßstab des § 34 BauGB erfolgen!

4. Ergebnis

H steht ein Anspruch auf die Baugenehmigung zu. Die Klage ist daher begründet und hat Aussicht auf Erfolg.

IV. Zusammenfassung

- Im Geltungsbereich eines Bebauungsplans richtet sich die Zulässigkeit von Vorhaben danach, ob die Vorgaben des Plans eingehalten werden.
- Der Bebauungsplan ist als Satzung nur dann wirksam, sofern keine Rechtsfehler vorliegen. Ist letzteres der Fall, so ist er (teil-)nichtig.
- Die Planungshoheit der Gemeinden ist in der Verfassung geschützt. Sie bietet jedoch keinen Freibrief, um andere Belange zu übergehen. Hier ist eine Abwägung erforderlich.
- Gem. Art. 81 BayBO können Gemeinden örtliche Bauvorschriften erlassen, sofern sie einem der in Art. 81 BayBO genannten Zwecke dienen.

hemmer-Methode: Beachten Sie im Zusammenhang mit dieser sehr prüfungsrelevanten Materie unbedingt Fall 19, in dem näher auf die Anforderungen an einen Bebauungsplan eingegangen wird, insbesondere auch auf den Rechtsschutz dagegen.

V. Zur Vertiefung

- Hemmer/Wüst, Baurecht Bayern, Rn. 123 ff., 348 ff.
- BayVGH, BayVBl. 1997, 145.

Fall 15: Präklusionswirkung der Nachbarunterschrift

Sachverhalt:

Schimpf und Zeter sind Nachbarn und wohnen in der oberfränkischen Gemeinde Mittelsbach (Landkreis Forchheim). S will eine Garage direkt an die Grundstücksgrenze zu Z bauen. Z hatte zu diesem Vorhaben durch Unterschrift auf den Bauunterlagen zugestimmt. Bevor S die Unterlagen bei der Stadt einreichen konnte, widerrief Z seine Zustimmung schriftlich gegenüber dem Landratsamt Forchheim, weil er mindestens zwei Meter Abstand zwischen der Garage und seiner Grundstücksgrenze haben wollte. Dieser Abstand ist schließlich in einer formell ordnungsgemäßen örtlichen Bauvorschrift der Gemeinde festgeschrieben.

Die Baugenehmigung wurde S schließlich erteilt.

Nun ist Z sehr besorgt, ob er noch gegen diese klagen kann, da er ja bereits unterschrieben hat.

***Frage:** Wäre eine Klage des Z zulässig?*

I. Einordnung

An Bauvorhaben stören sich oftmals die Nachbarn des Bauherrn. Grundsätzlich müsste der Bauherr, welcher eine Baugenehmigung erhalten hat, also stets mit der Gefahr leben, dass ein Nachbar gegen sein Bauvorhaben vorgeht. Um hier Rechtsfrieden zu schaffen, soll vor Erteilung der Baugenehmigung der Nachbar den Bauantrag unterschreiben und somit auf eine spätere Klage verzichten, Art. 66 BayBO.

II. Gliederung

Gliederung

1. § 40 VwGO (+)

2. Zulässigkeit

a) statthafte Klage: Anfechtungsklage

b) Klagebefugnis

Drittschützende Vorschrift nötig; hier örtliche Bauvorschrift gem. Art. 81 BayBO mit nachbarschützendem Charakter.

Präklusion durch Unterschrift, Art. 66 I S. 2 BayBO?

Grds. (+), aber womöglich wirksamer Widerruf: str. insbesondere maßgeblicher Widerrufszeitpunkt.

Hier: Z hat vor Einreichen des Bauantrags bei der Behörde widerrufen; Präklusion daher (-)

3. Weitere Voraussetzungen (+)

4. Ergebnis: Klage zulässig

III. Lösung

Die Klage ist zulässig, wenn die jeweiligen Voraussetzungen vorliegen.

1. Eröffnung des Verwaltungsrechtsweges

Der Verwaltungsrechtsweg ist gem. § 40 VwGO eröffnet, da es sich um eine öffentlich-rechtliche Streitigkeit aus dem Baurecht handelt. Eine doppelte Verfassungsunmittelbarkeit liegt nicht vor.

Gleiches gilt für eine anderweitige Rechtswegzuweisung.

2. Zulässigkeit der Klage

a) Statthafte Klageart

Z möchte vorliegend, dass die Baugenehmigung des S aufgehoben wird. Nachdem diese einen Verwaltungsakt i.S.d. Art. 35 S. 1 BayVwVfG darstellt, ist die Anfechtungsklage gem. § 42 I Alt. 1 VwGO statthaft.

b) Klagebefugnis, § 42 II VwGO

Vorliegend ist Z nicht Adressat eines belastenden Verwaltungsakts. Er müsste also geltend machen, durch die Baugenehmigung des S in subjektiv-öffentlichen Rechten verletzt zu sein. Dies ist dann der Fall, wenn bei dem Erlass der Baugenehmigung drittschützende Vorschriften verletzt wurden.

In Betracht kommt hier eine Verletzung der Abstandsflächen nach Art. 6 BayBO. Dabei handelt es sich auch um eine drittschützende Vorschrift, da sie u.a. die Belichtung, Besonnung und Belüftung der Nachbargrundstücke sicherstellen soll.

Z kann eine Verletzung des Art. 6 BayBO aber nur rügen, wenn die Abstandsflächen gem. Art. 6 BayBO im Prüfungsumfang des Genehmigungsverfahrens nach Art. 68 I BayBO geprüft werden.

Vorliegend wird i.R.d. vereinfachten Genehmigungsverfahrens gem. Art. 59 BayBO geprüft, da es sich nicht um einen Sonderbau i.S.d. Art. 2 IV BayBO handelt. Bei dieser Prüfung wird Art. 6 BayBO eigentlich nicht geprüft. Allerdings unterfallen örtliche Bauvorschriften i.S.d. Art. 81 I BayBO der Prüfung, Art. 59 I S. 1 Nr. 1 BayBO.

Nachdem die Abstandsflächen im Rahmen einer örtlichen Bauvorschrift gem. Art. 81 I Nr. 6 BayBO festgesetzt wurden, erfolgte hier eine Überprüfung, sodass Z eine entsprechende Verletzung grundsätzlich rügen kann. Womöglich ist aber Z mit seinem Vorbringen präkludiert, sodass er etwaige Rechtsverletzungen gar nicht mehr geltend machen kann.

Nach Art. 66 I S. 1 BayBO sind den Eigentümern der benachbarten Grundstücke vom Bauherrn oder von seinem Beauftragten der Lageplan und die Bauzeichnungen zur Unterschrift vorzulegen. Die Unterschrift gilt als Zustimmung, Art. 66 I S. 2 BayBO.

Mit der vorbehaltlosen Unterschrift bringt der Nachbar zum Ausdruck, dass er wegen des konkreten Bauvorhabens, wie es sich aus Lageplan und Bauzeichnungen zum Zeitpunkt der Vorlage ergibt, auf seine subjektiven öffentlich-rechtlichen Nachbarrechte verzichtet.

hemmer-Methode: Durch die mit der Unterschrift verbundene Zustimmung ist der Nachbar präkludiert. Nicht unumstritten ist, wo diese Präklusion zu prüfen ist. Die h.M. verortet sie i.R.d. Klagebefugnis. Wer durch seine Zustimmung auf sämtliche Rechte verzichtet hat, kann auch nicht mehr in Rechten verletzt sein. Die Gegenansicht prüft die Präklusion i.R.d. Rechtsschutzbedürfnisses, da eine Klage trotz vorheriger Zustimmung rechtsmissbräuchliches Verhalten darstellt.

Neben dem materiell-rechtlichen Verzicht hat die Nachbarunterschrift zugleich eine verfahrensrechtliche Bedeutung im Baugenehmigungsverfahren.

Wird die Unterschrift geleistet, hat dies zur Folge, dass der Nachbar nicht über die Erteilung der Baugenehmigung zu unterrichten ist, Art. 66 I S. 6 BayBO, und die Begründungspflicht nach Art. 66 II S. 2 BayBO entfällt.

Hier hat Z die Unterschrift zunächst geleistet, dann aber diese Erklärung widerrufen.

Fraglich ist damit, ob der Widerruf der Unterschrift zulässig ist.

Eine ausdrückliche Regelung, ob und bis zu welchem Zeitpunkt der Nachbar seine Zustimmung widerrufen kann, ist weder in der BayBO noch im BayVwVfG enthalten.

Aus diesem Grund ist auf § 130 BGB zumindest in analoger Anwendung zurückzugreifen, da die fingierte Zustimmung nach Art. 66 I S. 2 BayBO eine einseitige empfangsbedürftige öffentlich-rechtliche Willenserklärung ist.

Nach § 130 I S. 1 BGB wird eine Willenserklärung, die einem anderen gegenüber abzugeben ist, in dem Zeitpunkt wirksam, in welchem sie ihm zugeht. Die Wirksamkeit tritt nach § 130 I S. 2 BGB allerdings dann nicht ein, wenn dem anderen vorher oder gleichzeitig ein Widerruf zugeht.

Der Zugang der Willenserklärung beim Adressaten (hier: bei der für die Baugenehmigung zuständigen Bauaufsichtsbehörde) führt somit zur Wirksamkeit. Wirksamkeit nach § 130 BGB bedeutet, dass die mit der Erklärung bewirkten Rechtsfolgen eintreten und dass der Erklärende seine Erklärung nicht mehr widerrufen kann.

hemmer-Methode: Hier könnte man auch darüber diskutieren, wer Adressat der Zustimmungserklärung ist: Der Bauherr, die Gemeinde, bei der der Bauantrag nach Art. 64 BayBO einzureichen ist, oder die Genehmigungsbehörde. Da nur letztere an die Unterschrift Rechtsfolgen knüpfen soll, ist sie nach ganz h.M. der Adressat der Willenserklärung.[13]

Damit hat Z im vorliegenden Fall rechtzeitig den Widerruf erklärt. Er ist mithin nicht nach Art. 66 I S. 2 BayBO präkludiert.

Exkurs: Fraglich, ist ob auch nach Zugang der Unterschrift bei der Baubehörde bis zur endgültigen Erteilung der Baugenehmigung ein Widerruf möglich ist. Dies wird teilweise mit den Besonderheiten des Baugenehmigungsverfahrens erklärt. Die Zustimmung des Nachbarn entfalte allein durch den Zugang bei der Baubehörde noch keine Rechtswirkung. Der in der Zustimmung liegende Verzicht auf die Nachbarrechte wirke erst mit Erteilung der Baugenehmigung, sodass dieser Verzicht gleichsam aufschiebend bedingt auf die Erteilung erklärt werde. Wird die Baugenehmigung versagt, kommt der Unterschrift vermeintlich überhaupt keine rechtliche Bedeutung zu. Aus diesen Gründen müsse die Zustimmung auch bis zur Erteilung der Baugenehmigung frei widerrufen werden können. Gegen diese Argumentation spricht, dass der materielle Rechtsverzicht des Nachbarn mit dem Zugang der Unterschrift bei der Baugenehmigungsbehörde unmittelbar wirksam wird und nicht von der Erteilung der Genehmigung abhängt. Dieser Rechtsverzicht bezieht sich nämlich in erster Linie auf das Vorhaben des Bauherrn als solches und nicht auf die entsprechende Genehmigung. Hinsichtlich der Genehmigung kommt der Unterschrift nur eingeschränkte Bedeutung zu: Die Genehmigung wird erteilt, soweit das Vorhaben genehmigungspflichtig und –fähig ist.

---

13 BayVGH, BayVBl. 1998, 57 = **juris**byhemmer.

Ob der Nachbar nun unterschrieben hat oder nicht, spielt allenfalls eine Rolle, wenn das Vorhaben eigentlich wegen Verletzung von Nachbarrechten nicht genehmigungsfähig wäre. Zur Unterstützung der freien Widerrufbarkeit wird auch der Rechtsgedanke des § 183 BGB herangezogen, wonach die vorherige Zustimmung (= Einwilligung) bis zur Vornahme des jeweiligen Rechtsgeschäfts widerruflich ist. § 183 S. 1 BGB steht in unmittelbarem rechtlichen Zusammenhang mit § 182 BGB. Geregelt ist die Fallgestaltung, dass die Wirksamkeit eines Vertrages oder eines einseitigen Rechtsgeschäfts, das gegenüber einem anderen vorzunehmen ist, von der Zustimmung eines Dritten abhängig ist. Die auf ein zustimmungsbedürftiges Rechtsgeschäft zugeschnittene Regelung könnte demzufolge für den Widerruf der Nachbarunterschrift nur herangezogen werden, wenn im Baugenehmigungsverfahren eine zumindest vergleichbare Verfahrenssituation gegeben ist. Dies ist nicht der Fall: Weder die Wirksamkeit des Bauantrags noch die Erteilung der Baugenehmigung ist von der Zustimmung des Nachbarn abhängig.

Unabhängig davon, ob der Nachbar durch seine Unterschrift dem Bauvorhaben zugestimmt hat oder nicht, hängt die Erteilung der Baugenehmigung allein von der Vereinbarkeit des konkreten Bauvorhabens mit öffentlich-rechtlichen Vorschriften ab, vgl. bspw. Art. 68 I BayBO. Selbst bei der Ermessensentscheidung über Abweichungen von bauaufsichtlichen Anforderungen, bei der in die Abwägung die nachbarlichen Interessen einzustellen sind, sind diese objektiv zu würdigen. Auch wenn der Nachbar dem Bauvorhaben zugestimmt hat, entfällt nicht die eigenständige Prüfung durch die Baugenehmigungsbehörde.

Der Zustimmung des Nachbarn kommt damit keine konstitutive Wirkung für die Genehmigungsfähigkeit des konkreten Bauvorhabens zu. Der Rechtsgedanke des § 183 BGB greift deshalb nicht.

c) Vorverfahren

Ein Vorverfahren muss wegen der Regelung des § 68 II, I S. 2 VwGO i.V.m. Art. 15 II AGVwGO nicht durchgeführt werden.

d) Frist

Mangels anderer Anhaltspunkte kann Z die Klage noch rechtzeitig binnen Monatsfrist erheben, § 74 I S. 2 VwGO

e) Beteiligten-/Prozessfähigkeit

Z ist gem. § 61 Nr. 1 Alt. 1 VwGO beteiligtenfähig. Die Prozessfähigkeit ergibt sich aus § 62 I Nr. 1 VwGO.

f) Zuständiges Gericht

Das VG Bayreuth ist gem. § 45 VwGO sachlich und gem. § 52 Nr. 1 VwGO i.V.m. Art. 1 II AGVwGO örtlich zuständig.

g) Ergebnis

Die Klage ist zulässig.

Anmerkung: S wäre in einem Klageverfahren notwendig beizuladen, § 65 II VwGO. Dies gehört allerdings nicht mehr in die Zulässigkeit, sondern zwischen Zulässigkeit und Begründetheit.

IV. Zusammenfassung

- I.R.d. „Drittanfechtungsklage“ im Baurecht (meist Klage gegen Baugenehmigung des Nachbarn) muss der Kläger die Verletzung drittschützender Vorschriften rügen.
- Eine Verletzung kann jedoch nur dann gerügt werden, wenn die Vorschriften tatsächlich geprüft wurden. Hier kommt es auf den Prüfungsmaßstab der Baubehörde an (Art. 59, 60 BayBO).
- Sollte sich der Nachbar gegen eine nicht geprüfte und nicht zu prüfende drittschützende Norm wenden, muss er einen Antrag auf bauaufsichtliches Einschreiten (Art. 75, 76 BayBO) stellen.
- Unterschreibt der Nachbar die Bauunterlagen des Bauherrn, so ist dieser grundsätzlich mit späteren Einwänden präkludiert, Art. 66 I S. 2 BayBO.
- Ein Widerruf der Unterschrift ist jedoch nach § 130 BGB möglich, solange der Bauantrag noch nicht der Baubehörde zugegangen ist.
- Sicherheitshalber sollte der Widerruf gegenüber der Baubehörde erfolgen. Wenn der Widerruf gegenüber dem Nachbarn erklärt wird, ist es „Glückssache“, ob dieser den Widerruf an den Erklärungsempfänger (Behörde) weitergibt.

V. Zur Vertiefung

- BayVGH, BayVBl. 2006, 246 = **Life&Law 2006, 632** = **juris**byhemmer.
- Hemmer/Wüst, Baurecht Bayern, Rn. 299, 329 ff. (Nachbarbeteiligung).

Fall 16: Vorbescheid und Teilbaugenehmigung

Sachverhalt:

C ist Eigentümer eines Baugrundstückes im Außenbereich. Nachdem er unlängst seine Leidenschaft für die Landwirtschaft entdeckt hat, möchte er dort einen großen Kuhstall für 40 Tiere errichten. Da er Zweifel an der planungsrechtlichen Zulässigkeit seines Vorhabens hat, beantragt er einen Vorbescheid zu genau dieser Frage, der ihm antragsgemäß auch erteilt wird.

Nachdem er daraufhin seinen Bauantrag einreicht, beschließt der Gemeinderat ordnungsgemäß einen wirksamen Bebauungsplan, nach welchem dieses Grundstück als reines Wohngebiet festgesetzt wird. Daraufhin erhält C die Ablehnung seines Bauantrags, da er nicht mit dem gefassten Bebauungsplan übereinstimme.

C möchte jedoch weiterhin seinen Kuhstall bauen und ist der Meinung, durch das erste Schreiben sei sein Projekt doch bereits genehmigt.

Frage: *Kann C seinen Kuhstall jetzt oder in Zukunft rechtmäßigerweise errichten?*

Die Schreiben sind jeweils formell ordnungsgemäß. Auf Vorschriften des BImSchG ist nicht einzugehen.

I. Einordnung

Neben der Baugenehmigung, welche nach Prüfung der Rechtslage erteilt wird und den Bau freigibt, kann die Behörde zwei ähnliche Verwaltungsakte erlassen. Dies sind Teilbaugenehmigung und Vorbescheid. Was es damit auf sich hat, sehen Sie in diesem Fall.

II. Gliederung

1. Bereits erteilte Baugenehmigung (-)

2. Anspruch auf Erteilung der Baugenehmigung

a) nach heutiger Rechtslage eigentlich (-)

b) Aber Bindungswirkung des Vorbescheides?

aa) Grds. (+), da Vorbescheid gerade vor Änderungen der Rechtslage schützen soll

bb) Widerruf/ Rücknahme des Vorbescheids?

⇨ Vorbescheid rechtmäßig erlassen, daher Widerruf

⇨ Rechtmäßigkeit des Widerrufs (+)

⇨ Vorhaben mit neuer Rechtslage unvereinbar

3. Ergebnis: Vorhaben jetzt und wohl in Zukunft nicht ausführbar

III. Lösung

hemmer-Methode: Die juristische Klausur ist kein starres Herunterbeten von Aufbauschemata. Gehen Sie logisch an den Fall heran und fragen Sie sich: Unter welchen Voraussetzungen kann C seinen Stall errichten? Dann ergibt sich die weitere Prüfung fast von selbst.

1. Bislang keine Genehmigung

Da die Errichtung des Kuhstalls nach Art. 55 I, 2 I S. 4 u. S. 1 BayBO genehmigungspflichtig ist und auch keine Ausnahmen nach Art. 57 f. BayBO einschlägig sind, benötigt C für den geplanten Bau eine Baufreigabe in Gestalt der Baugenehmigung, vgl. Art. 68 V BayBO.

Eine solche wurde bislang nicht erteilt. Sie liegt insbesondere nicht in dem Vorbescheid.

Dieser ist ein rein feststellender Verwaltungsakt ohne Baufreigabewirkung, vgl. Art. 71 S. 4 BayBO, der gerade nicht auf Art. 68 V BayBO verweist.

2. Anspruch auf Erteilung der Baugenehmigung

C kann seinen Kuhstall also nur dann rechtmäßig errichten, wenn er einen Anspruch darauf hat, Art. 68, 59 I BayBO. In diesem Fall müsste er gegen die Ablehnung seines Bauantrages über eine Versagungsgegenklage gerichtlich vorgehen, § 42 I Alt. 2 UF 1 VwGO.

a) Nach heutiger Rechtslage

Der Kuhstall müsste hierfür zumindest die planungsrechtlichen Vorgaben einhalten, vgl. Art. 68 I, 59 S. 1 Nr. 1, 60 S. 1 Nr. 1 BayBO i.V.m. §§ 29 ff. BauGB.

hemmer-Methode: Sie können nach dem Sachverhalt nicht abschließend klären, ob hier ein Sonderbau i.S.d. Art. 2 IV BayBO vorliegt oder nicht. Geht es aber allein um die planungsrechtliche Zulässigkeit, können Sie diese Frage auch offen lassen, da diese sowohl im vereinfachten wie auch im großen Genehmigungsverfahren zu prüfen ist.

Da es um die Errichtung einer baulichen Anlage mit planungsrechtlicher Relevanz geht und für das fragliche Gebiet ein Bebauungsplan besteht, richtet sich die planungsrechtliche Zulässigkeit nach § 30 BauGB.

hemmer-Methode: Hierbei kommt es maßgeblich auf den Zeitpunkt der Entscheidung über den Bauantrag und nicht auf den Zeitpunkt dessen Einreichung an! Durch eine Planänderung nach Einreichung des Baugenehmigungsantrags kann diesem noch der Boden entzogen werden. Dem Eigentümer stehen in einem solchen Fall allenfalls Entschädigungsansprüche nach § 39 BauGB zu.

Nach § 30 I BauGB ist das Vorhaben des C nun nicht mehr genehmigungsfähig, da es die Festsetzungen des Bebauungsplans nicht einhält.

Ausnahmen nach § 31 II BauGB kommen schon deshalb nicht in Betracht, weil andernfalls die Grundzüge der Planung berührt würden.

Im Ergebnis steht ihm grundsätzlich kein Anspruch auf Genehmigung zu.

Allerdings könnte es sich bei dem Schreiben um eine Teilbaugenehmigung oder einen Vorbescheid handeln, welche C einen Anspruch verschaffen könnten. Zunächst sind diese Begriffe zu definieren, bevor eine Subsumtion erfolgen kann.

b) Anspruch aus dem Vorbescheid (Bebauungsgenehmigung)

Ein Genehmigungsanspruch könnte sich aber daraus ergeben, dass die Baubehörde evtl. an den von ihr erlassenen Vorbescheid gebunden ist.

hemmer-Methode: Der Vorbescheid nach Art. 71 BayBO ist von der Teilbaugenehmigung abzugrenzen. Diese ist in Art. 70 BayBO definiert. Sie ermöglicht anders als der Vorbescheid den Baubeginn einzelner Bauteile oder Bauabschnitte bevor die eigentliche Baugenehmigung erteilt wird.

I.R.d. Vorbescheides wird über einen Teilaspekt der Baugenehmigung vorab entschieden. Es erfolgt also eine sachliche Prüfung bezüglich eines bestimmten Prüfungsschrittes, ohne dass der Bau freigegeben wird. Vorliegend bejaht die Baubehörde die planungsrechtliche Zulässigkeit, mithin einen Prüfungsteil i.R.d. Genehmigungsverfahrens.

Der entsprechende Vorbescheid könnte hier einen Anspruch auf die Erteilung der Baugenehmigung begründen, da er grundsätzlich eine dreijährige Bindungswirkung entfaltet, Art. 71 S. 2 BayBO.

aa) Bindungswirkung des Vorbescheids bei geänderter Rechtslage

Nachdem sich die Rechtslage mittlerweile geändert hat (das Baugebiet ist nun als Wohngebiet ausgewiesen), könnte die Bindungswirkung des Vorbescheides jedoch entfallen sein. Von dieser Rechtsfolge geht Art. 38 III BayVwVfG bezüglich einer Zusicherung aus. Daher ist zu untersuchen, ob ein Vorbescheid eine Zusicherung ist. Die Zusicherung wirkt zeitlich unbefristet, während der Vorbescheid für drei Jahre gilt, Art. 71 S. 2 BayBO. Schon dies spricht gegen ein automatisches Entfallen der Bindungswirkung. Zudem würde der Zweck des Vorbescheides konterkariert, wenn dieser seine Bindungswirkung bei Änderung der Rechtslage verlieren würde.

Der Vorbescheid dient ja gerade dazu, dem Bauherrn eine dreijährige Sicherheit bezüglich einzelner Zulässigkeitsvoraussetzungen zu geben.

Die Änderung der Rechtslage lässt daher die Wirksamkeit des Vorbescheides nicht automatisch entfallen.

bb) Rücknahme/Widerruf des Vorbescheids

In dem zweiten Schreiben der Baubehörde (= Ablehnung des Antrags auf Baugenehmigung) könnte jedoch ein konkludenter Widerruf oder eine Rücknahme des Vorbescheides zu sehen sein. Welche dieser Alternativen einschlägig ist, richtet sich nach der Rechtmäßigkeit des Vorhabens im Zeitpunkt des Erlasses des Vorbescheids.

Das Baugrundstück befand sich im Außenbereich, wobei kein Bebauungsplan existiert. Die Zulässigkeit richtet sich daher nach § 35 BauGB.

(1) § 35 I Nr. 1 BauGB

Es könnte ein privilegiertes Vorhaben gem. § 35 I Nr. 1 BauGB vorliegen. Gem. § 201 BauGB ist es für die Tierhaltung i.R.d. Landwirtschaft notwendig, dass das Futter weitgehend selber produziert werden kann.

Dies kann nach den Sachverhaltsangaben nicht abschließend geklärt werden.

(2) § 35 I Nr. 4 BauGB

Jedoch könnte ein Vorhaben nach § 35 I Nr. 4 BauGB vorliegen. Von der Tierhaltung gehen notwendigerweise Geruchsemissionen aus, was an die Umgebung gewisse Anforderungen stellt.

Das Vorhaben war folglich privilegiert. Weitere Bedenken bezüglich Erschließung, Entgegenstehen öffentlicher Belange oder bauordnungsrechtlicher Vorschriften bestanden nicht.

Das Vorhaben des C war daher genehmigungsfähig.

(3) Zwischenergebnis

Nachdem das Vorhaben des C rechtmäßig war, wurde der Vorbescheid rechtmäßig erteilt und kann daher nur durch Widerruf gem. Art. 49 BayVwVfG aufgehoben werden.

cc) Widerrufsgrund

I.R.d. neuen Bebauungsplans wäre das Vorhaben nicht mehr genehmigungsfähig, da emittierende landwirtschaftliche Betriebe nicht in einem Wohngebiet errichtet werden können. Der Widerrufsgrund ergibt sich daher aus Art. 49 II Nr. 4 BayVwVfG.

C hatte zudem auch noch keinen Gebrauch von dem Vorbescheid gemacht.

hemmer-Methode: Denken Sie daran, dass der Vorbescheid nur feststellende Wirkung hat, nicht aber gestaltende. Allein mit dem Vorbescheid hätte C nicht mit dem Bau beginnen dürfen. Hierzu braucht er eine Baugenehmigung oder eine Teilbaugenehmigung. Vom Vorbescheid kann deshalb gar nicht im Sinne des Art. 49 II Nr. 4 BayVwVfG Gebrauch gemacht werden.

Wie gezeigt steht die Errichtung eines Kuhstalls mit den Anforderungen an ein Wohngebiet im Widerspruch, sodass die Bauplanung der Gemeinde durch das Projekt des C erheblich erschwert wäre, mithin eine Gefährdung des öffentlichen Interesses vorliegt.

Somit wurde der Vorbescheid konkludent rechtmäßig widerrufen. Von der Einhaltung der Frist des Art. 49 II S. 2, 48 IV BayVwVfG ist mangels Sachverhaltsangaben auszugehen.

3. Ergebnis

C steht kein Anspruch auf Erteilung der Baugenehmigung zu.

IV. Zusammenfassung

- Die Teilbaugenehmigung gem. Art. 70 BayBO berechtigt schon vor Erlass der eigentlichen Baugenehmigung zum Beginn einzelner Bauabschnitte.
- Der Vorbescheid, Art. 71 BayBO, entscheidet über einen Teil der Baugenehmigung vorweg. Allerdings ist diese Entscheidung nur feststellend, nicht aber gestaltend. Eine Baufreigabe erfolgt daher nicht.
- Der Vorbescheid gilt gem. Art. 71 S. 2 BayBO grundsätzlich für drei Jahre, die Teilbaugenehmigung für vier Jahre, Art. 69 I BayBO.
- Eine Änderung der Sach- und Rechtslage berührt den Bestand eines Vorbescheides nicht.
- Dieser kann jedoch als Verwaltungsakt zurückgenommen oder widerrufen werden.

V. Zur Vertiefung

- Hemmer/Wüst, Baurecht Bayern, Rn. 83, 259 ff. (Vorbescheid).
- Hemmer/Wüst, Baurecht Bayern, Rn. 261 ff. (Teilbaugenehmigung).

Fall 17: Baubeseitigung und Baueinstellung

Sachverhalt:

A ist Eigentümer eines großen Außenbereichsgrundstücks in der Großen Kreisstadt Dipling.

Voller Tatendrang hat er bereits ohne Baugenehmigung ein Einfamilienhaus auf dem Grundstück errichtet. Der Flächennutzungsplan weist das Grundstück als landwirtschaftliche Nutzfläche aus.

Die Gemeinde D erfährt erst jetzt von diesem Projekt und möchte diesen „Schwarzbau" aus der Welt schaffen, schon damit nicht andere Eigentümer auf die Idee kommen, A nachzueifern.

Frage: *Was kann die Gemeinde tun?*

I. Einordnung

Das Genehmigungsverfahren haben Sie nun schon teilweise kennengelernt. Jedoch wird oft versucht, das Genehmigungsverfahren zu umgehen oder sich nicht an die entsprechenden Vorgaben zu halten. Folge dieser Praxis sind die sogenannten Schwarzbauten. Wie die Behörden gegen diese vorgehen können, zeigt dieser Fall.

II. Gliederung

1. **Baubeseitigung Einfamilienhaus**

   Beseitigungsanordnung gem. Art. 76 S. 1 BayBO

   Formelle und materielle Rechtswidrigkeit notwendig (+)

   a) **Formell**: Keine erforderliche Baugenehmigung eingeholt

   b) **Materiell:** Einfamilienhaus im Außenbereich nicht gem. § 35 BauGB genehmigungsfähig, §§ 35 II, III S. 1 Nr. 1 BauGB

   c) Ermessen

   d) **Zuständigkeit der D (+),** Art. 53 I BayBO i.V.m. § 1 Nr. 1 GrKrV

2. Ergebnis: Baubeseitigung (+)

III. Lösung

1. Baubeseitigung des Einfamilienhaus

Fraglich ist, was die Stadt gegen das Einfamilienhaus unternehmen kann.

Nachdem es schon errichtet ist, kommt nur eine Beseitigung gem. Art. 76 S. 1 BayBO in Betracht. Diese Vorschrift geht der baupolizeilichen Generalklausel gem. Art. 54 II S. 2 BayBO vor.

Nachdem dies jedoch einen starken Eingriff in Art. 14 I GG darstellt, müssen hier grundsätzlich zwei Voraussetzungen gegeben sein; sowohl die formelle, als auch die materielle Rechtswidrigkeit der Anlage muss gegeben sein, Art. 76 S. 1 BayBO. Ist das Vorhaben nur formell rechtswidrig, lassen sich auf andere Weise, nämlich durch Erteilung der Genehmigung, rechtmäßige Zustände schaffen, vgl. Art. 76 S. 1 HS 2 BayBO.

hemmer-Methode: Erkennen Sie die Zusammenhänge. Für die weniger einschneidende Baueinstellung genügt formelle, vgl. Art. 75 I BayBO, für die harte Maßnahme aus Art. 76 BayBO müssen formelle und materielle Rechtswidrigkeit vorliegen.

Aufgrund des nur beschränkten Prüfungsmaßstabs ist es aber grundsätzlich auch denkbar, dass sogar ein genehmigtes und damit formell legales Vorhaben beseitigt werden muss.
Da die Beschränkung des Prüfungsmaßstabs nach Art. 59 BayBO weder die Pflichten des Bauherrn noch die repressiven Befugnisse der Baubehörde beschränkt, vgl. Art. 55 II BayBO, ist dies bspw. dann denkbar, wenn die nach Art. 6 BayBO einzuhaltenden Abstandsflächen in grober Weise missachtet wurden.

a) Formelle Rechtswidrigkeit

Das Einfamilienhaus ist eine (bauliche) Anlage i.S.d. Art. 2 I S. 4 u. S. 1 BayBO und somit gem. Art. 55 I BayBO genehmigungspflichtig. Ausnahmen nach Art. 56 ff. BayBO sind nicht ersichtlich, insbesondere ist Art. 58 BayBO bei einem Außenbereichsvorhaben nicht einschlägig. Nachdem A keine Baugenehmigung eingeholt hat, ist das Vorhaben formell rechtswidrig.

hemmer-Methode: Von formeller Rechtswidrigkeit spricht man also dann, wenn der Bau unter Verletzung des Art. 68 V BayBO errichtet wurde.

b) Materielle Rechtswidrigkeit

hemmer-Methode: Die materielle Illegalität ist nicht gleichzusetzen mit der Genehmigungsfähigkeit.
Aufgrund des nur beschränkten Prüfungsmaßstabs nach Art. 59 BayBO ist es durchaus denkbar, dass ein Vorhaben zwar genehmigungsfähig, aber materiell illegal ist, vgl. Art. 55 II BayBO.

Das Grundstück liegt im Außenbereich, welcher grundsätzlich von Bebauung freizuhalten ist. Da ein Einfamilienhaus kein privilegiertes Vorhaben nach § 35 I BauGB ist, wäre es nach § 35 II BauGB nur zulässig, wenn öffentliche Belange noch nicht einmal beeinträchtigt wären. Hier stehen dem Bauvorhaben allerdings die Darstellungen des Flächennutzungsplans entgegen, sodass nach § 35 III S. 1 Nr. 1 BauGB eine Beeinträchtigung öffentlicher Belange vorliegt.

Das Vorhaben ist daher auch materiell rechtswidrig.

Somit liegen formelle und materielle Rechtswidrigkeit vor.

hemmer-Methode: Denken Sie stets an das Ende von Art. 76 S. 1 BayBO „wenn nicht anderweitig rechtmäßige Zustände geschaffen werden können“. Die Beseitigung ist also nur „ultima ratio“. Sofern das Vorhaben also doch noch genehmigungsfähig ist, muss die Genehmigung nachträglich erteilt werden. Dieses Vorhaben war dann lediglich zu Beginn formell rechtswidrig, was für eine Beseitigung nicht ausreicht.

Bezüglich des Einfamilienhauses darf daher eine Beseitigungsanordnung gem. Art. 76 S. 1 BayBO ergehen, da nicht anderweitig rechtmäßige Zustände geschaffen werden können.

c) Ermessen

Da Art. 76 S. 1 BayBO eine Ermessensnorm ist, dürfen bei Anordnung der Baubeseitigung keine Ermessensfehler vorliegen. Die Erwägung, Nachahmern vorzubeugen, ist dabei vom Sinn und Zweck des Art. 76 S. 1 BayBO gedeckt. Das Ermessen der Gemeinde ist also – soweit ersichtlich – fehlerfrei ausgeübt.

d) Zuständigkeit

Als Große Kreisstadt erfüllt D die Aufgaben der unteren Bauaufsichtsbehörden, Art. 53 I BayBO i.V.m. § 1 Nr. 1 GrKrV. Somit ist D befugt, die Baubeseitigung anzuordnen.

2. Ergebnis

Hinsichtlich des Hauses kann D gem. Art. 76 S. 1 BayBO die Beseitigung anordnen.

IV. Zusammenfassung

- Die baupolizeiliche Generalklausel ist Art. 54 II S. 2 BayBO. Diese kommt, aufgrund mehrerer Spezialvorschriften, kaum zur Anwendung.
- Die Baueinstellung gem. Art. 75 BayBO kann ausgesprochen werden, wenn das Vorhaben formell oder materiell rechtmäßig ist.
- Die Baubeseitigung kann dagegen nur dann erfolgen, wenn formelle und materielle Rechtswidrigkeit des Vorhabens gegeben ist.
- Gem. Art. 76 S. 2 BayBO kann auch die Nutzung von baulichen Anlagen untersagt werden. Hierzu genügt nach h.M. wie bei der Baueinstellung die formelle Illegalität. Allerdings ist die Nutzungsuntersagung in den Fällen der evidenten materiellen Legalität ermessensfehlerhaft.

Anmerkung: Art. 75 I S. 1 BayBO enthält noch die Möglichkeit der Baueinstellungsverfügung. Nachdem der Eingriff in diesem Fall jedoch nicht so schwer ist wie bei der Baubeseitigung, genügt hier bereits die formelle oder materielle Rechtswidrigkeit des Vorhabens. Beachten Sie aber, dass die Vorhaben gem. Art. 56 - 58 BayBO genehmigungsfrei sind.
Mittels der Baueinstellung soll der Baubehörde ermöglicht werden, den potenziell rechtswidrigen Bau zunächst zu stoppen und dann in größerer Ruhe die rechtlichen Voraussetzungen zu prüfen.

V. Zur Vertiefung

- Hemmer/Wüst, Baurecht Bayern, Rn. 275 ff., 442 ff.

Fall 18: Ersetzung des gemeindlichen Einvernehmens

Sachverhalt:

Unternehmer U möchte auf seinem Grundstück eine Kiesgrube errichten. Dieses liegt im Außenbereich der Gemeinde Zwergberg, Landkreis Weilheim-Schongau.

Die Gemeinde, bei der der Bauantrag eingeht, spricht sich gegen die Genehmigung aus. Dennoch wird ihm diese vom zuständigen Landratsamt kurze Zeit später erteilt. Die Gemeinde wurde im Genehmigungsverfahren nicht nochmals beteiligt. Sie will sich die „Bevormundung" nicht gefallen lassen und klagt vor dem VG München gegen die Baugenehmigung.

Frage: *Ist die Klage begründet?*

I. Einordnung

Ein relevanter Punkt, welcher gerne vergessen oder falsch bearbeitet wird, ist das Einvernehmen der Gemeinde gem. § 36 I BauGB bei der Erteilung von Baugenehmigungen.

In diesem Fall soll dieses Thema angesprochen werden, wobei es besonders auf Möglichkeiten ankommt, das fehlende gemeindliche Einvernehmen zu ersetzen.

II. Gliederung

Begründetheit der Klage

1. **Passivlegitimation: Freistaat Bayern, § 78 I Nr. 1 VwGO**
2. **Rechtmäßigkeit der Baugenehmigung**

a) Formelle Rechtmäßigkeit (+)

b) materielle Rechtmäßigkeit

aa) Genehmigungspflichtigkeit (+)

bb) Genehmigungsfähigkeit: § 35 I Nr. 3 BauGB (+)
aber: fehlendes Einvernehmen der Gemeinde gem. § 36 BauGB
rechtmäßige Ersetzung?

⇨ Formell (-), da Anhörung gem. Art. 67 IV BayBO nicht erfolgt

⇨ Materiell (+), da Vorhaben eigentlich zulässig

3. **Subjektive Rechtsverletzung (+)**
4. **Ergebnis: Klage begründet**

III. Lösung

Z möchte die Aufhebung der Baugenehmigung erreichen.

Diese Klage ist begründet, wenn sie sich gegen den richtigen Beklagten richtet, die Baugenehmigung rechtswidrig ist und Z in ihren Rechten verletzt, §§ 78, 113 I S. 1 VwGO.

1. Passivlegitimation

Zu verklagen ist gem. § 78 I Nr. 1 VwGO der Freistaat Bayern als Rechtsträger des Landratsamtes Weilheim-Schongau (untere Bauaufsichtsbehörde), Art. 37 I S. 2 LKrO i.V.m. Art. 53 f. BayBO.

2. Rechtmäßigkeit der Baugenehmigung

Rechtsgrundlage für die Erteilung der Baugenehmigung waren die Art. 68, 55, 59 BayBO, da kein Sonderbau i.S.d. Art. 2 IV BayBO vorliegt. Damit müsste die Baugenehmigung auch formell und materiell rechtmäßig sein.

a) Formelle Rechtmäßigkeit

Gem. Art. 53 I BayBO i.V.m. Art. 37 I S. 2 LKrO war das Landratsamt Weilheim-Schongau zuständig. Auch wurde die Gemeinde Z angehört

b) Materielle Rechtmäßigkeit

Die Prüfung der materiellen Rechtmäßigkeit richtet sich danach, ob das Vorhaben genehmigungspflichtig und genehmigungsfähig ist.

(aa) Genehmigungspflichtigkeit

Gem. Art. 55 I BayBO bedarf die Errichtung einer Kiesgrube einer Baugenehmigung, da es sich um eine Anlage i.S.d. Art. 2 I S. 4 BayBO handelt.

(bb) Genehmigungsfähigkeit, Art. 68 BayBO

Nachdem es sich nicht um einen Sonderbau handelt, ist für die Genehmigungsfähigkeit nach Art. 68 I BayBO der Prüfungsmaßstab des Art. 59 BayBO anzuwenden.

Im Ergebnis könnte die Abgrenzung zwischen Art. 59 und 60 BayBO aber auch offen bleiben, da ohnehin nur bauplanungsrechtliche Frage auftauchen, vgl. Art. 59 S. 1 Nr. 1, 60 S. 1 Nr. 1 BayBO.

(1) Bauliche Anlage

Aufgrund der bodenrechtlichen Relevanz handelt es sich um eine bauliche Anlage i.S.d. § 29 BauGB, sodass die §§ 29 ff. BauGB einschlägig sind. Abzustellen ist hierbei auf § 35 BauGB, da das Vorhaben im Außenbereich gebaut werden soll.

(2) Privilegierung

U möchte eine Kiesgrube betreiben. Dies kann jedoch nur dort geschehen, wo der Kies abbaubar ist. Es handelt sich daher um ein ortsgebundenes Vorhaben.

Dies will U naheliegenderweise auch gewerblich betreiben.

Gem. § 35 I Nr. 3 BauGB ist die Kiesgrube daher privilegiert.

hemmer-Methode: Auf den ersten Blick könnte man auch auf § 35 I Nr. 4 BauGB abstellen. Dieser ist jedoch eher ein Auffangtatbestand und im Vergleich zu Nummer 3 subsidiär.

(3) Entgegenstehen öffentlicher Belange

Nachdem das Vorhaben privilegiert ist, kommt es auf das Entgegenstehen öffentlicher Belange an. Hier könnte lediglich an eine Verletzung der gemeindlichen Planungshoheit als ungeschriebenen öffentlichen Belang gedacht werden. Dem Sachverhalt ist allerdings nicht zu entnehmen, dass die Gemeinde bereits hinreichend konkrete Planungsschritte eingeleitet hätte.

Daher stehen keine öffentlichen Belange entgegen.

(4) Fehlendes Einvernehmen der Gemeinde

Gem. § 36 I BauGB wäre es jedoch nötig gewesen, vor der Erteilung der Genehmigung das Einvernehmen der Gemeinde einzuholen. Dieses hat die Gemeinde jedoch versagt.

Allerdings kann das Einvernehmen der Gemeinde gem. § 36 II S. 3 BauGB i.V.m. Art. 67 BayBO ersetzt werden.

Dies geschieht durch das Erteilen der Baugenehmigung, welche zugleich als Ersatzvornahme gem. Art. 113 GO gilt (Maßnahme mit Doppelwirkung).

Zu klären ist daher, ob das Einvernehmen der Gemeinde vorliegend rechtmäßig ersetzt wurde.

hemmer-Methode: Eigentlich kommt es, da die Ersetzung ein eigener Verwaltungsakt ist, nur auf dessen Wirksamkeit an, vgl. Art. 43 II BayVwVfG. Die Ersetzung ist bei Anfechtung der Baugenehmigung aber gleichsam konkludent mit angefochten, sodass auch die Rechtmäßigkeit der Ersetzung zu prüfen ist.

(1) Formelle Rechtmäßigkeit der Ersetzung

Gem. Art. 67 IV BayBO ist die Gemeinde vor Erlass der Genehmigung anzuhören. Zwar wurde die Gemeinde im Verfahren beteiligt, jedoch meint Art. 67 IV BayBO eine nochmalige Anhörung zwischen der Verweigerung des Einvernehmens und dem Erlass der Baugenehmigung durch die Behörde. Diese zweite Anhörung ist nicht erfolgt.

Teilweise wird hier eine Heilung gem. Art. 45 BayVwVfG angenommen.

Allerdings ist die genannte Anhörung wohl als echtes Beteiligungsrecht der Gemeinde zu verstehen und nicht nur als formaler Ausfluss des Rechts auf rechtliches Gehör. Im Übrigen spricht die ratio des § 36 BauGB gegen eine Heilung: § 36 I BauGB will der Gemeinde die Möglichkeit geben, auf ein ihr nicht genehmes Bauvorhaben mit der Aufstellung eines Bebauungsplans und begleitenden Sicherungsmaßnahmen nach §§ 14 ff. BauGB zu reagieren. Gleiches soll die nochmalige Anhörung nach Art. 67 IV BayBO gewährleisten. Diesen Zweck erfüllt aber nur eine Anhörung vor und nicht erst nach Erteilung der Baugenehmigung, da dann jegliche Reaktion der Gemeinde zu spät kommt, vgl. § 14 III BauGB, wonach der Erlass einer Veränderungssperre die bereits erteilte Baugenehmigungen nicht mehr berührt.

(2) Materielle Rechtmäßigkeit der Ersetzung

Ausweislich des Wortlauts des Art. 67 I BayBO ist eine Ersetzung des gemeindlichen Einvernehmens nur möglich, wenn die Gemeinde ihr Einvernehmen zu Unrecht verweigert hat.

Hier ist wiederum auf die Zulässigkeit des Bauvorhabens abzustellen, vgl. § 36 II S. 1 BauGB. Nachdem dies Kiesgrube des U zulässig ist, könnte die Gemeinde ihr Einvernehmen nicht rechtmäßigerweise versagen.

Materiell-rechtlich war die Ersetzung daher rechtmäßig. Hinweise darauf, dass die Baubehörde dabei ihr Ermessen nach Art. 67 I BayBO fehlerhaft ausgeübt haben könnte, sind nicht ersichtlich.

Anmerkung: Insoweit spielt es keine Rolle, dass es sehr umstritten ist, ob Art. 67 I BayBO tatsächlich ein Ermessen gibt oder ob dieses nicht zumindest im Regelfall auf Null reduziert sein wird (vgl. BGH NVwZ 2011, 249 ff. = **Life&Law 6/2011, 422 ff.**)

(3) Zwischenergebnis

Aufgrund formeller Fehler war die Ersetzung des gemeindlichen Einvernehmens rechtswidrig. Somit hätte die Baugenehmigung nicht erteilt werden dürfen.

3. Subjektive Rechtsverletzung der Z

Z ist in ihrem Recht aus Art. 67 IV BayBO, Art. 11 II BV, Art. 28 II GG verletzt.

4. Ergebnis

Die Klage der Z ist begründet.

IV. Zusammenfassung

- § 35 I Nr. 4 BauGB ist subsidiär zu § 35 I Nr. 3 BauGB. Prüfen Sie daher zunächst, ob sich eine Privilegierung auf Nummer 3 stützen lässt.
- Gem. § 36 I BauGB muss die Gemeinde in den dort genannten Fällen ihr Einvernehmen erteilen.
- Dieses kann jedoch gem. § 36 II BauGB i.V.m. Art. 67 BayBO ersetzt werden.
- Hierbei muss die Gemeinde jedoch noch einmal angehört werden, Art. 67 IV BayBO.
- § 36 I BauGB sichert die Mitwirkung der Gemeinden bei der Genehmigung von Bauvorhaben. Diese Mitwirkung stammt letztendlich aus Art. 28 II GG und ist in § 36 I BauGB kodifiziert.
- Eine Ersetzung des gemeindlichen Einvernehmens kommt nur in Betracht, wenn das Einvernehmen zu Unrecht verweigert wurde. Hier ist auf die Genehmigungsfähigkeit des Vorhabens abzustellen, § 36 II S. 1 BauGB.

V. Zur Vertiefung

- Hemmer/Wüst, Baurecht Bayern, Rn. 426 ff.
- Klinger, Die Ersetzung des gemeindlichen Einvernehmens, BayVBl. 2002, 481.

Fall 19: Sicherung der Bauleitplanung

Sachverhalt:

Die niederbayerische Gemeinde Ackerbach ist mit einem Problem konfrontiert. In der erzkatholischen Gemeinde möchte P einen Sex-Shop eröffnen, um etwas mehr Schwung in das Gemeindeleben zu bringen. Als Standort hat er sich ein Grundstück in der Innenstadt ausgesucht und einen entsprechenden Bauantrag eingereicht. Ein Bebauungsplan existiert nicht. Die Gemeinde kommt zu dem Schluss, dass sein Vorhaben zwar grundsätzlich genehmigungsfähig sein. Allerdings möchte man gegen diesen Sündenpfuhl vorgehen und eine Errichtung verhindern.

***Frage:** Welche Mittel stehen der Gemeinde zur Verfügung und welches ist für die Gemeinde vorzugswürdig?*

I. Einordnung

Die Bauleitplanung ist häufig zeitintensiv. Daher können sich Problemstellungen ergeben, wenn ein Bauvorhaben beantragt wird, das zwar momentan planungsrechtlich zulässig ist, aber den Planungsabsichten der Gemeinde zuwiderläuft. Ein großer Schweinestall mag bspw. zurzeit zulässig sein, da sich das betreffende Grundstück noch im Außenbereich befindet. Allerdings hat die Gemeinde vor, für dieses Gebiet einen Bebauungsplan mit dem Inhalt „Allgemeines Wohngebiet“ aufzustellen. Dieser Bebauungsplan wäre aber de facto „erledigt“, wenn mitten im künftigen Plangebiet ein großer Schweinestall errichtet wird, da kaum jemand in dessen Nachbarschaft ein Wohnhaus wird errichten wollen.

Um zu verhindern, dass einzelne Projekte so die ganze Planungsarbeit vor einem Beschluss zunichtemachen, hält das BauGB Sicherungsmittel für die Bauleitplanung bereit.

II. Gliederung

1. Aufstellen eines Bebauungsplans

⇨ Negativplanung grds. zulässig, § 1 V BauNVO

⇨ Problem: großer Zeitbedarf

2. Veränderungssperre, § 14 BauGB

⇨ Voraussetzung: Planaufstellungsbeschluss

3. Zurückstellung, § 15 BauGB

⇨ Notwendig: Voraussetzungen des § 14 BauGB

⇨ Wirkung: Zurückstellen des Vorhabens bis zu zwölf Monaten

4. Ergebnis

⇨ Planaufstellungsbeschluss fassen, anschl. Zurückstellung beantragen.

III. Lösung

1. Bebauungsplan

Eine Möglichkeit bestünde in der Aufstellung eines Bebauungsplans. Hierfür wäre die Gemeinde zuständig. Zudem können in Bebauungsplänen auch bestimmte Nutzungen allgemein unzulässig sein, § 1 V BauNVO.

Allerdings hat P den Antrag bereits eingereicht. Für die Behandlung des Antrags ist jedoch nicht das geltende Recht zum Zeitpunkt der Antragsstellung, sondern zum Zeitpunkt der letzten Behördenentscheidung maßgeblich. Wenn bis zu diesem Zeitpunkt ein Bebauungsplan aufgestellt wäre, der Sex-Shops in diesem Plangebiet verbietet, könnte der Bauantrag mangels Genehmigungsfähigkeit abgelehnt werden.

Somit könnte ein Bebauungsplan, welcher zwischen Antrag und Genehmigungserteilung aufgestellt wird, die Genehmigungserteilung verhindern.

Allerdings bedarf die Aufstellung eines solchen Plans viel Zeit. So muss bspw. gem. § 3 BauGB eine öffentliche Auslegung erfolgen. Eine Verhinderung über das „schnelle" Aufstellen eines Bebauungsplans ist daher nicht praktikabel.

2. Veränderungssperre

Die Gemeinde könnte sich deshalb zusätzlich einer Veränderungssperre bedienen. Diese wird gem. § 16 BauGB als Satzung beschlossen und gilt für zwei Jahre, § 17 BauGB.

In einem noch aufzustellenden Bebauungsplan könnte festgesetzt werden, dass Vorhaben gem. § 29 BauGB nicht durchgeführt werden dürfen (§ 14 I Nr. 1 BauGB). Da der Sex-Shop eine bauliche Anlage ist, könnte das Vorhaben des P so verhindert werden.

Allerdings bedarf es für eine Veränderungssperre eines Planaufstellungsbeschlusses gem. § 14 I BauGB. Für einen solchen ist jedoch nichts ersichtlich.

Jedoch könnte die Gemeinde einen solchen Beschluss noch fassen, da es auf die Rechtslage zum Zeitpunkt der letzten Entscheidung ankommt.

Ab Beschluss der Veränderungssperre würde die Frist des § 17 BauGB laufen.

3. Zurückstellung

Als letzte, möglicherweise effektivere, Möglichkeit bliebe noch die Zurückstellung nach § 15 BauGB. Hiernach kann die Entscheidung über den Antrag des P auf Antrag der Gemeinde durch die Bauaufsichtsbehörde für bis zu zwölf Monate zurückgestellt werden.

Allerdings verlangt § 15 BauGB, dass die Voraussetzungen für den Erlass einer Veränderungssperre gem. § 14 BauGB vorliegen. Diese liegen derzeit nicht vor.

Allerdings könnte die Gemeinde einen Planaufstellungsbeschluss fassen und danach die Zurückstellung gem. § 15 BauGB beantragen. Dies wäre für die Gemeinde der beste Weg, um mehr Zeit zu gewinnen und zumindest vorerst das Vorhaben zu verhindern.

Des Weiteren müsste die Gemeinde dann die Bauleitplanung weiterführen und letztendlich einen Bebauungsplan beschließen, nach welchem das Vorhaben unzulässig ist.

IV. Zusammenfassung

- Bei der Entscheidung über eine Baugenehmigung ist nicht die Rechtslage bei Antragsstellung maßgeblich, sondern die im Zeitpunkt der letzten Behördenentscheidung.
- Das Verhindern eines bestimmten Vorhabens durch Aufstellen eines Bebauungsplan ist zwar grundsätzlich möglich, aber aufgrund des Zeitaufwandes alleine ohne Sicherungsmaßnahmen nach §§ 14 ff. BauGB nicht erfolgsversprechend.

- Zur Sicherung der Bauleitplanung stehen der Gemeinde deshalb die Veränderungssperre und die Zurückstellung zur Verfügung.
- Die Veränderungssperre ist in § 14 BauGB geregelt. Beachten Sie, dass hierfür ein Planaufstellungsbeschluss vorliegen muss. Mit Erlass der Veränderungssperre ist der Baubehörde der Erlass einer Baugenehmigung untersagt. Dies gilt unabhängig davon, dass § 14 BauGB im Prüfungsmaßstab der Art. 59, 60 BayBO nicht ausdrücklich genannt ist.
- Je nach Sachlage kann es für die Gemeinde notwendig sein, das Bauvorhaben erst einmal „auf Eis zu legen". Hierzu kann sie sich des Zurückstellungsantrags nach § 15 BauGB bedienen. Diese hat letztendlich die gleichen Voraussetzungen wie die Veränderungssperre. Die Rückstellung kann jedoch meist schneller beantragt werden, da kein Satzungsbeschluss notwendig ist.

V. Zur Vertiefung

- Hemmer/Wüst, Baurecht Bayern, Rn. 210 ff.

Fall 20: Rechtsschutz gegen Bebauungspläne

Sachverhalt:

Die Gemeinde Pleiting (1.500 Einwohner) möchte dringend mehr Gewerbebetriebe in die Stadt locken. Daher beschließt sie am 05.06.2013 einen Bebauungsplan für das Gebiet „An den Weihern“ aufzustellen. Dieser wird ordnungsgemäß ausgearbeitet. In dem Plan ist eine größere Ansiedlung von Betrieben geplant, welche zum Teil stark lärmemittierend sind. In der Gemeinderatssitzung vom 30.09.2013 wird der Billigungs-/Auslegungsbeschluss ordnungsgemäß gefasst. Nach vorheriger ordnungsgemäßer Bekanntmachung soll der Plan einen Monat lang montags bis freitags von 7 Uhr bis 8 Uhr eingesehen werden können. Nach Ablauf dieser Frist wird der Bebauungsplan als Satzung beschlossen und bekannt gemacht.

Der Gemeindebürger Grün ist von diesem Vorhaben nicht begeistert. Er besitzt ein Haus in diesem Gebiet und sieht in den lärmenden Betrieben eine Gesundheitsgefahr für sich und seine Frau F. Die Gewerbebetriebe sollten entweder nicht emittieren oder gleich woanders gebaut werden. Dies hatte er auch während der Aufstellung des Plans bereits der Gemeinde gegenüber angemerkt.

Frage: *Hätte G mit einer Klage vor den Verwaltungsgerichten gegen den Bebauungsplan Erfolg?*

I. Einordnung

Teilweise haben Sie nun schon Probleme kennengelernt, welche sich mit Bebauungsplänen beschäftigen. Es gibt jedoch nicht nur die Möglichkeit, die Rechtmäßigkeit eines Bebauungsplans inzident im Rahmen einer Baugenehmigung zu überprüfen. Hier kann auch auf eine Normenkontrolle gem. § 47 VwGO zurückgegriffen werden.

II. Gliederung

Erfolgsaussichten der Klage

1. **I.R.d. Gerichtsbarkeit ≈ § 40 VwGO (+)**
2. **Zulässigkeit im engeren Sinn**

a) Bebauungsplan ist Satzung: daher § 47 I Nr. 1 VwGO statthaft

b) Antragsbefugnis § 1 VII, VI Nr. 1 BauGB, Art. 2 II GG

Präklusion nach § 4a BauGB (-)

c) § 47 III VwGO
Prüfungskompetenz BayVGH (+)

3. **Begründetheit**

a) Antragsgegner, § 47 II S. 2 VwGO: Gemeinde P

b) Gültigkeit des Bebauungsplans

aa) Rechtsgrundlage

bb) Formelle Rechtmäßigkeit

(1) Zuständigkeit

(2) Verfahren

Vorgezogene Bürgerbeteiligung (-)

aber gem. § 214 BauGB unbeachtlich

Öffentliche Auslegung grds. (+)

aber zu kurze Auslegungszeiten?

(+) da nur fünf Stunden pro Woche und zudem früh morgens

cc) Materielle Rechtmäßigkeit
Abwägungsfehler?
(+) bezüglich § 1 VI Nr. 1 BauGB

4. Ergebnis: „Klage“ erfolgreich

III. Lösung

G könnte hier einen Normenkontrollantrag nach § 47 VwGO zum BayVGH (vgl. § 184 VwGO, Art. 1 I AGVwGO) stellen, sodass dessen Erfolgsaussichten zu prüfen sind.

1. Eröffnung des Verwaltungsrechtsweges

Auch für einen Antrag nach § 47 VwGO muss der Verwaltungsrechtsweg eröffnet sein. Dies ergibt sich u.a. daraus, dass der BayVGH nach § 47 I VwGO nur „im Rahmen seiner Gerichtsbarkeit“ entscheidet. Die Überprüfung einer Norm liegt aber nur dann i.R.d. Gerichtsbarkeit des BayVGH, wenn Streitigkeiten aus dem Vollzug der angegriffenen Norm unter § 40 VwGO fallen. Aus dem Vollzug eines Bebauungsplans folgen Streitigkeiten u.a. über die planungsrechtliche Zulässigkeit nach § 30 BauGB. Hierbei handelt es sich um öffentlich-rechtliche Streitigkeiten nicht-verfassungsrechtlicher Art für die mangels anderweitiger Rechtswegzuweisung der Verwaltungsrechtsweg eröffnet ist. Die Überprüfung des Bebauungsplans fällt damit in den Rahmen der Gerichtsbarkeit des BayVGH.

hemmer-Methode: An dieser Stelle scheitert bspw. bereits die Überprüfung von Bußgeldtatbeständen in einer Satzung oder Verordnung. Aus der entsprechenden Norm resultieren nur Streitigkeiten, die vor den ordentlichen Gerichten zu klären sind, vgl. § 68 OwiG.

2. Zulässigkeit

a) Statthaftigkeit

G richtet sich gegen einen Bebauungsplan, welcher eine Satzung gem. § 10 BauGB darstellt. Statthaft ist daher die Normenkontrolle gem. § 47 I Nr. 1 VwGO.

hemmer-Methode: Für sonstige untergesetzliche Normen des Bayerischen Landesrechts ergibt sich die Statthaftigkeit eines Normenkontrollantrags aus § 47 I Nr. 2 VwGO i.V.m. Art. 5 S. 1 AGVwGO.

b) Antragsberechtigung

G ist als natürliche Person antragsberechtigt, § 47 II S. 1 VwGO.

c) Antragsbefugnis

Der Antragssteller muss geltend machen, durch die Satzung in eigenen Rechten verletzt zu sein oder in absehbarer Zeit verletzt zu werden. G stützt sich hier auf Gesundheitsgefahren durch Lärmemissionen. Eine Verletzung von § 1 VII, VI Nr. 1 BauGB, welche letztendlich Ausfluss des Art. 2 II GG sind, ist daher denkbar.

Die Rechte der F kann G jedoch nicht geltend machen, da deren Gesundheitsschutz für ihn ein fremdes Recht darstellt.

hemmer-Methode: Die VwGO kennt keine Prozessstandschaft. Es ist also nicht zulässig, fremde Rechte in eigenem Namen geltend zu machen!

G könnte jedoch mit seinem Einwand gem. § 4a VI BauGB i.V.m. § 47 IIa VwGO präkludiert sein.

Laut Sachverhalt hat G seine Bedenken jedoch während der Planaufstellung vorgebracht.

d) Antragsfrist

G muss seinen Antrag gem. § 47 I VwGO innerhalb eines Jahres bei Gericht einreichen. Nach § 67 IV VwGO besteht dabei Vertretungszwang.

e) Prüfungskompetenz

Nachdem sich G auf eine Verletzung von Art. 2 II GG und § 1 VII, VI Nr. 1 BauGB beruft, stützt er sich nicht ausschließlich auf Landesrecht. Die Prüfungskompetenz des BayVGH wird daher nicht gem. § 47 III VwGO i.V.m. Art. 98 S. 4 BV reduziert. Dieser schließt nur die Prüfung einer Verletzung der BV aus.

f) Zwischenergebnis

G kann die Normenkontrolle zulässig erheben.

3. Begründetheit

Der Antrag ist begründet, wenn er sich gegen den richtigen Antragsgegner richtet und der Bebauungsplan unwirksam ist, vgl. § 47 V S. 2 VwGO.

a) Richtiger Antragsgegner

Nachdem die Gemeinde Pleiting den Bebauungsplan erlassen hat, ist diese gem. § 47 II S. 2 VwGO richtige Antragsgegnerin.

b) Gültigkeit des Bebauungsplans

aa) Rechtsgrundlage

Die rechtliche Grundlage für die Aufstellung eines Bebauungsplans findet sich in §§ 2, 10 BauGB.

bb) Formelle Rechtmäßigkeit

(1) Zuständigkeit

Gem. §§ 2 I, 1 III BauGB war die Gemeinde Pleiting zuständig.

hemmer-Methode: Die Organzuständigkeit innerhalb der Gemeinde lässt sich nicht pauschal für die komplette Aufstellung des Bebauungsplans bestimmen, sondern muss für jeden Verfahrensschritt gesondert geprüft werden. Der Aufstellungsbeschluss und der Satzungsbeschluss obliegen dabei nach Art. 29 GO dem Gemeinderat, soweit diese Aufgabe nicht einem Bauausschuss übertragen wird, vgl. Art. 32 II Nr. 1 GO.

(2) Verfahren

Das Verfahren bei der Aufstellung eines Bebauungsplans richtet sich nach §§ 2, 3 BauGB.

Ein Aufstellungsbeschluss gem. § 2 I S. 1 BauGB wurde von der Gemeinde am 05.06.2013 getroffen.

Zwischen dem Vorentwurf und der Fertigung eines Planentwurfs sind gem. § 3 I BauGB die Bürger bereits frühzeitig zu beteiligen. Dies ist hier nicht geschehen, sodass ein Verfahrensfehler vorliegt. Gleiches gilt für die frühe (erste) Beteiligung der Träger öffentlicher Belange.

Nachdem ein Bebauungsplan eine sehr komplizierte Angelegenheit ist, soll nicht jeder (kleine) Fehler den ganzen Plan nichtig machen. Daher muss nach der Feststellung eines Fehlers geprüft werden, ob dieser gem. §§ 214, 215 BauGB zu beachten ist. Die entsprechende Vorschrift ist § 214 I Nr. 2 BauGB. Dort sind Fehler im Verfahren gem. § 3 I BauGB nicht erwähnt, sodass dieser Fehler unbeachtlich ist.

hemmer-Methode: Lesen Sie sich unbedingt §§ 214, 215 BauGB in Ruhe sorgfältig und komplett durch. Diese Vorschriften sind extrem klausurrelevant. Verstöße gegen Verfahrens- und Formvorschriften des BauGB sind danach grundsätzlich irrelevant, § 214 I BauGB, und müssen ausdrücklich vom Gesetz für relevant erklärt werden!

Der Billigungs- und Auslegungsbeschluss erfolgte ordnungsgemäß.

Die Auslegung des Plans wurde gem. § 3 II S. 2 BauGB bekannt gegeben. Sodann lag der Plan für einen Monat aus.

Allerdings konnte der Plan nur für eine Stunde eingesehen werden. Die „Auslegungsstunde“ war mit 7:00 Uhr zudem sehr früh angesetzt.

Letztendlich konnte der Plan also pro Woche nur fünf Stunden eingesehen werden, wobei viele durch die frühe Uhrzeit abgeschreckt worden sein könnten oder Ihnen die Einsichtnahme aufgrund ihres Berufs oder anderer Verpflichtungen nicht möglich war.

Die durchgeführte Auslegung beschränkte daher die Einsichtsmöglichkeit in unvertretbarem Maße, sodass § 3 II BauGB verletzt wurde.

Verstöße gegen diese Vorschrift sind gem. § 214 I Nr. 2 BauGB auch beachtlich, es sei denn, die Rüge wäre verfristet, § 215 I Nr. 1 BauGB. G kann jedoch noch rechtzeitig den Normenkontrollantrag einlegen, sodass eine Verfristung nicht in Betracht kommt, da spätestens in dem Normenkontrollantrag die fristgerechte Rüge zu sehen ist.

Der Bebauungsplan ist demnach wegen eines beachtlichen Formfehlers ungültig.

hemmer-Methode: Durchschauen Sie den Fall und brechen Sie hier die Prüfung noch nicht ab! Im Sachverhalt ist noch das Problem der Gesundheitsverletzung des G angelegt. Dieses muss noch verarbeitet werden.

cc) Materielle Rechtmäßigkeit

(1) Planrechtfertigung

Die Gemeinde wollte i.R.d. städtebaulichen Entwicklung Gewerbetriebe ansiedeln. Dies genügt dem Erforderlichkeitskriterium des § 1 III S. 1 BauGB i.V.m. § 2 I BauGB.

(2) Zwingende Planungsleitsätze

Verletzungen von § 1 IV BauGB und §§ 8, 9 BauGB sind nicht ersichtlich.

(3) Abwägungsgebot

Gem. § 1 VII BauGB muss die Planaufstellung eine ordnungsgemäße Abwägung enthalten. Die Abwägung ist aufgrund der Planungshoheit, Art. 28 II GG, Art. 11 II BV, der Gemeinde allerdings nur eingeschränkt auf Abwägungsfehler überprüfbar.

hemmer-Methode: Hinsichtlich der Verletzung des Abwägungsgebots wurde urspr. zwischen vier Fallgestaltungen unterschieden:

⇨ 1. Abwägungsausfall:
Eine Abwägung findet überhaupt nicht statt.

⇨ 2. Abwägungsdefizit:
An Belangen wurde nicht eingestellt, was nach Lage der Dinge hätte eingestellt werden müssen.

⇨ 3. Abwägungsfehleinschätzung:
Die Bedeutung der einzelnen Belange wurde offensichtlich verkannt.

⇨ 4. Abwägungsdisproportionalität:
Der Ausgleich der Belange wurde in einer Art und Weise vorgenommen, der zu dem objektiven Gewicht der einzelnen Belange außer Verhältnis steht.

Nach Einführung des § 2 III BauGB geht die wohl h.M. davon aus, dass nur noch die Abwägungsdisproportionalität als materieller Fehler zu sehen ist, während die übrigen Abwägungsfehler künftig i.R.d. § 2 III BauGB zu verorten sind.[14] Wichtig ist dies im Hinblick auf die Fehlerfolgen, § 214 I Nr. 1, III BauGB, wobei auch hier im Ergebnis keine allzu großen Unterschiede bestehen.

Ein möglicher Fehler könnte die Beurteilung des Gesundheitsschutzes des G sein. Gem. § 1 VI Nr. 1 BauGB sind insbesondere die Anforderungen an gesunde Wohnverhältnisse zu wahren. Dies bedeutet, dass Wohnräume nicht in direkter räumlicher Nähe zu emittierenden Betrieben stehen sollten.

Wenn nun G in dem potenziellen Gewerbegebiet wohnt und er den Emissionen mehrerer Betriebe ausgesetzt ist, liegen keine gesunden Wohnverhältnisse mehr vor.

Dass Lärm zudem bei entsprechender Lautstärke und Konstanz gesundheitsgefährdend wirkt, ist mittlerweile anerkannt.

Nachdem die Gemeinde auf das Emissionsproblem gar nicht eingegangen ist, etwa durch anwohnerfreundliche Höchstgrenzen o.Ä., hat sie Art. 2 II GG im Verhältnis zu den Interessen an Gewerbegrundstücken nicht richtig gewichtet (Abwägungsdisproportionalität). Dies schlägt sich auch im Abwägungsergebnis nieder, da bei korrekter Berücksichtigung des Art. 2 II GG keine stark emittierenden Betriebe zugelassen werden dürften.

Da es sich um einen Fehler im Abwägungsergebnis handelt, ist dieser nach § 214 III BauGB auch relevant. Eine Verfristung nach § 215 I Nr. 3 BauGB scheidet aufgrund der rechtzeitigen Rüge aus, vgl. oben.

Der Bebauungsplan ist daher auch materiell rechtswidrig und auch aus diesem Grund ungültig.

dd) Subjektive Rechtsverletzung

Nachdem es sich bei der Normenkontrolle um ein objektives Beanstandungsverfahren handelt, ist eine subjektive Rechtsverletzung nicht notwendig.

4. Ergebnis

Der BayVGH würde den Bebauungsplan wegen seiner Fehlerhaftigkeit gem. § 47 V S. 2 VwGO für unwirksam erklären. G hätte folglich mit seiner „Klage" Erfolg.

---

[14] OVG Lüneburg, NVwZ-RR 2005, 10 = **juris**byhemmer.

IV. Zusammenfassung

- Der Bebauungsplan ist eine Satzung, § 10 BauGB.
- Die Aufstellung eines Bebauungsplans erfolgt nach den Vorschriften der §§ 2, 3 BauGB.
- Rechtsschutz gegen Bebauungspläne ist im Rahmen eines Normenkontrollverfahrens gem. § 47 VwGO möglich.
- Sofern bei der Aufstellung von Bebauungsplänen Fehler passieren, muss geklärt werden, ob diese beachtlich sind. Hierzu muss auf §§ 214, 215 BauGB zurückgegriffen werden.
- Unbeachtliche Fehler gem. §§ 214, 215 BauGB lassen die Gültigkeit des Bebauungsplans unberührt.
- Wie lange ein Bebauungsplan pro Woche öffentlich ausgelegt werden muss, hängt von der Größe der Gemeinde ab.

  Die Einsichtsmöglichkeit darf jedoch nicht unzumutbar beeinträchtigt werden, z.B. durch sehr kurze Auslegungszeiten oder extreme Auslegungsorte.

V. Zur Vertiefung

- Hemmer/Wüst, Baurecht Bayern, Rn. 461 ff.
- Hemmer/Wüst, Verwaltungsrecht II, Rn. 350 ff.

Fall 21: Formelle Konzentrationswirkung/Immissionsschutz

Sachverhalt:

Im Außenbereich der Stadt Böllingen, Landkreis Ansbach, möchte die Superstahl GmbH eine Industrieanlage errichten, in welcher Eisenerz geschmolzen werden soll. Die Stadt, die bisher kaum Betriebe im Gemeindegebiet hat, ist hierüber hoch erfreut.

Kurz nach Einreichung der Anträge wird die hierzu erforderliche immissionsschutzrechtliche Genehmigung durch das Landratsamt Ansbach erteilt.

Gegen die „Segnungen der Industrie" wendet sich jedoch Ingenieur I. Dieser hat richtig berechnet, dass die Grenzwerte der TA (= Technische Anleitung)-Lärm bei Betrieb der Anlage überschritten werden und sein Wohnhaus diesem Lärm massiv ausgesetzt wäre. Diese Bedenken hat er bereits im Verfahren gem. § 10 BImSchG geltend gemacht.

Daher erhebt I fristgerecht Klage zum zuständigen Verwaltungsgericht gegen „die Genehmigung der Erzschmelze".

Frage: *Hat die Klage Aussicht auf Erfolg?*

Hinweis: *Die geplante Anlage bedarf einer immissionsschutzrechtlichen Genehmigung gem. § 4 I BImSchG i.V.m. Nummer 3.1 des Anhangs zu § 2 der 4.BImSchV.*

I. Einordnung

Ein Problem mehr in der Klausur ist die sogenannte „formelle Konzentrationswirkung". Hierbei wird eine Straffung des Genehmigungsverfahrens durchgeführt, da weitere Genehmigungen nicht mehr eingeholt werden müssen. Dies bedeutet aber nicht, dass in diesen Fällen keine Prüfung der Rechtslage erfolgt. Vielmehr werden diese nur von einer anderen Behörde angestellt.

Klausurbeliebt ist die Kombination von Baurecht mit den Bereichen Immissionsschutz-, Gaststätten- und Wasserrecht.

II. Gliederung

Erfolgsaussicht der Klage

1. § 40 I VwGO (+)

2. Zulässigkeit

a) Statthaft: Anfechtungsklage, § 42 I VwGO

b) Klagebefugnis (+), § 5 I Nr. 1 BImSchG
Präklusion (-), § 10 III S. 5 BImSchG

3. Beiladung der Gemeinde, § 65 II VwGO

4. Begründetheit, §§ 78, 113 I S. 1 VwGO

a) Passivlegitimation: Freistaat Bayern

b) Rechtmäßigkeit der Genehmigung

aa) Genehmigungspflichtigkeit (+)

bb)	Genehmigungsfähigkeit (1) § 6 I Nr. 1 BImSchG: Nach BImSchG (-), da Grenzwerte überschritten (2) § 6 I Nr.2 BImSchG: Nach § 35 BauGB (**formelle Konzentrationswirkung**) (-), wegen öffentlichen Belangs „Gesundheitsschutz“
c)	Subjektive Rechtsverletzung (+)
5.	**Ergebnis:** Erfolgsaussicht (+)

III. Lösung

I hat mit seiner Klage Aussicht auf Erfolg, wenn sie zulässig und begründet ist.

1. Eröffnung des Verwaltungsrechtswegs

Die Genehmigung für S wurde nach dem BImSchG erteilt, mithin nach einer Norm, die klar dem Öffentlichen Recht zuzuordnen ist. Der Verwaltungsrechtsweg ist daher mangels doppelter Verfassungsunmittelbarkeit und anderweitiger Rechtswegzuweisung gem. § 40 I VwGO eröffnet.

hemmer-Methode: Grundsätzlich sind das BImSchG und die darin enthaltenen Verfahren kein Pflichtstoff. Einzelne Vorschriften können aber sehr gut als Aufhänger für Baurechtsprobleme herangezogen werden.

2. Zulässigkeit

a) Statthafte Klage

Die immissionsschutzrechtliche Genehmigung ist, wie auch die Baugenehmigung, ein Verwaltungsakt nach Art. 35 S. 1 BayVwVfG.

Gegen einen solchen ist die Anfechtungsklage gem. § 42 I Alt. 1 VwGO statthaft.

b) Klagebefugnis

I müsste geltend machen, durch die Genehmigung der Anlage in subjektiv-öffentlichen Rechten verletzt sein zu können. Nachdem I nicht Adressat der Maßnahme war, muss er zudem die Verletzung einer drittschützenden Norm anführen.

In Betracht kämen hier §§ 6 I Nr. 1, 5 I Nr. 1 BImSchG. Nach deren Wortlaut wird die Nachbarschaft der emittierenden Anlage geschützt. Daher kann diese über § 5 BImSchG gegen die Genehmigung vorgehen.

Der Nachbarbegriff im Immissionsschutzrecht ist ein anderer als der im Baurecht. Beim Immissionsschutz werden nicht nur direkte Grundstücksnachbarn erfasst, sondern auch Personen, die von den Emissionen noch betroffen werden.

Dies gilt insbesondere für schadstoffemittierende Anlagen; hier ist jeder, der in der Immissionszone liegt, ein Nachbar nach dem BImSchG.

I ist somit Nachbar der S, da er sich im Einwirkungsbereich der Anlage befindet.

hemmer-Methode: Beachten Sie, dass der immissionsschutzrechtliche Nachbarbegriff weiter ist als der baurechtliche. Einer Eigentümerstellung bedarf es nicht. Daher können auch Mieter oder Personen, welche sich ständig in dem Einwirkungsbereich aufhalten, klagebefugt sein.

Zudem kann sich I auf die Verletzung des Art. 2 II GG berufen, da Lärm gesundheitsgefährdend wirken kann.

Gem. § 10 III S. 5 BImSchG kann der Kläger mit seinen Einwendungen jedoch präkludiert sein, wenn er diese nicht bereits im Genehmigungsverfahren vorgebracht. Nachdem hierzu im Sachverhalt nichts ersichtlich ist, muss von dem rechtzeitigen Vorbringen des I ausgegangen werden.

hemmer-Methode: Sie können an dieser Stelle auch bereits auf drittschützende Vorschriften aus dem Baurecht eingehen, vgl. § 6 I Nr. 2 BauGB (hierzu mehr unten). Da aber für die Klagebefugnis eine „mögliche" Rechtsverletzung reicht, ist das hier nach Bejahung einer solchen nicht mehr zwingend erforderlich.

c) Beteiligten-/ Prozessfähigkeit

I ist gem. § 61 Nr. 1 Alt. 1 VwGO beteiligten- und gem. § 62 I Nr. 1 VwGO prozessfähig.

d) Zuständiges Gericht

I hat seine Klage zum zuständigen Verwaltungsgericht, hier dem VG Ansbach, erhoben, §§ 45, 52 Nr. 1 VwGO i.V.m. Art. 1 II Nr. 4 AGVwGO.

e) Zwischenergebnis

Die Anfechtungsklage des I ist zulässig.

3. Beiladung der S

Gem. § 65 II VwGO ist die S hier notwendig beizuladen. Diese ist nach § 61 Nr. 1 Alt. 2 VwGO i.V.m. § 13 GmbHG beteiligten- und nach § 62 III VwGO i.V.m. § 35 GmbHG auch prozessfähig.

4. Begründetheit

Die Klage ist begründet, wenn sie gegen den richtigen Beklagten gerichtet ist, die Genehmigung zugunsten der S rechtswidrig war und I hierdurch in seinen Rechten verletzt ist, §§ 78, 113 I S. 1 VwGO

a) Passivlegitimation

Zu verklagen ist gem. § 78 I Nr. 1 VwGO der Freistaat Bayern, da das Landratsamt in seiner Funktion als Staatsbehörde handelte, vgl. Art. 37 I S. 2 LKrO i.V.m. Art. 1 Ic BayImSchG.

b) Rechtmäßigkeit der Genehmigung

Formelle Fehler sind nicht ersichtlich. Die sachliche Zuständigkeit des Landratsamtes Ansbach ergibt sich aus Art. 1 Ic BayImSchG.

aa) Genehmigungsbedürftigkeit

Die Erzschmelze ist laut Bearbeitervermerk eine genehmigungsbedürftige Anlage, § 4 I BImSchG i.V.m. § 2 der 4. BImSchV (Nummer 3.1. des Anhangs).

bb) Genehmigungsfähigkeit

Ob eine Anlage genehmigungsfähig ist, richtet sich nach § 6 BImSchG.

(1) Die Anlage wäre dann nicht genehmigungsfähig, wenn von ihr schädliche Umwelteinwirkungen i.S.d. § 3 BImSchG ausgehen, § 6 I Nr. 1 BImschG i.V.m. § 5 I Nr. 1 BImSchG.

Ob die ermittelten Umweltbelastungen als schädlich anzusehen sind, könnte sich nach der TA-Lärm richten.

hemmer-Methode: Beachten Sie die Ermächtigungsgrundlage des § 48 BImSchG. Die TA-Lärm basiert nicht auf dieser Vorschrift (anders als die TA-Luft), sondern wirkt über § 66 II BImSchG.

Umstritten ist jedoch, ob den TA Außenwirkung zukommt oder ob es sich nur um bloße Verwaltungsvorschriften handelt. Im zweiten Fall könnte sich I hierauf nicht berufen.

Früher wurden die TA als antizipiertes Sachverständigengutachten behandelt. Mittlerweile werden sie jedoch als normkonkretisierende Verwaltungsvorschriften angesehen. Diese sollen eine abgeschwächte Außenwirkung haben, sodass sie Bindungswirkung nicht nur gegenüber den Behörden sondern auch gegenüber den Gerichten entfalten und der Bürger eine Verletzung der Grenzwerte der TA rügen kann.

Vorliegend wurden die Grenzwerte der TA-Lärm überschritten, sodass gegen § 5 I Nr. 1 BImSchG verstoßen wurde und die Genehmigung nicht gem. § 6 I Nr. 1 BImSchG hätte erteilt werden dürfen.

(2) Weiterhin könnte das Entgegenstehen öffentlich-rechtlicher Vorschriften zur Rechtswidrigkeit des Vorhabens gem. § 6 I Nr. 2 BImSchG führen.

In Betracht kommen hier Verletzungen i.R.d. Bauplanungsrechts. Gem. § 13 BImSchG ersetzt die immissionsschutzrechtliche Genehmigung die baurechtliche. Dennoch müssen i.R.d. immissionsschutzrechtlichen Verfahrens die baurechtlichen Voraussetzungen geprüft werden. Dies wird als formelle Konzentrationswirkung bezeichnet.

Wie dem Sachverhalt zu entnehmen ist, richtet sich die Zulässigkeit nach § 35 BauGB.

In Betracht kommt hier ein privilegiertes Vorhaben gem. § 35 I Nr. 4 BauGB. Eine Erzschmelze produziert sowohl Lärm, als auch weitere Emissionen.

Auch muss hier mit einem erhöhten Verkehrsaufkommen für An- und Abtransport von Waren gerechnet werden.

Zudem besteht aufgrund des Umgangs mit hohen Temperaturen eine erhöhte Brand- und Unfallgefahr, sodass besondere Anforderungen an die Umgebung vorliegen.

Einer Genehmigung steht jedoch der öffentliche Belang des „Gesundheitsschutzes" des I entgegen, der im Wirkbereich der Anlage sein Wohnhaus stehen hat, vgl. § 35 III S. 1 Nr. 3 Alt. 1 BauGB, der auch bei privilegierten Belangen i.R.d. Abwägung herangezogen werden kann.

Eine Genehmigung gem. § 35 I BauGB scheidet daher aus.

Das Vorhaben ist demnach auch wegen § 61 Nr. 2 BImSchG rechtswidrig.

c) Subjektive Rechtsverletzung

I wird vorliegend in seinen Rechten aus § 5 I Nr. 1 BImSchG, § 35 III S. 1 Nr. 3 Alt. 1 BauGB und Art. 2 II GG verletzt.

5. Ergebnis

Die Klage hat Aussicht auf Erfolg.

IV. Zusammenfassung

- Der Nachbarbegriff im Immissionsschutz unterscheidet sich von dem im Baurecht. Nachbar ist jeder, der sich für gewisse Dauer im Wirkungsbereich der Anlage aufhält (auch z.B. Mieter)

- Zur Vereinfachung des Verfahrens wird die baurechtliche Genehmigung gem. § 13 BImSchG durch die immissionsschutzrechtliche ersetzt (formelle Konzentrationswirkung).
- Dennoch werden die baurechtlichen Voraussetzungen gem. § 6 I Nr. 2 BImSchG geprüft.
- Die TA haben eine beschränkte Außenwirkung, sodass sich der Kläger auf die Verletzung der Grenzwerte berufen kann.
- § 5 I Nr. 1 BImSchG ist drittschützend.

V. Zur Vertiefung

- Hemmer/Wüst, Baurecht Bayern, Rn. 73 ff., 303.

Kapitel III: Polizei- und Sicherheitsrecht

Fall 22: Standardbefugnisse der Polizei I

Sachverhalt:

Am Abend des 26.05.2013 soll in Haubach, Landkreis Garmisch-Partenkirchen, das Derby der beiden Erzrivalen FC Haubach und TSV Motzweil stattfinden. Beide Vereine verbindet eine tiefe Abneigung, sodass es vor, während und nach den Spielen schon öfter zu Ausschreitungen zwischen den Fangruppierungen kam. Um solchen Ereignissen entgegenzuwirken, hat die Polizei an den beiden Hauptzufahrtsstraßen nach Haubach Kontrollstellen eingerichtet.

Fußballfan F, der aufgrund der Verzierung seines Autos mit Schals und Fahnen gut als solcher zu erkennen ist, wird an einem der Kontrollpunkte angehalten. Dort wird sein Pkw durchsucht.

Daraufhin wurden seine Personalien festgestellt und ihm die Weiterfahrt gestattet.

Dies will F nicht auf sich sitzen lassen. Er fahre schließlich zu jedem Auswärtsspiel des TSV M und will dies in Zukunft tun, ohne von der Polizei belästigt zu werden.

***Frage:** Hätte eine Klage des F gegen die polizeilichen Maßnahmen Aussicht auf Erfolg?*

I. Einordnung

Dieser Einstiegsfall dient dazu, Sie in das Gebiet des Polizeirechts einzuführen. Sie werden hier mit den polizeirechtlichen Begriffen und den Besonderheiten im Klausuraufbau konfrontiert. Diese Klausurlösung orientiert sich am allgemeinen Aufbauschema für eine Polizeirechtsklausur. Daneben existiert auch ein gesonderter „bayerischer Aufbau". Diesen lernen Sie im nächsten Fall kennen.

Außerdem greift der Fall einige der sogenannten Standardbefugnisse der Polizei auf.

Im Allgemeinen ist Polizei- und Sicherheitsrecht eine Materie, in welcher Sie mit der exakten Lektüre des Gesetzestextes weit kommen. Üben und beachten Sie dies bereits am Beginn der Auseinandersetzung mit diesem Themenkomplex.

II. Gliederung

Gliederung

1. § 40 I VwGO(+)

2. Zulässigkeit der Klage (+)

a) **Statthaft**: FFK, § 113 I S. 4 VwGO analog

b) Klagebefugnis (+)
Mögliche Rechtsverletzung von Art. 2 I GG

c) Besonderes Feststellungsinteresse:
Wiederholungsgefahr

d) **Klagefrist**: Notwendigkeit umstritten, jedenfalls Jahresfrist wegen § 58 II VwGO

e) Zuständiges Gericht: VG München

3. Begründetheit; §§ 78, 113 I S. 4 u. S. 1 VwGO

a) **Passivlegitimation**: § 78 I Nr. 1 VwGO analog: Freistaat Bayern als Rechtsträger der Polizei
b) **Formelle Rechtmäßigkeit:** Art. 2, 3 PAG (+); Polizei handelte im präventiven Bereich
c) Materielle Rechtmäßigkeit:
aa) Anhalten
(1) Art. 13 II S. 2 PAG (-)
Da Art. 13 II Nr. 4 (-); es steht keine Straftat i.S.d. § 100a StPO bevor
(2) Art. 13 I Nr. 2 PAG (+)
Da hier auch Zufahrtsstraße, gefährlicher Ort aufgrund der vorausgegangenen Auseinandersetzungen
(3) Art. 13 I Nr. 1 PAG (+/-)
Sachverhalt diesbezüglich unklar, aber eher zweifelhaft
bb) Durchsuchung des Pkw
Rechtmäßig, Art. 22 PAG
4. **Ergebnis:** Klage unbegründet

III. Lösung

P wird mit seiner Klage Erfolg haben, wenn diese zulässig und begründet ist.

1. Eröffnung des Verwaltungsrechtsweges, § 40 I VwGO

Polizeirechtliche Streitigkeiten sind bereits aufgrund des Vorliegens eines Subordinationsverhältnisses öffentlich-rechtliche Streitigkeiten nicht verfassungsrechtlicher Art i.S.d. § 40 I VwGO.

Allerdings könnte die anderweitige Rechtswegzuweisung des § 23 EGGVG einschlägig sein.

Dies wäre dann der Fall, wenn es um die Rechtmäßigkeit eines Justizverwaltungsaktes ginge, der von der Polizei im Bereich der Strafverfolgung erlassen wurde, vgl. § 163 StPO.

Die Polizei handelte hier aber aus präventiven Gründen, nämlich um Delikte i.R.d. Fußballspieles zu verhindern. Sie handelte gerade nicht, weil gegen F der Verdacht einer bereits begangenen Straftat bestand. Eine Rechtswegzuweisung gem. § 23 EGGVG besteht nicht.

Mangels anderweitiger Rechtswegzuweisung ist damit der Verwaltungsrechtsweg eröffnet.

2. Zulässigkeit der Klage

a) Statthafte Klageart

F wendet sich gegen die polizeilichen Maßnahmen. Dies sind vorliegend das Anhalten und die Durchsuchung des Pkw und das Aufnehmen der Personalien.

Diese Maßnahmen, bzw. die ihnen innewohnenden Duldungsanordnungen, sind Verwaltungsakte i.S.d. Art. 35 S. 1 BayVwVfG, da hier durch eine polizeiliche Handlung ein Lebenssachverhalt einseitig verbindlich für den Betroffenen geordnet wird. Diese Verwaltungsakte haben sich mit ihrem Vollzug erledigt, sodass eine Fortsetzungsfeststellungsklage gem. § 113 I S. 4 VwGO analog erhoben werden muss.

Die Analogie folgt daraus, dass § 113 I S. 4 VwGO grundsätzlich von einer Erledigung nach Klageerhebung ausgeht. Sofern die Erledigung (wie meistens im Polizeirecht) vor der Klageerhebung eintritt, so wird § 113 I S. 4 VwGO analog angewendet.

Die Gegenansicht, die hier eine allgemeine Feststellungsklage nach § 43 I VwGO statthaft findet, überzeugt nicht, da die statthafte Klageart dann von dem Zufall abhinge, ob die Erledigung kurz vor oder nach der Erledigung eintritt.

hemmer-Methode: Lesen Sie hierzu Hemmer/Wüst, Polizeirecht Bayern, Rn. 66 ff.!

b) Klagebefugnis, § 42 II VwGO

Durch die Maßnahmen könnte F in seiner Handlungsfreiheit gem. Art. 2 I GG verletzt sein.

c) Besonderes Feststellungsinteresse

Nachdem die Verwaltungsakte bereits erledigt sind, ist analog § 113 I S. 4 VwGO eine Klageerhebung nur möglich, wenn der Kläger ein besonderes Feststellungsinteresse vorweisen kann. Dieses ist unter anderem für solche Fälle anerkannt, in denen eine Wiederholungsgefahr besteht. F hat erklärt, er wolle auf jedes Auswärtsspiel fahren, sodass eine Wiederholung der Situation durchaus möglich ist.

Das besondere Feststellungsinteresse liegt daher vor.

Exkurs: Weitere Fälle des besonderen Feststellungsinteresse sind: Vorbereitung eines Amtshaftungsprozesses, das Rehabilitationsinteresse bei einer diskriminierenden Wirkung der Maßnahme und das Vorliegen eines schweren Grundrechtseingriffes.[15] Letzterer ist dann erforderlich, wenn eine diskriminierende Wirkung deshalb ausscheidet, weil die Maßnahme unter „Ausschluss der Öffentlichkeit" stattfindet. Die Fallgruppe „Vorbereitung eines Amtshaftungsprozesses" wird von der ganz h.M. allerdings auf die direkte Anwendung des § 113 I S. 4 VwGO, also die Erledigung nach Klageerhebung beschränkt. Erledigt sich der Verwaltungsakt bereits vorher, gebietet es die Prozessökonomie, gleich den Amtshaftungsprozess bei dem dafür zuständigen Landgericht zu erheben, Art. 34 S. 3 GG, § 71 II GVG, das nach § 17 II GVG auch die Kompetenz hat, öffentlichrechtliche Vorfragen zu klären. (Ein Anspruch auf den sachnäheren Richter besteht gerade nicht).

d) Vorverfahren

Ein Vorverfahren muss wegen der Regelung des § 68 II, I S. 2 VwGO i.V.m. Art. 15 II AGVwGO schon für eine Anfechtungsklage nicht durchgeführt werden. Für die Fortsetzungsfeststellungsklage kann demnach nichts anderes gelten, auch wenn man sie als fortgesetzte Anfechtungsklage betrachtet.

hemmer-Methode: Das früher auftretende Problem, ob bei Erledigung vor Klageerhebung ein Widerspruchsverfahren durchzuführen sei, hat sich durch die weitgehende Abschaffung des Vorverfahrens in Bayern (Art. 15 II, I AGVwGO) erledigt.

e) Klagefrist

Ob im Fall der analogen Anwendung des § 113 I S. 4 VwGO eine Klagefrist eingehalten werden muss, ist umstritten.

[15] Hierzu: **Hemmer/Wüst, Polizeirecht Bayern, Rn. 73 ff.**

hemmer-Methode: Erledigt sich der Verwaltungsakt nach Klageerhebung, handelt es sich also um eine direkte Anwendung des § 113 I S. 4 VwGO, ist unstreitig, dass die Anfechtungsklage fristgerecht erhoben worden sein muss. Nur wenn die Anfechtungsklage im Zeitpunkt der Erledigung noch zulässig war, kann erfolgreich auf die Feststellungsklage umgestellt werden. Die Erledigung führt niemals zu einer Erweiterung des Rechtsschutzes. Aus einer unzulässigen Anfechtungsklage wird nicht durch Erledigung eine zulässige Fortsetzungsfeststellungsklage.
Aus diesen Überlegungen ergibt sich auch für die analoge Anwendung des § 113 I S. 4 VwGO, dass der Verwaltungsakt im Zeitpunkt der Erledigung noch nicht bestandskräftig, die Klagefrist also noch nicht verstrichen sein darf.

Die Fortsetzungsfeststellungsklage ähnelt teilweise einer Feststellungs- und teilweise einer Anfechtungsklage. Während erstere nicht fristgebunden ist, muss die Klageerhebung bei der Anfechtungsklage binnen eines Monats seit Bekanntgabe erfolgen, § 74 I S. 2 VwGO. Sofern man also die Fortsetzungsfeststellungsklage als der Anfechtungsklage nahe sieht, muss in diesem Falle eine Klagefrist eingehalten werden. Diese Frist bestimmt sich analog § 74 I S. 2 VwGO und beginnt mit der Erledigung.

Die Gegenansicht (h.M.) stellt auf die Ähnlichkeit zur Feststellungsklage ab und weist darauf hin, dass Sinn und Zweck einer Frist sei, die Bestandskraft des VA herbeizuführen. Sofern dieser aber erledigt ist, könne eine Bestandskraft gar nicht mehr eintreten.

Unabhängig davon, ob man eine solche Klagefrist bei der FFK für nötig hält, wäre diese hier eingehalten, da die Verwaltungsakte ohne schriftliche Rechtsbehelfsbelehrungen erlassen wurden. F müsste also binnen Jahresfrist gem. § 58 II VwGO klagen.

f) Zuständiges Gericht

Zuständig ist gem. §§ 45, 52 Nr. 5 VwGO i.V.m. Art. 1 II AGVwGO das VG München.

hemmer-Methode: Sieht man die Fortsetzungsfeststellungsklage als umgestellte Anfechtungsklage, liegt es näher für die Zuständigkeit auf Nr. 4 abzustellen.

g) Zwischenergebnis

F kann zulässig Klage erheben.

3. Begründetheit

Die Klage ist begründet, wenn sie gegen den richtigen Beklagten gerichtet ist, die gegen F gerichteten Maßnahmen rechtswidrig waren und er hierdurch in seinen Rechten verletzt wurde, §§ 78, 113 I S. 4 analog, 113 I S. 1 VwGO.

a) Passivlegitimation

Zu verklagen ist gem. § 78 I Nr. 1 VwGO der Freistaat Bayern, als Rechtsträger der Polizei, Art. 1 II POG.

b) Formelle Rechtmäßigkeit der Maßnahme

Nachdem keine speziellen Zuweisungen ersichtlich sind, handelte die Polizei zur Vermeidung von Straftaten wie etwa Körperverletzung oder Landfriedensbruch und somit zur Abwehr einer Gefahr für die öffentliche Sicherheit gem. Art. 2 I PAG.

Wesentlicher Bestandteil der öffentlichen Sicherheit ist die Gesamtheit der geschriebenen Rechtsordnung, sodass jeder drohende Gesetzesverstoß eine Gefahr für die öffentliche Sicherheit darstellt.

hemmer-Methode: Weitere Bestandteile der öffentlichen Sicherheit sind die wichtigen Individualrechtsgüter wie Leben, Leib, Gesundheit und Eigentum sowie die Funktionsfähigkeit der grundlegenden staatlichen Einrichtungen.

Die Polizei war daher sachlich zuständig. Die Subsidiarität des Art. 3 I PAG ist gewahrt, da ein rechtzeitiges Effektives Einschreiten anderer Behörden nicht möglich erscheint.

Die örtliche Zuständigkeit ergibt sich aus Art. 3 I POG.

Ob vor den Maßnahmen eine Anhörung nach Art. 28 I BayVwVfG stattfand, kann dem Sachverhalt nicht eindeutig entnommen werden. Letztlich kann dies offen bleiben: Zum einen könnte man hier davon ausgehen, dass die Anhörung nach Art. 28 II Nr. 1 BayVwVfG aufgrund Eilbedürftigkeit entbehrlich ist. Zum anderen wurde die fehlende Anhörung mit der Klageerhebung jedenfalls nachgeholt, Art. 45 I Nr. 3 VwVfG.

c) Materielle Rechtmäßigkeit

(1) Anhalten und Aufnahme der Personalien

Diese Maßnahme könnte auf Art. 13 I, II S. 2 PAG gestützt werden.

Zu klären ist, ob die Tatbestandsvoraussetzungen vorliegen.

In Betracht kommt hier eine Kontrollstelle gem. Art. 13 I Nr. 4 PAG. Allerdings sind die befürchteten Straftaten nicht im Katalog des § 100a StPO genannt.

Auch Art. 20 BayVersG ist nicht einschlägig, da es sich bei den Fußballfans nicht um eine Versammlung handelt. Hierfür fehlt es an der gemeinsamen Willenskundgabe nach außen, sodass nur eine Ansammlung vorliegt, vgl. Art. 2 I BayVersG.

In Frage käme auch eine Maßnahme nach Art. 13 I Nr. 2a aa PAG.

Fraglich ist, ob es sich bei dem Pkw um einen gefährlichen Ort handelt. Die potenziellen Straftaten würden zwar nicht im Auto des F stattfinden, sondern in der Umgebung des Spielfeldes, trotzdem ist der Begriff des gefährlichen Ortes nicht so eng zu verstehen.

F wollte eindeutig zum Fußballspiel fahren, bei welchem in den letzten Jahren immer wieder gewalttätige Auseinandersetzungen stattgefunden haben. Die Polizei handelt daher nicht auf der Grundlage von Vermutungen, sondern aufgrund der Erfahrung der letzten Jahre.

Zudem kann es auch bereits auf den Zufahrtswegen zum Stadion zu Gewalttätigkeiten kommen, wenn verschiedene Fangruppen aufeinandertreffen.

Somit ist die Straße, auf welcher F fuhr, als gefährlicher Ort zu qualifizieren, sodass Art. 13 I Nr. 2a aa PAG einschlägig ist. Die Identitätskontrolle und das damit verbundene Anhalten waren daher rechtmäßig.

Ob von F eine konkrete Gefahr ausging, vgl. Art. 13 I Nr. 1 PAG, er also Störer i.S.d. Art. 7 PAG ist, ist vorliegend eher zweifelhaft. Aufgrund des oben gefundenen Ergebnisses kann diese Frage aber letztlich ausnahmsweise offen bleiben. Es kommt i.R.d. Art. 13 I Nr. 2a PAG darauf an, dass die Gefahr der Begehung von Gewalttaten besteht.

Diese Gefahr muss nicht von dem konkret Angehaltenen ausgehen.

Das Anhalten des F und die Identitätskontrolle waren daher rechtmäßig.

(2) Durchsuchung des Pkw

Die Rechtmäßigkeit der Durchsuchung von Sachen ist in Art. 22 PAG geregelt. Wie eben dargestellt, handelt es sich auf der Zufahrtsstraße um einen gefährlichen Ort und somit um einen Ort i.S.d. Art. 13 I Nr. 2 PAG. Sachen die sich an solchen Orten befinden, dürfen gem. Art. 22 I Nr. 4 PAG durchsucht werden.

Die Durchsuchung war daher rechtmäßig, da für eine Unverhältnismäßigkeit i.S.d. Art. 4 PAG nichts ersichtlich ist.

4. Ergebnis

Die polizeilichen Maßnahmen erweisen sich als rechtmäßig, sodass die Klage zwar zulässig, aber unbegründet ist.

IV. Zusammenfassung

- Erledigte VAe werden mit der Fortsetzungsfeststellungsklage analog § 113 I S. 4 VwGO angegriffen.
- Die Polizei kann präventiv oder repressiv handeln. Nur bei präventivem Handeln ist der Verwaltungsrechtsweg eröffnet, § 40 I VwGO. Für repressives Handeln greifen die abdrängenden Sonderzuweisungen der § 23 EGGVG, § 68 OWiG.
- In Bayern gilt gem. Art. 3 I POG die „Allzuständigkeit" der Polizei.
- Ein gefährlicher Ort i.S.d. Art. 13 PAG kann auch schon der Zufahrtsweg zu einem Veranstaltungsort sein.

V. Zur Vertiefung

- Hemmer/Wüst, Polizeirecht Bayern, Rn. 160 ff., 292.
- **Life&Law 2000, 197**.

Fall 23: Standardbefugnisse der Polizei II

Sachverhalt:

Polizist P hatte einen ereignisreichen Arbeitstag. Am Morgen wurde er vom Bahnhofspersonal alarmiert, dass dort ein offensichtlich volltrunkener Mann an einer Werbetafel sitzt. Nachdem P erschienen und sich von der Richtigkeit der Angaben überzeugt hatte, nahm er den Mann zum Ausnüchtern mit auf das Polizeirevier.

Danach kehrte er zurück zum Bahnhof, weil dort der Jugendliche J angeblich gezielt andere Jugendliche angesprochen hat und ihnen „Stoff" verkaufen wollte. P sprach J auf diesen Vorwurf an und verlangte dessen Ausweis. Hierauf wollte J zunächst fliehen, wurde aber von P festgehalten. P fragte nochmals nach dem Ausweis und forderte J auf, den Inhalt seiner Jacken- und Hosentaschen zu zeigen. Nachdem dieser sich weigerte, wurde er von P durchsucht.

Frage: *Waren die Maßnahmen des P rechtmäßig? (Der Bahnhof ist als Drogenbrennpunkt bekannt.)*

I. Einordnung

In diesem Fall treffen Sie auf weitere Standardbefugnisse der Polizei. Dieses Mal ist die Lösung nach dem „bayerischen Aufbau" von Knemeyer aufgebaut. Diese Aufbauweise wird außerhalb Bayerns nicht vertreten und ist auch in Bayern rückläufig. Letztlich können Sie sich für den klassischen oder den bayerischen Aufbau entscheiden, wobei Ihnen der klassische Aufbau wohl einfacher von der Hand geht.

II. Gliederung

Teil 1:

1. **Formelle RMK**
   Art. 1, 3 POG (+)
2. **Materielle RMK**

a) **Aufgabeneröffnung:** Schutz der körperlichen Unversehrtheit gem. Art. 2 II GG als Teil der öff. Sicherheit

b) **Befugnis:** Ingewahrsamnahme, Art. 17 PAG:
Handeln erfolgte zum Schutz des Betrunkenen, Art. 17 I Nr. 1 PAG

c) Maßnahmerichtung (+)
Störer, Art. 7 PAG

d) Ermessen/Verhältnismäßigkeit (+)

Teil 2:

1. **Materielle RMK**

a) **Aufgabeneröffnung,** Art. 2 PAG:
Schutz der Rechtsordnung;
Verwirklichung von StGB/BtMG Delikten möglich

b) Befugnis:
Identitätsfeststellung (+), Art. 13 PAG
Festhalten gem. Art. 13 II S. 3 PAG möglich
Durchsuchung rechtmäßig, Art. 13 II S. 4 PAG (Art. 21 PAG subsidiär)

c) jeweils Maßnahmerichtung:
Störer, Art. 7 PAG

d) **jeweils Ermessen + Verhältnismäßigkeit (+)**
Mildere Mittel hatten keinen Erfolg

2. **Ergebnis: Alle Maßnahmen rechtmäßig**

III. Lösung

hemmer-Methode: Gefragt ist allein nach der Rechtmäßigkeit der Maßnahmen, nicht nach der Zulässigkeit einer Klage. Hier müssten Sie bereits den Rechtsweg problematisieren, da die anderweitige Rechtswegzuweisung nach Art. 18 II S. 2 PAG eingreifen könnte.
Diese ist allerdings nur für Freiheitsentziehungen und nicht für bloße Freiheitsbeschränkungen anwendbar.

Die Maßnahmen sind rechtmäßig, wenn sie formell und materiell nicht zu beanstanden sind.

1. Teil: Der volltrunkene M

1. Formelle Rechtmäßigkeit der Maßnahme

a) Handeln der Polizei im eingeschränkt institutionellen Sinn

Unter diesem Begriff versteht man die uniformierten Polizeivollzugsbeamten, die von ihrem Dienstherrn in ein Amt der beamtenrechtlichen Laufbahn des Polizeivollzugsdienstes ernannt wurden (Art. 1 PAG).

Dies ist bei P mangels anderer Angaben der Fall.

b) Örtliche Zuständigkeit

P war gem. Art. 3 I POG örtlich zuständig.

2. Materielle Rechtmäßigkeit

a) Aufgabeneröffnung

Der Aufgabenbereich der Polizei ist gem. Art. 2 I PAG eröffnet, wenn eine Gefahr vorliegt. Dies ist ein Zustand, der sich bei ungehindertem Geschehensablauf zu einer konkreten Gefahr verdichten kann und somit zu Schäden an der öffentlichen Sicherheit oder der öffentlichen Ordnung führen kann.

Von der öffentlichen Sicherheit werden auch die subjektiven Rechte des Einzelnen geschützt. Hierzu gehört gem. Art. 2 II GG auch die körperliche Unversehrtheit.

M ist volltrunken und könnte daher an einer Alkoholvergiftung leiden.

Zudem kann ein volltrunkener Mensch sein Handeln nicht mehr völlig koordinieren und kontrollieren.

M „vor sich selbst“ zu schützen, ist daher eine polizeiliche Aufgabe gem. Art. 2 I PAG.

b) Befugnis

aa) Spezialbefugnis

Für Spezialbefugnisse i.S.d. Art. 11 III S. 1 PAG ist nichts ersichtlich.

bb) Standardbefugnis

P könnte seine Befugnis womöglich aus Art. 12 ff. PAG herleiten.

Das Handeln des P könnte eine Ingewahrsamnahme gem. Art. 17 I Nr. 1 PAG (Schutzgewahrsam) darstellen.

Wie bereits dargestellt, könnte M eine Alkoholvergiftung haben. Weiterhin besteht die Gefahr, dass er sich aufgrund seiner Volltrunkenheit Verletzungen zuzieht.

Die Voraussetzungen für einen sog. Schutzgewahrsam liegen damit vor.

Der Ort der Ingewahrsamnahme ist dabei nicht vorgeschrieben, sodass hier auch das Polizeirevier in Frage kommt.

P war folglich zu polizeilichem Handeln befugt.

c) Maßnahmerichtung

Die Maßnahme wurde richtigerweise gegen den Verhaltensverursacher (Störer) gem. Art. 7 I PAG gerichtet.

hemmer-Methode: Sie können die Maßnahmerichtung alternativ über Art. 7 IV PAG i.V.m. Art. 17 PAG begründen, da sich bspw. direkt aus Art. 17 I PAG ergibt, welche Personen in Gewahrsam zu nehmen sind.

d) Ermessen und Verhältnismäßigkeit

Ermessensfehler seitens des P sind nicht ersichtlich. Insbesondere existierte auch kein gem. Art. 4 PAG milderes Mittel. Vielmehr wird M nur so lange auf der Wache gehalten, bis er seinen Rausch ausgeschlafen hat.

Von Verstößen gegen Art. 18 - 20 PAG ist im Sachverhalt nicht die Rede, sodass davon auszugehen ist, dass diese formellen Vorgaben eingehalten wurden.

3. Ergebnis Teil 1

Bezüglich M handelte P rechtmäßig.

2. Teil: Drogendealer J

1. Formelle Rechtmäßigkeit der Maßnahme

Siehe oben

2. Materielle Rechtmäßigkeit

a) Aufgabeneröffnung

Der Aufgabenbereich der Polizei ist gem. Art. 2 I PAG eröffnet, wenn eine Gefahr vorliegt. Dies ist ein Zustand, der sich bei ungehindertem Geschehensablauf zu einer konkreten Gefahr verdichten kann und somit zu Schäden an der öffentlichen Sicherheit oder der öffentlichen Ordnung führen kann.

Von der öffentlichen Sicherheit wird unter anderem die Unverletzlichkeit der Rechtsordnung umfasst.

Hier ist es zu befürchten, dass J Drogen verkauft und daher Delikte nach dem BtMG oder Körperverletzungen begangen werden.

P handelte, um die Gefahren aus dem Drogenverkauf zu unterbinden. Somit war die Aufgabe gem. Art. 2 I, 3 PAG eröffnet.

Daneben kommt auch eine Aufgabeneröffnung nach Art. 2 IV PAG i.V.m. § 163 StPO in Betracht, da J evtl. bereits Straftaten begangen haben könnte, die P repressiv verfolgen wollte.

Allerdings liegt der Schwerpunkt der Maßnahme eindeutig nicht im repressiven Verfolgen der bereits begangenen Straftat sondern im präventiven Verhindern weiterer Straftaten, sodass die Aufgabeneröffnung nach Art. 2 I PAG vorliegt.

hemmer-Methode: In einer Klausur, in der auch nach der Zulässigkeit einer Klage gefragt ist, müssen Sie diese Abgrenzung bereits bei der Rechtswegeröffnung vornehmen, da für repressives Handeln der Polizei die abdrängenden Sonderzuweisungen der § 23 EGGVG, § 68 OWiG einschlägig sind.

b) Befugnis

P unternimmt hier mehrere Handlungen. Er fragt J nach den Personalien, hält ihn fest und durchsucht ihn.

aa) Spezialbefugnis

Für Spezialbefugnisse i.S.d. Art. 11 III S. 1 PAG ist nichts ersichtlich.

bb) Standardbefugnis

P könnte seine Befugnis womöglich aus Art. 12 ff. PAG herleiten.

(1) Identitätsfeststellung

Diese wäre gem. Art. 13 I Nr. 1 PAG zulässig, wenn dies zu Abwendung einer Gefahr notwendig ist. Allerdings ist hier nicht mit Sicherheit bekannt, ob J tatsächlich Drogen verkaufen will. Um das herauszufinden wurde P ja gerade gerufen. Er handelt daher aufgrund eines bloßen Gefahrverdachts.

Sofern ein Gefahrverdacht sachlich fundiert ist, genügt aus Gründen des effektiven Rechtsschutzes bereits dieser, um Handlungsbefugnisse der Polizei zu eröffnen.

hemmer-Methode: Denken Sie an die Folgen, wenn die Polizei Maßnahmen erst nach 100%iger Sicherheit ergreifen dürfte. Dies würde die Handlungsfähigkeit massiv einschränken.
Wird allerdings nur aufgrund eines Verdachts gehandelt, so muss die Verhältnismäßigkeit der polizeilichen Maßnahme besonders bedacht werden.

Laut Sachverhalt haben mehrere Jugendliche gesagt, dass J Drogen verkaufen wolle, sodass diese Möglichkeit durchaus bestehen kann.

Aufgrund des fundierten Gefahrverdachts konnte P gem. Art. 13 I Nr. 1 PAG die Identität feststellen und J, der zu fliehen versuchte, gem. Art. 13 II S. 3 PAG festhalten.

Daneben kann die Identitätsfeststellung auch über Art. 13 I Nr. 3 PAG begründet werden, da J sich im Bahnhof also einer „Verkehrsanlage" befindet und dieser als Drogenbrennpunkt bekannt ist.

(2) Durchsuchung

P bräuchte eine Rechtsgrundlage für die Durchsuchung von Personen.

Nachdem J bereits zur Identitätsfeststellung festgehalten werden musste, konnte er gem. Art. 13 II S. 4 PAG zu diesem Zweck durchsucht werden.

Diese Befugnis geht dem Wortlaut nach den Voraussetzungen des Art. 21 PAG vor.

Doch auch gem. Art. 21 I Nr. 1 PAG hätte P den J durchsuchen dürfen, da die Angaben der angesprochenen Jugendlichen, sowie das Fluchtverhalten des J Tatsachen darstellen, welche die Annahme rechtfertigen, dass J Sachen mit sich führt (Drogen), welche gem. Art. 25 PAG sichergestellt werden dürfen.

(c) Maßnahmerichtung

Die Maßnahmen wurde richtigerweise gegen den Verhaltensverursacher (Störer) gem. Art. 7 I PAG gerichtet.

(d) Ermessen und Verhältnismäßigkeit

Ermessensfehler seitens des P sind nicht ersichtlich. Insbesondere existierte auch kein gem. Art. 4 PAG milderes Mittel.

P handelte aufgrund eines Gefahrenverdachts und hat daher zunächst ein sehr mildes Mittel angewandt, nämlich die Befragung des J.

Auch die Identitätsfeststellung kann benutzt werden, um einschlägige Vorstrafen festzustellen. Als J versuchte zu fliehen, erhärtete sich der Verdacht, sodass P nun zum Festhalten greifen musste, um die Identität feststellen zu können. Außerdem wurde J ein zweites Mal zum Zeigen des Ausweises aufgefordert. Bzgl. der Durchsuchung forderte er J auf, seine Taschen zu leeren. Wäre dieser der Anordnung nachgekommen, hätte eine Durchsuchung nicht erfolgen müssen. Die Maßnahme war auch gem. Art. 4 PAG verhältnismäßig.

3. Ergebnis Teil 2

Auch bezüglich J handelte P rechtmäßig.

V. Zur Vertiefung

- Hemmer/Wüst, Polizei- und Sicherheitsrecht, Rn. 206 ff.
- Hemmer/Wüst, Polizei- und Sicherheitsrecht, Rn. 197 ff.

Fall 24: Abschleppfall

Sachverhalt:

Autofahrer A ist der Ansicht, dass er aufgrund seiner regelmäßigen Steuerzahlungen keine Parkgebühren zahlen müsse und überall parken dürfe.

Prompt parkt er in München vor einer Feuerwehrausfahrt, an welcher deutlich sichtbar das Verkehrszeichen für das „absolute Halteverbot" angebracht ist.

Als Polizeiobermeister Pitbull an dem Fahrzeug vorbeikommt, wartet er zehn Minuten und ruft anschließend den Abschleppdienst. Dieser trifft kurz darauf ein und nimmt das Fahrzeug des A mit auf den Parkplatz des Abschleppdienstes.

Zwei Wochen nach diesem Ereignis geht A ein Kostenbescheid der Stadt München zu, in welchem er zur Zahlung von 150,- € Abschleppkosten aufgefordert wird.

Frage: *Ist dieser Bescheid rechtmäßig?*

I. Einordnung

In diesem Fall setzen Sie sich mit einer einfachen Form des „Abschleppfalls" auseinander. Dieser ist extrem klausurrelevant und kann in verschiedenen Spielarten abgeprüft werden. Es gibt also nicht „den" Abschleppfall, vielmehr handelt es sich um eine Problemkonstellation, bei welcher man exakt arbeiten muss, um nicht Gelerntes automatisch abzuspulen, dabei aber womöglich den Fall nicht zu erfassen.

II. Gliederung

1. Rechtsgrundlage

Art. 3 I Nr. 10 KG i.V.m. Art. 76 PAG
Art der Maßnahme:
Hier unmittelbare Ausführung einer Sicherstellung, Art. 9 I, 25 PAG
Keine Ersatzvornahme, da kein entgegenstehender Wille
Rechtsgrundlage für den Kostenbescheid Art. 9 II, 28 III PAG

2. Formelle RMK des Bescheids(+)

3. Materielle RMK:

a) Rechtmäßigkeit Grundmaßnahme

aa) formelle RMK der Grundmaßnahme (+)

Handeln zur Gefahrenabwehr, A begeht eine OWi

bb) materielle RMK der Grundmaßnahme (+)

Art. 25 I Nr. 1 PAG

(1) Ermessen, Art. 5, 4 PAG

Polizist hat gewartet, zudem leichtere Beitreibung der Kosten.

(2) Adressat der Grundmaßnahme (+), Art. 9 I PAG

b) Adressat des Kostenbescheides, Art. 9 II PAG

c) Kostenhöhe (+)

4. Ergebnis: Bescheid rechtmäßig

III. Lösung

Der Bescheid ist rechtmäßig, wenn er auf einer tauglichen Rechtsgrundlage fußt und formell und materiell rechtmäßig ist.

1. Rechtsgrundlage

Als Rechtsgrundlage kommt zunächst Art. 1 KG in Betracht. Allerdings besagt Art. 3 I Nr. 10 KG, dass Amtshandlungen der Polizei kostenfrei sind, sofern nichts anderes bestimmt ist.

Eine solche Bestimmung findet sich jedoch in Art. 76 PAG. Je nachdem, welche Rechtsnatur die Abschleppmaßnahme hat, können daher auch Gebühren erhoben werden, sofern dies im PAG bestimmt ist.

In Betracht kommen hier eine unmittelbare Ausführung gem. Art. 9 I PAG, Kostenbescheidgrundlage wäre dann Art. 9 II PAG, oder aber eine Ersatzvornahme gem. Art. 53 II, 55 PAG. Die Grundlage für den Kostenbescheid wäre dann Art. 55 I S. 2 PAG.

Ermittlung der Art der Maßnahme

Die Ersatzvornahme im Wege des Sofortvollzugs ist eine Form der Zwangsvollstreckung, Art. 53 ff. PAG. Diese kann aber nur angewandt werden, wenn es um das Brechen eines entgegenstehenden Willens des Vollstreckungsgegners geht. Bei einer unmittelbaren Ausführung nach Art. 9 I PAG handelt die Polizei demgegenüber mit dem Willen des Betroffenen.

Vorliegend ist A beim Abschleppen nicht anwesend und hat demzufolge keinen diesbezüglichen Willen. Stellt man daher auf einen hypothetischen Willen des A ab, so ist davon auszugehen, dass dieser den rechtswidrigen Zustand, auch in eigenem Interesse, beseitigen möchte und somit sein Auto wegfährt. Ein entgegenstehender Wille wird vorliegend daher nicht gebrochen. Auf Art. 53 II, 55 PAG kann die Maßnahme daher nicht gestützt werden. Art. 55 I S. 2 PAG scheidet damit als Grundlage für den Kostenbescheid aus.

hemmer-Methode: Ein Abschleppen als Vollziehung des Verkehrszeichens nach Art. 53 I PAG wird in Bayern anders als in den meisten anderen Bundesländern schon deshalb nicht ernsthaft diskutiert, da es sich bei dem Verkehrszeichen nicht um einen Verwaltungsakt der Polizei handelt.

Das Abschleppen ist damit eine unmittelbare Ausführung nach Art. 9 I PAG. Kostenbescheidgrundlage kann damit Art. 9 II PAG sein, s.o.

Neben der Abgrenzung zwischen Sofortvollzug und unmittelbarer Ausführung muss weiter geklärt werden, ob eine Sicherstellung gem. Art. 25 PAG erfolgen soll oder eine sonstige Maßnahme gem. Art. 11 PAG, da im Fall der Sicherstellung auch Art. 28 III PAG als Grundlage für den Kostenbescheid in Betracht kommt.

Eine Sicherstellung ist dann anzunehmen, wenn die Polizei amtlichen Gewahrsam an der Sache begründen will. Hierfür ist ein Indiz, dass das Fahrzeug auf einen besonderen Verwahrparkplatz verbracht wird und nicht lediglich ein Versetzen auf einen frei zugänglichen Parkplatz stattfindet, das lediglich das verkehrswidrige Abstellen beendet. Damit liegt im vorliegenden Fall eine Sicherstellung nach Art. 25 PAG vor. Als Rechtsgrundlage für den Gebührenbescheid kommen daher sowohl Art. 28 III PAG als auch Art. 9 II PAG in Betracht. Während z.T. weiter versucht wird, beide Rechtsgrundlagen voneinander abzugrenzen, zieht der BayVGH beide Vorschriften kumulativ als Grundlage für den Kostenbescheid heran: Das Abschleppen ist eine Sicherstellung in unmittelbarer Ausführung, Art. 25 PAG i.V.m. Art. 9 I PAG, Grundlage für den Kostenbescheid sind dann Art. 9 II, 28 III PAG.

2. Formelle Rechtmäßigkeit des Bescheides

Hier ergeben sich laut SV keine Bedenken.

3. Materielle Rechtmäßigkeit des Bescheides

Der Bescheid wäre dann materiell rechtswidrig, wenn die zugrundeliegende Amtshandlung rechtswidrig ist, Art. 16 V KG.

a) Rechtmäßigkeit der Grundmaßnahme

aa) Formelle Rechtmäßigkeit des Abschleppens

Die Polizei ist sachlich zuständig, wenn diese zur Abwehr einer Gefahr handelt, Art. 2 I PAG.

Hierbei ist auf einen möglichen Schaden an der öffentlichen Sicherheit und Ordnung abzustellen. Von der öffentlichen Sicherheit ist auch die gesamte geschriebene Rechtsordnung umfasst. Das Parkverhalten des A stellt eine Ordnungswidrigkeit dar, für deren Unterbindung die Polizei hier sachlich zuständig ist, da ein Einschreiten anderer Behörden aufgrund der Eilbedürftigkeit nicht in Betracht kommt, Art. 3 PAG.

bb) Materielle Rechtmäßigkeit des Abschleppens

Befugnisnorm ist wie oben aufgezeigt Art. 25 PAG.

Wie gezeigt liegt durch die OWi des A eine Gefahr für die öffentliche Sicherheit vor, sodass Art. 25 Nr. 1 PAG erfüllt wurde.

(1) Ermessensausübung

Fraglich ist, ob P sein Ermessen korrekt ausgeübt hat. A parkte vor einer Feuerwehrausfahrt. Dies bedeutet, dass bei einem Notfall das Ausrücken der Feuerwehr verhindert oder verzögert werden könnte, weil A sein Auto in der Einfahrt abstellte. Hierdurch können erhebliche Sach- und Personenschäden verursacht oder zumindest deren Abwehr erschwert werden.

Auch hat Polizist P noch kurz gewartet, bis er das Abschleppen verfügte, um so A noch eine Möglichkeit zum selbst wegfahren zu geben.

Ob es möglich und geboten gewesen wäre, das Auto des A lediglich zu versetzen, geht aus dem Sachverhalt nicht hervor. Allerdings gilt zu bedenken, dass die anfallenden Kosten leichter beigetrieben werden können, wenn das Auto auf einen Verwahrparkplatz gebracht und dort gegen Bezahlung ausgehändigt wird.

(2) Maßnahmerichtung der Grundmaßnahme

Die unmittelbare Ausführung nach Art. 9 I PAG ist eine adressatenlose Maßnahme.

Voraussetzung dafür ist es, dass es unmöglich gewesen sein muss, den Fahrer als Störer nach Art. 7 I PAG des Fahrzeugs zu ermitteln. Polizist P wartete einige Zeit, ohne dass sich A zeigte. Hinweise für P, wo sich A aufhalten könnte, gab es nicht.

Die Voraussetzungen des Art. 9 I PAG lagen damit vor.

hemmer-Methode: Die grundsätzlich notwendige Bekanntgabe des VA entfällt wegen Art. 9 I S. 2 PAG zugunsten einer nachträglichen Information.

b) Adressat des Kostenbescheides

Der Kostenbescheid ist nach Art. 9 II PAG gegen den Gefahrverursacher zu richten.

hemmer-Methode: Bei einer unmittelbaren Ausführung wird die Frage nach dem Störer von der Rechtmäßigkeit der Grundmaßnahme in die Rechtmäßigkeit des Kostenbescheides „verlagert". Für die Grundmaßnahme kommt es nur darauf an, dass keine Störer greifbar ist, wer dies genau ist, spielt hingegen keine Rolle.

A war sowohl Halter als auch Führer des Fahrzeugs, sodass er in jedem Falle über Art. 7 I PAG wie Art. 8 PAG Verursacher und damit richtiger Adressat des Kostenbescheides war.

c) Höhe des Kostenbescheides

Die Kosten i.H.v. 150,- € sind laut Sachverhalt nicht zu beanstanden.

4. Ergebnis

Der Bescheid ist rechtmäßig.

IV. Zusammenfassung

- Bei den Abschleppfällen kann das „Abschleppen" als Sicherstellung nach Art. 25 PAG oder als Versetzung auf Grundlage des Art. 11 PAG bewertet werden. Entscheidend ist, ob polizeilicher Gewahrsam begründet wird oder nicht.
- Bei einer unmittelbaren Ausführung nach Art. 9 I PAG handelt die Polizei mit dem mutmaßlichen Willen des nicht anwesenden Störers, während beim Sofortvollzug gegen diesen Willen gehandelt wird.
- Das Erfüllen von Tatbeständen des OWiG und des StGB ist stets eine Gefahr für die öffentliche Sicherheit.

V. Zur Vertiefung

- Hemmer/ Wüst, Polizei- und Sicherheitsrecht, Rn. 266 ff.
- Hemmer/ Wüst, Polizei- und Sicherheitsrecht, Rn. 215 ff.

Fall 25: Platzverbot gem. Art. 7 LStVG

Sachverhalt:

Am 20.5.08 möchte der FC Bavaria München eine große Feier mit seinen Fans in München (Marienplatz) abhalten. Hiergegen wurden bereits mehrmals Stimmen aus radikalen Fangruppen des SV Frankonia München laut.

Das Ordnungsamt der Stadt München möchte daher, um Streitigkeiten zu vermeiden, ein Platzverbote für radikale Anhänger des SV „im Umkreis von 2 km des Marienplatzes“ erlassen. Dieses Verbot soll von 14:00 Uhr bis 20:00 Uhr gelten. Kriterium, ob ein Fan als „radikal“ einzustufen ist, soll hierbei sein, ob dieser bereits polizeilich aufgefallen ist.

Frage: *Könnte das Ordnungsamt eine solche Maßnahme erlassen?*

I. Einordnung

In diesem Fall geht es um das in der Praxis sehr relevante Sicherheitsrecht. Hier handelt nicht die Polizei, sondern eine Sicherheitsbehörde zur Gefahrprävention. Das einschlägige Gesetz ist dann das LStVG, an welches Sie hier ebenfalls herangeführt werden.

II. Gliederung

Gliederung

1. **Rechtsgrundlage**

   Art. 23 LStVG (-),

   ⇨ keine typische Gefahr von Menschenansammlung

   Art. 26 LStVG (-),

   ⇨ keine grundstückstypische Gefahr

   Art. 7 II LStVG(+)

   ⇨ Problem Art 7 IV PAG? (-), kein Recht aus Art. 2 II S. 2 GG, einen Ort zu nicht legitimen Zwecken aufzusuchen; über Art. 7 II PAG wird die Feier zu einem nicht legitimen Ort, der für die Hooligans als nicht zugänglich gilt.

   ⇨ Problem Art. 11 GG i.V.m. Art. 58 LStVG, Art. 19 I GG? Nicht verletzt, da keine dauerhaftes Verbot

2. **Formelle Rechtmäßigkeit (+)**

3. **Materielle Rechtmäßigkeit**

   a) **Gefahr(+)**

   ⇨ Möglichkeit von Körperverletzungen durch gewaltbereite Fans

   b) **Maßnahmerichtung (+)**

   c) **Verhältnismäßigkeit (+)**

   ⇨ Schutz von körperlicher Unversehrtheit rechtfertigt ein einmaliges nachmittägliches Betretungsverbot

   d) **Bestimmtheitsgrundsatz (-)**

   ⇨ Die Verbotszone „2 km um den Marienplatz“ ist nicht bestimmt genug. Für den Adressat ist nicht abzusehen, wo die Grenze dieses Bezirks ist.

4. **Ergebnis:**

   ⇨ **Maßnahme in dieser Form nicht zulässig**

III. Lösung

Aufgrund eines Eingriffs in zumindest Art. 2 I GG der betroffenen Anhänger des SV, muss die Maßnahme von einer Rechtsgrundlage gedeckt sein.

1. Rechtsgrundlage

Nachdem es hier nicht um präventives polizeiliches Handeln geht (insbesondere nicht um einen Platzverweis i.S.d. Art. 16 PAG), sondern um präventives Handeln einer Sicherheitsbehörde, muss auf das LStVG zurückgegriffen werden.

hemmer-Methode: In Bayern gibt es anders als in den meisten Bundesländern getrennte Gesetze für die Polizei im eingeschränkt institutionellen Sinn (PAG und POG) und für die sonstigen Sicherheitsbehörden (LStVG). Das Verhältnis zwischen Polizei und Sicherheitsbehörde bestimmen dabei Art. 3 PAG, Art. 10 LStVG und Art. 9 II POG: Das Handeln der Sicherheitsbehörden ist vorrangig gegenüber einer polizeilichen Handlung, die Sicherheitsbehörden sind gegenüber den Polizeibehörden weisungsbefugt.

a) Art. 23 I LStVG

Nach dieser Vorschrift kann die Sicherheitsbehörde Maßnahmen erlassen, wenn bei größeren Veranstaltungen, auch sportlicher Art, Gefahren zu befürchten sind.

Diese Vorschrift soll allerdings die Gefahren erfassen, die durch große Menschenansammlungen entstehen (Massenpanik, Fluchtmöglichkeiten, etc.). Hier liegt das Problem aber nicht in der Menschenmasse, sondern in der Anwesenheit einzelner radikaler Fans.

Diese können jedoch bereits allein oder in kleinen Gruppen gewalttätig auftreten, sodass Art. 23 I LStVG nicht einschlägig ist.

b) Art. 26 LStVG

Auch Art. 26 LStVG ist nicht einschlägig, da es im vorliegenden Fall nicht um grundstücksbezogene Gefahren geht.

c) Art. 7 II LStVG

Als Rechtsgrundlage kann deshalb nur auf die Generalklausel des Art. 7 II LStVG abgestellt werden.

aa) Vorrang des BayVersG

Diese Generalklausel ist allerdings nicht anwendbar, wenn eine Versammlung im Sinne des BayVersG vorliegt, da das BayVersG eine abschließende Spezialregelung darstellt (sog. Polizeifestigkeit des Versammlungsgesetzes, vgl. unten Fälle 26 und 27)

Allerdings fällt die Feier eines Fußballvereins nicht unter das Versammlungsrecht, da mangels gemeinsamer (politischer) Meinungskundgabe keine Versammlung i.S.d. Art. 2 BayVersG, sondern bloß eine Ansammlung vorliegt.

bb) Anwendbarkeit nach Art. 7 IV LStVG

Zu beachten ist weiter Art. 7 IV LStVG, nach welchem Art. 7 II LStVG nicht angewendet werden darf, wenn hierdurch in Art. 2 II S. 2 GG eingegriffen würde.

Das Freiheitsrecht gem. Art. 2 II S. 2 GG schützt das Recht, sich ohne staatliche Eingriffe körperlich fortzubewegen. Allerdings kann dies nur i.R.d. Rechtsordnung gelten, sodass nicht jeder beliebige Ort wegen Art. 2 II S. 2 GG aufgesucht werden kann.

Schließlich zeigt Art. 2 I GG, dass die allgemeine Handlungsfreiheit nicht grenzenlos besteht. Somit ist bei Art. 2 II S. 2 GG eine einschränkende Auslegung anzuwenden.

Eine Freiheitsbeschränkung liegt also nur dann vor, wenn jemand durch die öffentliche Gewalt daran gehindert wird, einen Ort aufzusuchen, welcher ihm tatsächlich zugänglich ist.

Sie liegt nicht vor, wenn der Adressat nicht generell in seiner persönlichen Freiheit gehindert wird, sondern nur daran, bestimmte Orte für nicht legitime Zwecke aufzusuchen.[16]

Führt man sich diese Wertung vor Augen, steht Art. 7 IV LStVG der Anwendung des Art. 7 II LStVG nicht entgegen. Das Platzverbot tangiert nicht die Freiheit der Person i.S.d. Art. 2 II S. 2 GG. Alle Betroffenen sind nicht in ihrer Fortbewegungsfreiheit beeinträchtigt, ihnen wird lediglich untersagt, für eine bestimmte Zeit einen bestimmten Ort aufzusuchen.

hemmer-Methode: Art. 2 II S. 2 GG schützt nicht die Freiheit vor jeglichem staatlichen Zwang!

cc) Anwendbarkeit trotz Art. 11 GG i.V.m. Art. 58 LStVG, Art. 19 I GG

Problematisch könnte jedoch sein, dass ein längeres Platzverbot gegen Art. 11 GG verstoßen könnte.

In diesem Fall dürfte Art. 7 II LStVG wiederum nicht als Rechtsgrundlage herangezogen werden. Dies ergibt sich schon daraus, dass Art. 58 LStVG Art. 11 GG nicht zitiert, obwohl hierfür das Zitiergebot nach Art. 19 I S. 2 GG gilt.

[16] BayVGH, BayVBl. 2006, 671 = **Life&Law 2/2007**.

Würde man das LStVG als Rechtsgrundlage für einen Eingriff in Art. 11 GG heranziehen, wäre das LStVG demnach zumindest formell verfassungswidrig.

hemmer-Methode: Dieses Problem zeigt, wie eng das Besondere Verwaltungsrecht mit den verfassungsrechtlichen Vorgaben verzahnt ist!

Bei dem Schutzbereich von Art. 11 GG ist jedoch zu beachten, dass hiervon nicht das Recht geschützt ist, jeden beliebigen Ort aufzusuchen. Vielmehr ist in Art. 11 GG nur ein Aufenthalt von gewisser Dauer geschützt.

Das Platzverbot wird im vorliegenden Fall für den Nachmittag bzw. maximal den halben Tag ausgesprochen, sodass die notwendige Dauerhaftigkeit nicht gegeben ist. Eine Kollision mit Art. 11 GG besteht folglich nicht.

c) Zwischenergebnis

Somit ist Art. 7 II Nr. 1 u. Nr. 3 LStVG eine taugliche Rechtsgrundlage.

2. Formelle Rechtmäßigkeit

Die Zuständigkeit der Stadt München ergibt sich örtlich aus Art. 3 I Nr. 1 BayVwVfG und sachlich aus Art. 6 LStVG.

Grundsätzlich wären vor Erlass des Platzverbotes die Adressaten anzuhören, Art. 28 BayVwVfG. Soweit dies hier unterlassen wurde, ist zum einen denkbar, dass die Anhörung wegen Gefahr im Verzug entbehrlich war, Art. 28 II Nr. 1 BayVwVfG.

Zum anderen ist die unterlassene Anhörung nachholbar, Art. 45 I Nr. 3 BayVwVfG, und wird regelmäßig schon dadurch nachgeholt, dass der Adressat der Maßnahme dagegen Klage erhebt.

3. Materielle Rechtmäßigkeit

a) Gefahr

Beim Zusammentreffen von Fußball-Fangruppen besteht stets die Gefahr von körperlichen Auseinandersetzungen. Folglich könnten in diesem Zusammenhang Straftaten gem. Art. 7 II Nr. 1 LStVG begangen werden.

Weiter besteht auch die Gefahr einer Verletzung der von Art. 7 II Nr. 3 LStVG geschützten Rechtsgüter.

Dies gilt umso mehr, wenn es sich bei einer der „Streitparteien" um gewaltbereite, polizeibekannte Fans handelt.

b) Maßnahmerichtung

Die Adressaten des Platzverbotes sind allesamt in der Vergangenheit gewaltbereit aufgetreten und somit polizeibekannt.

Daher kann man hier zulässigerweise vermuten, dass sich diese Fans wieder an gewalttätigen Ausschreitungen beteiligen.

hemmer-Methode: Hier lässt sich ein interessantes Problem einbauen. Was wäre mit Fans, welche zwar bei Gewalttätigkeiten dabei waren, aber nicht selbst „geschlägert" haben. Hier kann man wohl annehmen, dass trotzdem eine Gefahr besteht, da sie i.R.d. Gruppenhomogenität zu Straftaten angestachelt werden könnten oder aber zumindest eine psychologisch stützende Funktion haben. Allerdings darf hierbei die Unschuldsvermutung nicht außer Acht gelassen werden![17]

c) Verhältnismäßigkeit

Die Maßnahme muss gem. Art. 8 LStVG geeignet und verhältnismäßig sein. Die Geeignetheit steht außer Frage.

Einerseits sollen durch das Platzverbot Straftaten verhindert werden, andererseits wird einigen Menschen für eine kurze Zeit das Betreten eines gewissen Raumes nicht gestattet. Die Maßnahme ist daher verhältnismäßig.

hemmer-Methode: Nicht verhältnismäßig wäre die Maßnahme dann, wenn ein Adressat in dem Sperrbezirk wohnt. Wegen Art. 13 GG könnte er dann nicht mittels Platzverbots gezwungen werden, seine Wohnung in der Zeit zu verlassen. Hierfür waren jedoch keine Angaben vorhanden.

d) Bestimmtheitsgrundsatz

Eines der Grundprinzipien der Verwaltung ist der Bestimmtheitsgrundsatz gem. Art. 37 I BayVwVfG.

Dieser soll sicherstellen, dass der Adressat stets weiß, was genau er tun oder nicht tun darf. Es muss also aus der Formulierung des VA abgeleitet werden können, welches Handeln vom Bürger verlangt wird.

hemmer-Methode: Auf dieses Problem kommt man womöglich nicht sofort. Als Hilfe war im SV die Passage „im Umkreis von 2 km" in Anführungszeichen gesetzt.

[17] BayVGH, BayVBl. 2006, 671 = **Life&Law 2/2007** = **juris**byhemmer.

Achten Sie auf solche Kleinigkeiten im Sachverhalt, dann erkennen Sie, dass an dieser Stelle ein Problem liegen wird.

Vorliegend wird nur angegeben, dass das Platzverbot im Umkreis von 2 km um den Marienplatz gilt. Diese Angabe ist denkbar unpräzise. Hier müsste der Adressat selber nachmessen, bis zu welchem Bereich das Platzverbot geht.

Eine solche Messung ist jedoch für den Normalbürger kaum realistisch durchführbar.

So könnte der Adressat das Gebiet des Platzverbotes im wahrsten Sinne des Wortes durch einen falschen Schritt betreten.

Aufgrund dieser Ungenauigkeit ist der Bestimmtheitsgrundsatz nicht gewahrt. Das Schreiben müsste schon konkrete Angaben zu Straßen oder bestimmten Landmarken enthalten, damit der Bürger die Grenzen Platzverbotes als solche erkennen kann.

e) Zwischenergebnis

Mangels Bestimmtheit wäre dieser Verwaltungsakt daher materiell rechtswidrig.

hemmer-Methode: Eine andere Frage ist, ob der Verwaltungsakt evtl. sogar aufgrund eines schweren evidenten Fehlers nichtig ist, Art. 44 I BayVwVfG.

4. Ergebnis

In der derzeitigen Form könnte die beabsichtigte Maßnahme nicht rechtmäßig erlassen werden.

IV. Zusammenfassung

- Art. 23 I LStVG betrifft nur solche Gefahren, die durch die großen Menschenansammlungen an sich hervorgerufen werden.
- Eine Freiheitsbeschränkung nach Art. 2 II S. 2 GG liegt nur vor, wenn jemand durch die öffentliche Gewalt gegen seinen Willen gehindert wird, einen Ort oder Raum aufzusuchen, welcher ihm tatsächlich oder rechtlich zugänglich ist.
- Der Adressat eines VA muss aus diesem ableiten können, was genau von ihm verlangt wird (Bestimmtheitsgrundsatz, Art. 37 BayVwVfG).

V. Zur Vertiefung

- Hemmer/Wüst, Polizeirecht Bayern, Rn. 415 ff.
- Oberverwaltungsgericht Hamburg, Beschluss vom 13.04.2012, 4 Bs 78/12 = **Life&Law 7/2012, 506 ff.** = **juris**byhemmer; VG Ansbach, Beschluss vom 22.11.2012, AN 5 S 12.02.114 = **Life&Law 4/2013** = **juris**byhemmer
- Hemmer/Wüst, Staatsrecht I, Rn. 256 (Freizügigkeit).

Fall 26: Versammlungsauflösung / Entfernungsanordnung

Sachverhalt:

An der Stadtgrenze von München möchte Metzgermeister Hans Wurst demnächst eine Metzgerei eröffnen. Gegen die Eröffnung wendet sich die Initiative „Tierschutz jetzt!", für die Fleischverkauf letztendlich bezahlten Mord an Tieren darstellt. Daher meldet sie einen Demonstrationszug an, welcher an dieser Metzgerei vorbeiziehen soll, um sich wenig später zu einer Abschlusskundgebung zu treffen.

Bereits während des Demonstrationszuges kommt es zu Unruhen. Mehrfach werden Steine oder Flaschen gegen Passanten oder Gebäude geschleudert. Nach mehrere Aufforderungen der Polizei, dies umgehend zu unterlassen, da sonst eine Versammlungsauflösung erfolge, löst die Polizei die Versammlung rechtmäßig auf. Grund hierfür waren die andauernden Attacken und Beschimpfungen aus dem Demonstrationszug.

Demo-Teilnehmer Woll sieht keinen Grund, sich von dem Versammlungsort zu entfernen. Schließlich habe er nichts geworfen. Daher würde ihm die Polizei sein Recht auf Versammlungsfreiheit abschneiden.

***Frage:** Waren die Auflösung und die Entfernungsaufforderung gegenüber W rechtmäßig?*

I. Einordnung

Dieser Fall beschäftigt sich mit dem Versammlungsrecht. Welche Mittel stehen der Polizei zur Verfügung, wenn eine Versammlung nicht friedlich abläuft? Zudem werden Sie an das BayVersG herangeführt, welches in Bayern das VersammlG ersetzt hat.

II. Gliederung

Versammlungsauflösung

1. **Rechtsgrundlage (+),**
   Art. 15 IV BayVersG (+)
2. **Formelle Rechtsmäßigkeit (+)**
3. **Materielle Rechtmäßigkeit**

⇨ **Art. 15 IV BayVersG: Gefahr für fremdes Eigentum (+)**

Entfernungsaufforderung

1. **Rechtsgrundlage (+),**
   Art. 5 III BayVersG (-)
   ⇨ Keine Rechtsgrundlage für polizeiliche Maßnahmen
   ⇨ deshalb: Art. 16 PAG, da Polizeifestigkeit des Versammlungsrechts nicht mehr greift.
2. **Formelle Rechtmäßigkeit (+)**

a) **Zuständigkeit (+)**

aa) **Art. 2 IV PAG i.V.m. § 163 StPO (-)**
Kein repressives Handeln

bb) **Art. 2 I, 3 PAG (+)**

3. **Materielle Rechtmäßigkeit**

a) **Art. 16 PAG (+)**

b) **Maßnahmerichtung (+)**

⇨ Platzverweis darf auch gegen Personen gerichtet werden, von denen keine Gefahr ausgeht.

c) Verhältnismäßigkeit (+)

⇨ Herausgreifen einzelner Demonstranten nicht möglich, daher Platzverweis an alle nötig.

4. Ergebnis: Maßnahme rechtmäßig

III. Lösung

Teil 1:

Rechtmäßigkeit der Versammlungsauflösung

1. Rechtsgrundlage, Art. 15 IV BayVersG

Als Rechtsgrundlage für die Auflösung der Versammlung kommt Art. 15 IV BayVersG in Betracht.[18]

Hierzu müsste eine öffentliche Versammlung unter freiem Himmel vorliegen.

Eine Versammlung ist eine Zusammenkunft von mindestens zwei Personen zur gemeinschaftlichen, überwiegend auf die Teilhabe an der öffentlichen Meinungsbildung gerichteten Erörterung oder Kundgebung, vgl. Art. 2 I BayVersG. Vorliegend kommen mehrere Menschen zusammen, um gemeinsam ihren Willen über die Ablehnung von Tieren als Nahrungsmittel kundzutun. Eine Versammlung liegt damit vor.

Diese ist auch öffentlich i.S.d. Art. 2 II BayVersG, da sie nicht auf einen bestimmten Personenkreis beschränkt ist. Da sie zudem auch unter freiem Himmel stattfindet, kommt Art. 15 IV BayVersG als Rechtsgrundlage für eine Versammlungsauflösung in Betracht.

[18] Das BayVersG hat das VersammlG des Bundes „abgelöst", vgl. Art. 125a I GG, da der Bund seine diesbezügliche Gesetzgebungskompetenz im Rahmen einer Verfassungsänderung verloren hat.

2. Formelle Rechtmäßigkeit

Die sachliche Zuständigkeit der Polizei für eine Maßnahme nach Art. 15 IV BayVersG ergibt sich aus Art. 24 II S. 1 HS 2 BayVersG, da es um eine Maßnahme nach Versammlungsbeginn geht.

Fehler bezüglich Verfahren und Form sind nicht ersichtlich.

Die Auflösung ist damit formell rechtmäßig.

3. Materielle Rechtmäßigkeit

Gem. Art. 15 IV BayVersG kann eine Versammlung aufgelöst werden, sofern die Durchführung der Versammlung eine Gefahr für die öffentliche Sicherheit und Ordnung darstellt.

Vorliegend wurde bereits fremdes Eigentum beschädigt. Trotz der Aufforderungen, diese Beschädigungen zu unterlassen, wurden diese Attacken nicht eingestellt, sodass auch weiterhin eine Gefahr für fremdes Eigentum bestand.

Gegen die Verhältnismäßigkeit der Auflösungsanordnung bestehen keine Bedenken, da mildere Mittel nicht ersichtlich sind.

hemmer-Methode: Solche milderen Mittel sind typischerweise das Herausziehen einzelner Störer, soweit dies möglich ist. Wenn aber die breite Masse der Demonstranten gewalttätig ist, scheidet diese Maßnahme aus.

4. Zwischenergebnis

Die Auflösung der Versammlung war daher rechtmäßig.

Teil 2:

Rechtmäßigkeit der Entfernungsaufforderung

1. Rechtsgrundlage

Die Polizei hat vorliegend die Demonstrationsteilnehmer, also auch W, aufgefordert den Platz zu verlassen.

Eine mögliche Rechtsgrundlage hierfür ist Art. 5 III BayVersG. Allerdings ist diese Vorschrift nur eine Pflicht für die Teilnehmer, nicht aber eine Befugnisnorm. Eine Rechtsgrundlage für eine Anordnung zur Entfernung ergibt sich hieraus nicht.

Da im Versammlungsgesetz weitere Rechtsgrundlagen nicht ersichtlich sind, scheint ein Rückgriff auf Art. 16 PAG erforderlich.

hemmer-Methode: Der Erlass einer Entfernungsaufforderung im Einzelfall ist trotz der gesetzlichen Pflicht des Art. 5 III BayVersG schon deshalb erforderlich, weil nur ein Verwaltungsakt, nicht aber eine gesetzliche Pflicht Grundlage einer Vollstreckung sein kann.

Fraglich ist allerdings, ob hier überhaupt auf Art. 16 PAG abgestellt werden kann oder ob dem der Grundsatz der sog. „Polizeifestigkeit" entgegensteht. Grundsätzlich richten sich die Befugnisse der Polizei im Hinblick auf Versammlungen ab deren Beginn alleine nach dem BayVersG.

Ein Rückgriff auf das allgemeine Polizeirecht ist dann ausgeschlossen.[19]

[19] OVG Münster, NJW 2002, 341.

Zu diesem Grundsatz existieren jedoch Ausnahmen, beispielsweise, wenn der Schutz des Grundrechts der Versammlungsfreiheit nicht mehr besteht. Dies ist dann der Fall, wenn die Versammlung aufgelöst wurde. Auch gelten die Befugnisse des PAG gegenüber unfriedlichen oder bewaffneten Teilnehmern, da diese nicht über Art. 8 I GG geschützt sind.

Vorliegend wurde die Versammlung bereits aufgelöst, sodass W sich nicht mehr auf den Schutz des Art. 8 I GG berufen kann.

Taugliche Rechtsgrundlage ist daher Art. 16 S. 1 PAG.

2. Formelle Rechtmäßigkeit

a) Sachliche Zuständigkeit

Fraglich ist, ob die Polizei hier sachlich zuständig ist.

aa) Art. 2 IV PAG i.V.m. § 163 StPO

Die Polizei könnte aufgrund dieser Vorschriften zuständig sein. Allerdings handelt die Polizei hier zur Verhütung weiterer Straftaten (präventiv) und nicht zur Ahndung der bereits passierten Taten (repressiv). Somit kann hierauf keine Zuständigkeit gestützt werden.

bb) Art. 2 I, 3 PAG

Allerdings könnte die Polizei hier zur Abwehr einer allgemeinen Gefahr handeln. Aufgrund der Vorfälle bestand eine Gefahr für die öffentliche Sicherheit, da hier das Eigentum anderer gefährdet war und Straftaten nach § 303 StGB drohten, Art. 2 I PAG.

Das Einschreiten der Polizei war hier auch notwendig und unaufschiebbar, da die Sicherheitsbehörden nicht vorher einschreiten können.

Die Polizei ist daher gem. Art. 2 I, 3 PAG zuständig.

b) Örtliche Zuständigkeit

Die örtliche Zuständigkeit ergibt sich aus Art. 3 I POG.

c) Verfahren und Form

Hier sind keine Probleme ersichtlich.

3. Materielle Rechtmäßigkeit

a) Tatbestand Art. 16 S. 1 PAG

Die Maßnahme erging zur Abwehr einer konkreten Gefahr, da bei der gegebenen Sachlage zu erwarten war, dass mit hinreichender Wahrscheinlichkeit das weitere zu erwartende Geschehen zu einer Gefährdung von Gütern der öffentlichen Sicherheit führen wird.

Der Tatbestand des Art. 16 S. 1 PAG ist damit verwirklicht.

b) Maßnahmerichtung

Fraglich ist, an wen der Platzverweis zu richten ist. W gibt wahrheitsgemäß an, dass er keine Beschädigungen verursacht hat.

Allerdings verlangt Art. 16 S. 1 PAG nicht, dass die Gefahr von der Person ausgeht, welche des Platzes verwiesen wird.

Immerhin verstärken auch passive Demo-Teilnehmer die Gefahr, welche von den aggressiven Teilnehmern ausgeht, da diese nicht an ihrem Tun gehindert werden und zudem der Zugriff auf diese erschwert wird.

c) Verhältnismäßigkeit

Die Maßnahme war daher auch verhältnismäßig, Art. 4 PAG. Die Gewalttäter wurden von der Masse der passiven Demonstranten geschützt, sodass ein konkretes Vorgehen gegen diese Störer nicht möglich war.

4. Ergebnis

Der Platzverweis war daher rechtmäßig. Die Polizei konnte auch W wegschicken.

IV. Zusammenfassung

- Art. 5 III BayVersG ist keine Rechtsgrundlage für polizeiliches Handeln.
- Grundsätzlich richten sich die Befugnisse der Polizei hinsichtlich Versammlungen nach dem BayVersG („Polizeifestigkeit des Versammlungsrechts“). Ab Beginn der Versammlung dürfen deshalb die Vorschriften des PAG/LStVG nicht mehr als Rechtsgrundlage herangezogen werden.
- Ausnahmen bestehen jedoch nach der Auflösung oder bei unfriedlichen Versammlungen. Dann kann ein Rückgriff auf das PAG zulässig sein.
- Der Platzverweis gem. Art. 16 PAG darf auch an Personen gerichtet werden, von denen keine Gefahr ausgeht.

V. Vertiefung

- Hemmer/Wüst, Polizeirecht, Rn. 272 ff.
- Hemmer/Wüst, Staatsrecht I, Rn. 232 ff.

Fall 27: Versammlungsauflösung II

Sachverhalt:

In der Bundesrepublik kam es in letzter Zeit vermehrt zu Anschlägen aus der linksextremen Richtung. Hierbei gab es sowohl Sach- als auch Personenschäden.

Am 24.06.13 fand im Vereinsheim des „Freundeskreis Roter Stern e.V." ein Diskussionsabend zum Thema „Das Kapital: Unterdrücker und Würger der Menschheit" statt.

Zu dieser Diskussion hatten nur Mitglieder des Vereins Zutritt. Aufgrund polizeilicher Ermittlungen besteht der begründete Verdacht, dass dieser Verein womöglich selbst Attentate geplant hat oder zumindest in Kontakt mit den Drahtziehern steht.

Außerdem wurden in der Vergangenheit schon öfter Propagandaveranstaltungen als Diskussionsforen getarnt.

Daher dringt die Polizei kurz nach Beginn der Veranstaltung in das Vereinsheim ein und verweist sämtliche Anwesenden des Raumes.

Der Vorsitzende zeigte sich hierüber empört; schließlich lag keine richterliche Anordnung vor, außerdem sei die Versammlungsfreiheit im Grundgesetz garantiert.

Frage 1: *Bestünde das notwendige besondere Feststellungsinteresse für eine Fortsetzungsfeststellungsklage?*

Frage 2: *War die Veranstaltungsauflösung rechtmäßig?*

Hinweis: Auf das Eindringen in das Gebäude ist nicht einzugehen.

I. Einordnung

Das Zusammenspiel zwischen allgemeinem Polizei- und Sicherheitsrecht einerseits und dem Versammlungsrecht als speziellem Sicherheitsrecht andererseits haben Sie bereits im vorangegangenen Fall kennengelernt. Diese Materie ist allerdings so examensrelevant und vielschichtig, dass sie in diesem Fall nochmals aufgearbeitet wird. Hier werden Sie die Besonderheiten kennenlernen, die mit einer nichtöffentlichen Versammlung verbunden sind.

II. Gliederung

Teil 1: Besonderes Feststellungsinteresse (+)

⇨ Schwerer Grundrechtseingriff, Art. 13 GG

⇨ zudem Art. 8 GG.

Teil 2: Veranstaltungsauflösung

1. Rechtsgrundlage

⇨ BayVersG (-), da keine öffentliche **Ve**rsammlung, Art. 2 III BayVersG.

⇨ Daher ausnahmsweise **Art. 11 ff. PAG**, beschränkt auf Gefahrenabwehr für Verfassungsgüter.

2. Formelle Rechtmäßigkeit (+)

⇨ Art. 2 I PAG, Art. 3 I POG.

3. Materielle Rechtmäßigkeit (+)

⇨ Art. 16 PAG:
Gefahr für Leib und Leben, soweit für innere Sicherheit der Bundesrepublik.

⇨ Maßnahme auch **verhältnismäßig**, da Kontakte zu Terroristen bekannt.

⇨ Zudem Verweisung einzelner Teilnehmer nicht ausreichend.

4. **Ergebnis:** Auflösung rechtmäßig

Frage 1: Feststellungsinteresse

Das für die Fortsetzungsfeststellungsklage notwendige Feststellungsinteresse ist in folgenden Fallvarianten anerkannt:

- Wiederholungsgefahr,
- Rehabilitationsinteresse,
- schwerer Grundrechtseingriff
- und eingeschränkt auf die Erledigung nach Klageerhebung die Vorbereitung eines Amtshaftungsprozesses. .

Anmerkung: Ausführlich hierzu siehe bereits Fall 22. In Betracht käme hier zwar die Wiederholungsgefahr, jedoch fehlen hierfür notwendige Angaben im Sachverhalt, um von einer hinreichend konkreten Gefahr in diesem Sinne ausgehen zu können.

Für ein Rehabilitierungsinteresse fehlt es an der erforderlichen Öffentlichkeitswirkung.

hemmer-Methode: Typisch für diese Fallgruppe ist die Schilderung im Sachverhalt, dass die polizeilichen Maßnahmen von neugierigen Nachbarn oder sonstigen Gaffern beobachtet wurden.
In diesem Fall wird durch die Maßnahme das Ansehen des Betroffenen in der Öffentlichkeit herabgewürdigt und muss nun durch ein „korrigierendes“ Gerichtsurteil wiederhergestellt werden.

Weiterhin steht jedoch eine schwere Grundrechtsverletzung im Raume.

Bei so tiefgehenden Eingriffen darf der Rechtsschutz nicht allein wegen Erledigung versagt werden.[20]

Betroffen könnte hier Art. 13 I GG sein. Dieses Grundrecht schützt auch die Privat- und Intimsphäre des Betroffenen und besitzt daher eine gewichtige Stellung im Grundrechtskatalog.

Aufgrund der starken Stellung des Grundrechts aus Art. 13 I GG, ist ein Fortsetzungsfeststellungsinteresse zu bejahen.

Zudem wurde auch in Art. 8 I GG eingegriffen. Auch dieses Grundrecht besitzt aufgrund seiner Funktion für eine lebende Demokratie eine herausgehobene Stellung. Ein Eingriff in Art. 8 I GG stellt deshalb ebenfalls einen das Feststellungsinteresse auslösenden besonders schweren Grundrechtseingriff dar.

Frage 2: Rechtmäßigkeit der Auflösung

Die Auflösung war rechtmäßig, wenn hierfür eine Rechtsgrundlage besteht und die Auflösung formell und materiell gesetzmäßig erfolgte.

[20] BVerfG, NJW 97, 2163; 1998, 669 = **juris**byhemmer.

1. Rechtsgrundlage

Zu denken wäre an Normen des BayVersG. Hierzu müsste zunächst eine Versammlung vorliegen.

Dies ist gem. Art. 2 I BayVersG der Fall, wenn mindestens zwei Menschen zum Zwecke der gemeinsamen Meinungskundgabe zusammenkommen.[21]

Vorliegend ist eine Versammlung gegeben, da die Teilnehmer zur gemeinsamen Meinungskundgabe bzw. -bildung zusammenkamen.

In vorliegendem Fall wurden Zugangskontrollen durchgeführt, weshalb keine öffentliche Versammlung i.S.d. Art. 2 II BayVersG vorliegt. Gem. Art. 2 III BayVersG gilt dieses Gesetz aber grundsätzlich nur für öffentliche Versammlungen; eine solche ist hier aber gerade nicht gegeben.

Somit muss auf die allgemeinen Vorschriften i.S.d. Art. 11 ff. PAG zurückgegriffen werden.

hemmer-Methode: Soweit Vorschriften des BayVersG auch auf eine nicht-öffentliche Versammlung anwendbar sein sollen, muss dies ausdrücklich im Gesetz bestimmt sein.
Ein Beispiel hierfür ist Art. 7 I BayVersG, der ein Uniformverbot für „öffentliche oder nicht-öffentliche Versammlungen" beinhaltet.

Allerdings zeigt sich hier zunächst ein Wertungswiderspruch. Die öffentlichen Versammlungen (unter freiem Himmel) stehen unter dem Schrankenvorbehalt des Art. 8 II GG, der vom Gesetzgeber mit Erlass von BayVersG/VersammlG wahrgenommen wurde.

Die nichtöffentlichen Versammlungen dagegen, welche keinen Berührungspunkt mit der Außenwelt haben und welche nur nach Überwindung der Zugangskontrollen besucht werden können, sind nach dem Wortlaut des Art. 8 GG vorbehaltlos gewährleistet.

Insoweit wäre es widersprüchlich, diese verfassungsrechtlich stärker geschützten Vorschriften über die viel weiteren Vorschriften des PAG einzuschränken. Letztendlich würde dies bedeuten, dass die nichtöffentlichen Versammlungen leichter eingeschränkt werden könnten, als die öffentlichen.

Dieser Wertungswiderspruch entfällt auch nicht, weil der Kläger eine juristische Person darstellt. Der Verein als juristische Person kann sich wegen Art. 19 III GG auf Art. 8 GG berufen, wenn er als Organisator einer Veranstaltung auftritt.

Allerdings könnte eine Anwendung der Vorschriften aus Art. 11 PAG trotzdem zulässig sein. Auch nicht-öffentliche Versammlungen sind nicht schrankenlos zulässig. Vielmehr findet Art. 8 GG wie jedes andere Grundrecht seine Schranken spätestens in kollidierendem Verfassungsrecht, sog. praktische Konkordanz. Dies bedeutet, dass die Art. 11 ff. PAG verfassungskonform auszulegen sind. Ein Zugriff auf eine nicht-öffentliche Versammlung darf nur zum Schutz kollidierender Verfassungsgüter erfolgen. Diese Auslegung ist grundsätzlich möglich: Art. 11 ff. PAG schützen die öffentliche Sicherheit, zu der gerade auch wichtige Verfassungsgüter gehören.

Somit kommt als konkrete Rechtsgrundlage im Fall Art. 16 PAG in Betracht. Hier erfolgt keine Auflösungsverfügung, sondern ein Platzverweis.

21 BVerfG, NJW 2001, 2459.

hemmer-Methode: Durch die Auflösungsverfügung wird die Versammlung zur bloßen Ansammlung, welche verfassungsrechtlich nicht gesondert geschützt ist und vom BayVersG nicht mehr erfasst wird. Bei dieser kann dann mittels Platzverweis gem. Art. 16 PAG des Platzes verwiesen werden, vgl. Fall 26.
Hier bedarf es dieses Umwegs jedoch nicht, da das BayVersG ohnehin nicht einschlägig ist. Die Maßnahme kann gleich auf Art. 16 PAG gestützt werden.

Zwischenergebnis

Mit Art. 16 PAG liegt daher eine taugliche Rechtsgrundlage vor.

2. Formelle Rechtmäßigkeit

Die sachliche Zuständigkeit ergibt sich auch aus Art. 2 I PAG, da die Polizei zur Abwehr einer Gefahr für die öffentliche Sicherheit handelt. Aufgrund der gegebenen Eilbedürftigkeit steht auch Art. 3 PAG der sachlichen Zuständigkeit nicht entgegen.

Die örtliche Zuständigkeit ist gem. Art. 3 I POG gewahrt.

3. Materielle Rechtmäßigkeit

Als Voraussetzung für einen Platzverweis muss eine Gefahr für die öffentliche Sicherheit vorliegen.

Der Begriff „Öffentliche Sicherheit" umfasst dabei grundsätzlich die Unversehrtheit der Rechtsordnung, grundlegende Institutionen des Staates, sowie wichtige Individualrechtsgüter.

Wie gezeigt ist hier die öffentliche Sicherheit als Schranke des Art. 8 I GG zu verstehen. Da als Schranke aber nur kollidierendes Verfassungsrecht in Betracht kommt, ist die öffentliche Sicherheit hier so auszulegen, dass eine Gefahr für kollektives Verfassungsrecht vorliegen muss.

Vorliegend sind bereits Anschläge erfolgt, welche auch zu Personenschäden geführt haben.

Eine fortschreitende Agitation könnte daher auch zu weiteren Anschlägen führen.

Somit besteht eine Gefahr für Leib und Leben, sowie für die innere Sicherheit der Bundesrepublik Deutschland.

Diese betroffenen Rechtsgüter haben Verfassungsrang, vgl. Art. 2 II S. 1, 20 IV GG.

Diese Verfassungsgüter sind auch hinreichend konkret gefährdet, da begründete Verdachtsmomente vorliegen, dass es sich nicht nur um eine sachliche Diskussion, sondern möglicherweise um eine Propagandaveranstaltung handelt. Weiter darf die Polizei davon ausgehen, dass die Organisatoren entweder selbst bereits Attentate geplant oder aber Kontakt zu Terroristen gehabt haben.

Art. 16 PAG ist eine Ermessensnorm, sodass die Entscheidung der Polizei auf Ermessensfehler überprüft werden muss. Dabei ist insbesondere auf die Verhältnismäßigkeit der Maßnahme zu achten, Art. 4 PAG.

Nachdem es sich um ein Treffen von Gleichgesinnten handelt und alle Teilnehmer über das angekündigte Thema diskutieren wollen und werden, war es nicht ausreichend, einzelne Teilnehmer zu verweisen.

Die Maßnahme erweist sich damit als verhältnismäßig. Andere Ermessensfehler i.S.d. § 114 S. 1 VwGO sind nicht ersichtlich.

4. Ergebnis

Somit war die Verweisung rechtmäßig.

IV. Zusammenfassung

- Schwerwiegende Grundrechtsverletzungen gewähren ein taugliches Feststellungsinteresse für die FFK auch ohne einen Öffentlichkeitsbezug.
- Das BayVersG bezieht sich gem. Art. 2 III BayVersG nur auf öffentliche Veranstaltungen.
- Auch nicht-öffentliche geschlossene Veranstaltungen können eingeschränkt werden. Hierbei ist auf Art. 11 ff. PAG zurückzugreifen, wobei hinsichtlich der öffentlichen Sicherheit nur kollidierende Verfassungsgüter in Betracht kommen.

V. Zur Vertiefung

- Hemmer/Wüst, Polizei- und Sicherheitsrecht, Rn. 272 ff.
- Hemmer/Wüst, Staatsrecht I, Rn. 232 ff.

Fall 28: Gefahrerforschungseingriff

Sachverhalt:

A ist Eigentümer eines Grundstückes in Rosenheim. Eines Tages erscheint der Nachbar Meckermann auf dem zuständigen Landratsamt und gibt bekannt, dass A ca. einmal die Woche „große Fässer" auf seinem Grundstück entleert. Auf sein Nachfragen hin habe A alles abgestritten. Allerdings rühme sich A des Öfteren seiner guten Kontakte zu Autohändlern und Automechanikern, sodass davon auszugehen sei, dass A Altöl auf seinem Grundstück entsorgt.

Dieser Verdacht bestätigt sich nach weiteren Meldungen. Um die genaue Schadstoffbelastung zu ermitteln, will die Gemeinde A die Erstellung eines Gutachten auferlegen, das Bodenbelastung und mögliche Gegenmaßnahmen überprüfen soll. A ist strikt gegen diese Maßnahme, da überhaupt nicht klar ist, inwieweit von seinem Grundstück eine Gefahr ausgehe und das Sicherheitsrecht nur zu Abwehr bestehender Gefahren geschaffen ist. Zudem wollen ihn die Nachbarn nur aus Neid verleumden.

Frage: *Wäre eine entsprechende Anordnung des Landratsamtes materiell rechtmäßig?*

Hinweis: *Der Fall ist mit den Vorschriften des allgemeinen Sicherheitsrechts zu lösen. Vorschriften aus dem Umweltrecht (Wasserrecht, Bodenschutzrecht, Immissionsschutzrecht) bleiben außer Betracht.*

I. Einordnung

In diesem Fall lernen Sie den Gefahrerforschungseingriff kennen. In den bisherigen Fällen bestand jeweils eine Gefahr und die Sicherheitsbehörde hat zur Abwehr dieser Gefahr gehandelt. In diesem Fall ist die jedoch gerade die Gefahrerforschung die Handlung der Sicherheitsbehörde.

II. Gliederung

1. Rechtsgrundlage

Art. 7 II Nr. 3 LStVG

2. Subsumtion unter die Rechtsgrundlage

a) Gefahr (+)

⇨ Hier kein bloßer Gefahrenverdacht, da Gefahr sicher, nur Umfang ungewiss.

b) Maßnahme

⇨ Gefahrerforschung als Vorstufe zur Gefahrbeseitigung

⇨ hier Ermessen für die Behörde, da nur das „Wie" der Gefahr unklar.

c) Maßnahmerichtung, Art. 9 LStVG

3. Ergebnis:

⇨ Bodenuntersuchung rechtmäßig

III. Lösung

Gefragt ist allein nach der materiellen Rechtmäßigkeit der Maßnahme.

1. Rechtsgrundlage

In Betracht kommt die Generalklausel des Art. 7 II Nr. 3 LStVG.

hemmer-Methode: Für Maßnahmen nach Art. 7 II LStVG ist die Gemeinde nach Art. 6 LStVG auch sachlich zuständig. Die (hier nicht abgefragte) formelle Rechtmäßigkeit wäre insoweit zu bejahen.

2. Subsumtion unter die Rechtsgrundlage

a) Vorliegen einer Gefahr

Hierzu müsste eine konkrete Gefahr vorliegen, also ein Zustand, der bei ungehindertem Geschehensablauf Schäden an der öffentlichen Sicherheit oder der öffentlichen Ordnung hervorrufen könnte.

Das zentrale Problem des Falles, was auch A anspricht, ist, dass noch gar nicht feststeht, was für eine Gefahr tatsächlich vorliegt.

Somit könnte lediglich ein Gefahrenverdacht vorliegen. Dies ist der Fall, wenn der Sicherheitsbehörde bewusst ist, dass gravierende Unsicherheiten bei der Diagnose des Sachverhaltes bestehen und somit die Entscheidung erschwert ist, ob ein Schadenseintritt wahrscheinlich ist.

Hier hat sich der Verdacht, dass A Altöl auf seinem Grundstück entsorgt, durch weitere Ermittlungen jedoch bestätigt. Damit ist klar, dass eine Gefahr für die öffentliche Sicherheit besteht, da durch das Verhalten des A bspw. das Trinkwasser und damit die Gesundheit der Bevölkerung, Art. 2 II S. 1 GG, gefährdet ist.

Unklar ist allerdings immer noch, in welchem Umfang die Gefahr besteht und welche Sanierungsmaßnahmen hierfür geboten sind.

hemmer-Methode: Diese Unklarheit bringt für die Sicherheitsbehörde das Problem mit sich, dass sie noch überhaupt keine endgültig gefahrbeseitigenden Maßnahmen ergreifen kann. Es fällt ihr extrem schwer trotz der bestehenden Unklarheiten eine Maßnahme zu treffen, die sowohl verhältnismäßig als auch hinreichend bestimmt ist.

b) Maßnahme

Auch wenn eine Gefahr i.S.d. Art. 7 II Nr. 3 LStVG damit gegeben ist, ist weiter problematisch, dass Art. 7 II Nr. 3 LStVG nur Maßnahmen zur Gefahrenabwehr zulässt.

Allerdings ist vorliegend noch gar nicht gewiss, was für eine Gefahr abgewehrt werden muss. Es wird deshalb von der Gemeinde zunächst nur ein Gefahrerforschungseingriff (Bodenprobe + Gutachten) angeordnet, um eine bessere Entscheidungsgrundlage zu bekommen.

Fraglich ist, ob eine solche Maßnahme von Art. 7 II Nr. 3 LStVG gedeckt wird, da sie nicht unmittelbar der Abwehr der Gefahr dient, sondern diese nur vorbereitet.

Dies ist umstritten. Während eine Ansicht wegen Art. 24 BayVwVfG einen Gefahrerforschungseingriff stets als unzulässig erachtet und von der Behörde fordert, bestehende Unklarheiten zunächst selbst zu klären,[22] hält eine andere Ansicht diesen für die einzige in Betracht kommende Maßnahme, um die Aufgabe der effektiven Gefahrenabwehr wirksam ausüben zu können.[23]

[22] Papier, DVBl. 1985, 873 ff.; VGH Kassel, NVwZ 1992, 498 = **juris**byhemmer.

[23] So OVG Münster, DVBl. 1982, 654; BVerwGE 39, 190 , beide Entscheidungen = **juris**byhemmer.

Die Gefahrerforschung ist hierbei eine Vorstufe zur Gefahrbeseitigung.

Eine vermittelnde Ansicht wird indes vom BayVGH vertreten.[24]

Nach dieser steht es im Ermessen der Behörde, ob sie den Sachverhalt selbst ermittelt oder hierzu einen Dritten heranzieht.

Dabei soll berücksichtigt werden, wo der Schwerpunkt der Maßnahme liegt, welche Maßnahme den geringeren Eingriff bedeutet und für wen die Maßnahme leichter durchzuführen ist.

Dementsprechend muss, sofern das „Ob" einer Gefahr noch unklar ist, die Behörde zunächst selbst ermitteln.[25] In einer solchen Situation liegt der Schwerpunkt der Maßnahme eindeutig in der Gefahrerforschung. Dies ist hier aber nicht der Fall, da das „Ob" der Gefahr feststeht.

Nachdem es sich hier nur um die Erforschung des Umfangs der Gefahr handelt, darf die Gemeinde ermessensfehlerfrei A zur Erstellung des Gutachtens verpflichten.

Die Bodenuntersuchung ist hier der erste Schritt zur Gefahrenabwehr.

c) Maßnahmerichtung, Art. 9 LStVG

A ist Eigentümer des möglicherweise belasteten Grundstücks und auch der in Frage stehende Verschmutzer. Er wäre damit Handlungs- und Zustandsstörer, Art. 9 I, II LStVG.

Weitere Störer kommen nicht in Betracht, sodass eine Maßnahme gegen andere Personen hier nicht vorrangig in Betracht kommt.

3. Ergebnis

Eine Anordnung des LRA, A zur Bodenuntersuchung zu verpflichten, wäre daher materiell rechtmäßig.

IV. Zusammenfassung

- Der Gefahrerforschungseingriff ist umstritten. Zulässig ist er jedenfalls, wenn die Gefahrerforschung nur das „Wie" und nicht das „Ob" einer Gefahr betrifft.
- Dann kann die Behörde selbst oder durch einen Dritten ermitteln, wobei sie die Eingriffsintensität beachten muss.

V. Zur Vertiefung

- Hemmer/Wüst, Polizeirecht- und Sicherheitsrecht, Rn. 463 ff.

---

[24] Vgl. BayVGH, BayVBl. 1986, 590 = **juris**byhemmer.

[25] BayVGH, BayVBl. 1997, 406.

Fall 29: Kampfhundfall/Zuständigkeitsprobleme bei der Verwaltungsgemeinschaft

Sachverhalt:

In der Gemeinde Bellingen (Teil der Verwaltungsgemeinschaft Hundsbach) geht die Angst um. Binnen kurzer Zeit wurden dort zwei Kinder und mehrere andere Hunde von dem Pitbull „Puschel" angefallen und teils schwer verletzt.

Der Gemeinderat reagiert auf diese Vorkommnisse und erlässt einen Maulkorb- und Anleinzwang für diesen Hund. Der entsprechende Bescheid wird ordnungsgemäß von der Verwaltungsgemeinschaft ausgefertigt.

Gemeindebürger Beißer, welchem der Pitbull gehört, fühlt sich dadurch jedoch bevormundet. Schließlich sei der Hund sein bester Freund. Außerdem müssten Kinder bzw. die anderen Hundebesitzer eben aufpassen, dass sie Puschel nicht zu nahe kommen. Dann gäbe es auch keine Probleme. Mit dieser Begründung möchte Beißer gegen den zugestellten Bescheid vorgehen.

Frage: *War der von der Gemeinde verhängte Maulkorb- und Anleinzwang formell und materiell rechtmäßig?*

I. Einordnung

Die Verwaltungsgemeinschaft haben Sie bereits im Kapitel Kommunalrecht kennengelernt. Hier sehen Sie eine beispielhafte Verknüpfung des Sicherheits- und Kommunalrechts. Der immer noch aktuellen Gefahr, die von Kampfhunden ausgeht, wird von den Sicherheitsbehörden oftmals mit Maulkorb- oder Anleinzwang entgegengetreten. Interessant ist hierbei, ob es sich um eine örtliche oder überörtliche Gefahr handelt.

II. Gliederung

1. **Rechtsgrundlage**

   Art. 18 II LStVG

2. **Formelle Rechtmäßigkeit (-)**

⇨ **Zuständigkeit (-)**

⇨ Kampfhund als überörtliche Gefahr, daher übertragener Wirkungskreis

⇨ Für solche Maßnahmen ist die VGem, nicht die Mitgliedsgemeinde zuständig, Art. 4 VGemO.

3. Materielle Rechtmäßigkeit (+)

   ⇨ Gefahr für Gesundheit und Eigentum.

   ⇨ Zudem Maßnahme angemessen, da milder als Verbot oder Einschläfern.

4. **Ergebnis:**

⇨ **Maulkorb- und Anleinzwang nur materiell rechtmäßig**

III. Lösung

Die Maßnahme war rechtmäßig, wenn eine taugliche Rechtsgrundlage vorliegt und im Übrigen formell und materiell rechtmäßig gehandelt wurde.

1. Rechtsgrundlage

Als Rechtsgrundlage kommt hier Art. 18 II LStVG in Betracht.

2. Formelle Rechtmäßigkeit

a) Zuständigkeit

Die Zuständigkeit der Gemeinde ergibt sich aus Art. 18 II LStVG.

Die Aufrechterhaltung von Sicherheit und Ordnung ist ein Belang von allgemeiner Bedeutung, sodass die Gemeinde gem. Art. 8 I GO im übertragenen Wirkungskreis handelt.

Zwar ließe sich über den Begriff der „örtlichen Polizei" aus Art. 83 I BV etwas anderes vertreten, allerdings gilt dieser nur für auf das Gemeindegebiet begrenzte Angelegenheiten. Nur bei örtlich begrenzten Gefahren kann demnach von einer Maßnahme im eigenen Wirkungskreis gesprochen werden.

Eine solche liegt jedoch nicht vor. Der Kampfhund macht - bildlich gesprochen - nicht am Ortsschild der Gemeinde halt und ist daher eine überörtliche Gefahr.

Nach diesen Ausführungen handelt es sich also um eine Maßnahme aus dem übertragenen Wirkungskreis. Diese werden bei einer Verwaltungsgemeinschaft jedoch gem. Art. 4 I VGemO von dieser selbst ausgeübt (Verbandskompetenz) und nicht von den Mitgliedsgemeinden.

Die Gemeinde G war folglich nicht zuständig für die Beschlussfassung über den Bescheid, sodass dieser bereits formell rechtswidrig ist.

Eine Heilung nach Art. 45 BayVwVfG ist nicht vorgesehen, eine Unbeachtlichkeit nach Art. 46 BayVwVfG kommt aufgrund dessen eindeutigen Wortlauts, der sich nur auf die örtliche Zuständigkeit bezieht, ebenfalls nicht in Betracht.

b) Verfahren und Form

Diesbezüglich sind keine Fehler ersichtlich.

c) Zwischenergebnis

Die Maßnahme war formell nicht rechtmäßig.

3. Materielle Rechtmäßigkeit

Gem. Art. 18 II LStVG können Anordnungen für den Einzelfall getroffen werden, sofern dies der Schutz eines der in Absatz I genannten Rechtsgüter erfordert.

Puschel hat bereits Kinder und andere Hunde angegriffen, sodass hier die Rechtsgüter Leben, Gesundheit und Eigentum gefährdet sind.

Der Maulkorb- und Anleinzwang erscheint hier auch angemessen i.S.d. Art. 8 LStVG. Die genannten Rechtsgüter sind im Verhältnis zu der Intensität des Eingriffs schutzwürdig:

Durch den Maulkorb- und Anleinzwang ist es Puschel nicht mehr möglich sein Gebiss einzusetzen, wodurch die Hauptgefahrenquelle des Hundes ausgeschaltet wird. Durch das Anleinen ist zudem eine bessere Kontrolle des Hundes gewährleistet, da dieser sich nicht weit entfernen kann und bei Bedarf an der Leine zurückgezogen werden kann.

Die Bedeutung des Hundes für B muss in diesem Fall zurückstehen, wobei er aber nicht in der Möglichkeit eingeschränkt wird, den Hund zu haben und mit diesem sein Leben zu verbringen. Dennoch geht von dem Hund eine Gefahr aus, welche auch nicht auf andere abgewälzt werden kann, indem diese besser aufpassen müssen.

Die Maßnahme ist daher materiell rechtmäßig.

4. Ergebnis

Die Maßnahme ist zwar materiell zulässig, nicht aber formell, da eine unzuständige Behörde gehandelt hat.

IV. Zusammenfassung

- Sofern Kampfhunde in einer Klausur auftauchen, ist stets an die Erlaubnispflicht, geregelt in Art. 37 LStVG, zu denken.
- Die Aufgabe der öffentlichen Sicherheit und Ordnung erfüllen die Gemeinden im übertragenen Wirkungskreis, außer es liegt nur eine ganz spezifische örtlich beschränkte Gefahr vor.
- Aufgaben des übertragenen Wirkungskreises werden von der Verwaltungsgemeinschaft selbst ausgeübt, nicht von den Mitgliedsgemeinden, Art. 4 I VGemO.

V. Zur Vertiefung

- Hemmer/Wüst, Polizei- und Sicherheitsrecht, Rn. 401 ff.
- Hemmer/Wüst, Polizei- und Sicherheitsrecht, Rn. 415 ff.

Fall 30: Vollstreckung

Sachverhalt:

Am 19.08.2013 fand in Ehrstadt eine große Wahlkampfveranstaltung des „freiheitlichen Blocks" (FB) statt. Höhepunkt der Veranstaltung war ein Demonstrationszug durch die Innenstadt, welcher jedoch von der Polizei rechtmäßig aufgelöst wurde. Die drei überzeugten FB Anhänger A, B und C wollten der Auflösung jedoch keine Folge leisten und blockierten die Weiterfahrt der Streifenfahrzeuge, indem sie sich nebeneinander ausgestreckt auf den Boden legten, sodass die Fahrzeuge nicht vorbeifahren konnten. Die Polizei wies die drei darauf hin, dass sie des Platzes verwiesen seien und sich entfernen sollten, ansonsten werde körperlicher Zwang angewendet.

Nachdem von A, B und C keine Reaktion erfolgte, wurden die drei von Polizisten gepackt und weggetragen.

Frage: *Zu Recht?*

I. Einordnung

Der letzte Fall dieses Skriptes führt zur Thematik der Vollstreckung. Was passiert, wenn der Adressat einer polizeilichen Verfügung nicht nachkommt? In diesem Fall lernen Sie den unmittelbaren Zwang kennen, mit dem solche Verfügungen durch die Polizei vollstreckt werden können.

II. Gliederung

1. Formelle Rechtmäßigkeit (+)

⇨ **Art. 53 PAG, Art. 3 POG**

2. Materielle Rechtmäßigkeit

a) Allgemeine Vollstreckungsvoraussetzungen

aa) Taugliche Primärmaßnahme (+)

bb) Keine aufschiebende Wirkung eines Rechtsmittels (+)

⇨ § 80 II Nr. 2 VwGO

cc) Konnexität

⇨ strittig ob notwendig; unerheblich, wenn Grundmaßnahme rechtmäßig

⇨ **rechtmäßige Grundmaßnahme(+)**

Versammlung aufgelöst, daher Möglichkeit für Platzverweis gem. Art. 16 PAG

b) besondere Vollstreckungsvoraussetzungen

aa) Numerus clausus (+)

⇨ unmittelbarer Zwang, Art. 54 I Nr. 3, 61 I PAG

bb) Androhung, Art. 64 PAG (+)

cc) Verstoß gegen Art. 60 ff. PAG (-) nicht ersichtlich

dd) Verhältnismäßigkeit (+)

⇨ kein gleich effektives, milderes Mittel

3. Ergebnis:

⇨ **Maßnahmen rechtmäßig**

III. Lösung

Nachdem hier nicht nur eine polizeiliche Anordnung getroffen wurde, sondern diese auch vollstreckt wurde, muss nach der formellen und materiellen Rechtmäßigkeit der Vollstreckung gefragt werden.

1. Formelle Rechtmäßigkeit

Es handelte die Polizei im eingeschränkt-institutionellen Sinne.

Die örtliche Zuständigkeit ergibt sich aus Art. 3 POG.

Die sachliche Zuständigkeit der Polizei bei Verwaltungsakten der Polizei ergibt sich aus Art. 53 I PAG: Die Polizei ist für die Vollstreckung ihrer eigenen Verwaltungsakte ohne weiteres zuständig.

2. Materielle Rechtmäßigkeit

Die Vollstreckungsmaßnahme ist materiell rechtmäßig, wenn die allgemeinen und besonderen Vollstreckungsvoraussetzungen vorliegen.

a) Allgemeine Vollstreckungsvoraussetzungen

Die allgemeinen Vollstreckungsvoraussetzungen ergeben sich aus Art. 53 PAG

aa) Taugliche Primärmaßnahme

Gem. Art. 53 I PAG muss ein Leistungsverwaltungsakt der Polizei vorliegen. Hier wurden A, B und C aufgefordert, den Platz zu verlassen, also eine Handlung vorzunehmen.

bb) Keine aufschiebende Wirkung eines Rechtsmittels

Nachdem es sich um eine polizeiliche Maßnahme handelt, hätte ein Rechtsmittel keine aufschiebende Wirkung gem. § 80 II Nr. 2 VwGO gehabt.

cc) Vorliegen von Konnexität

Umstritten ist, ob für eine rechtmäßige Vollstreckung der Grund-Verwaltungsakt rechtmäßig sein muss (Konnexität).

Bejaht wird dies von einer M.M. mit dem Argument, dass die Vollstreckung eines rechtswidrigen Grund-Verwaltungsakts nicht mit einem Rechtsmittel verhindert werden kann.

Anderer Ansicht ist das BVerfG.[26] Dieses führt an, dass der Kläger unproblematisch sowohl gegen die Primärmaßnahme, als auch gegen die Vollstreckung klagen könnte. Eine automatische Überprüfung der Grund-Maßnahme im Wege der Vollstreckung ist nicht vorgesehen. Die Rechtmäßigkeit des Grund-Verwaltungsakts ist keine Voraussetzung für die Rechtmäßigkeit der Vollstreckungsmaßnahme.

Vorliegend kann dieser Streit jedoch offengelassen werden, wenn die Grund-Maßnahme rechtmäßig war.

Rechtmäßigkeit der Grundmaßnahme

Der polizeiliche Aufgabenbereich ist eröffnet, da die Polizei im präventiven Sinne und zu Abwehr einer Gefahr handelte, Art. 2 I PAG. Durch die Blockade konnten die Einsatzfahrzeuge nicht weiterfahren, welche aber zur Verhütung von Sach- und Personenschäden eingesetzt werden sollten, die nach der Versammlungsauflösung zu erwarten waren.

26 BVerfG, NVwZ 1999, 290.

Zudem bestimmt Art. 5 III BayVersG, dass sich Teilnehmer einer aufgelösten Versammlung sofort zu entfernen haben.

Der Platzverweis ist in Art. 16 PAG geregelt. Hier wurde er auch gegenüber den Störern ausgesprochen.

Auch ist hier auf das PAG abzustellen und nicht auf das BayVersG, da die Versammlung bereits aufgelöst war und somit nur noch eine Ansammlung vorlag.

Probleme bzgl. Art. 4, 5 PAG sind nicht ersichtlich.

Die Primärmaßnahme war daher rechtmäßig. Der Meinungsstreit, ob die Rechtmäßigkeit des Grundverwaltungsakts Voraussetzung für eine rechtmäßige Vollstreckung ist, kann damit offen bleiben.

hemmer-Methode: Die Konnexität als Vollstreckungsvoraussetzung für den Sofortvollzug ergibt sich eindeutig aus dem Wortlaut des Art. 53 II PAG „soweit die Polizei hierbei innerhalb ihrer Befugnisse handelt“. Hier ist dies allerdings zwingend, den fiktiven (!) Grundverwaltungsakt auf seine Rechtmäßigkeit zu prüfen. Wesen des Sofortvollzugs ist es gerade, dass ohne vorangegangen Verwaltungsakt vollstreckt wird. Der Bürger kann demnach auch nicht darauf verwiesen werden, sich ausdrücklich gegen den Grundverwaltungsakt zur Wehr zu setzen.

b) Besondere Vollstreckungsvoraussetzungen

aa) Numerus clausus der Zwangsmittel

Die möglichen Zwangsmittel sind in Art. 54 PAG aufgelistet.

Hier liegt ein Fall des unmittelbaren Zwangs vor, Art. 54 I Nr. 3, 61 I. Auf diesen darf hier auch zurückgegriffen werden, da andere Zwangsmittel, nämlich Ersatzvornahme und Zwangsgeld nicht erfolgversprechend sind.

Diese Subsidiarität des unmittelbaren Zwangs ergibt sich aus Art. 58 I S. 1 PAG.

bb) Androhung

Der unmittelbare Zwang ist gem. Art. 64 PAG anzudrohen, wobei gem. Art. 64 III PAG auch die Folgen bei einer Nichtbefolgung angeführt werden müssen.

Diese Belehrung und die Androhung sind laut Sachverhalt erfolgt.

cc) Besondere Vorschriften für unmittelbaren Zwang

Art. 60 ff. PAG beinhalten weitere Vorschriften für den unmittelbaren Zwang. Hier ist jedoch kein Verstoß ersichtlich.

dd) Verhältnismäßigkeit zwischen Auswahl und konkreter Anwendung des Zwangsmittels

Die Polizei war darauf angewiesen, möglichst schnell das menschliche Hindernis zu beseitigen, um die Fahrzeuge zum Einsatz bringen zu können.

Bei der gewählten Maßnahme wurde den Betroffenen kein Schaden zugefügt. Theoretisch hätte die Blockade auch mit dem Einsatz von Schlagstöcken oder Wasserwerfern entfernt werden können. Dies wären jedoch allesamt schwerer eingreifende Maßnahmen als das bloße Wegtragen.

3. Ergebnis

Die Maßnahmen der Polizei bezüglich A, B und C waren rechtmäßig.

IV. Zusammenfassung

- Bei der Prüfung einer Vollstreckungsmaßnahme erfolgt zunächst eine Prüfung der Grundmaßnahme und anschließend der Vollstreckungshandlung.
- Ob eine Vollstreckungshandlung nur bei einer rechtmäßigen Grundmaßnahme rechtmäßig erfolgen kann, ist umstritten (sog. Konnexität).
- In der Klausur sollten Sie darauf verweisen, dass es dann nicht darauf ankommt, wenn die Grundmaßnahme rechtmäßig war. Anschließend prüfen Sie die Grundmaßnahme.
- Die möglichen Zwangsmittel sind in Art. 54 I PAG abschließend geregelt.

V. Zur Vertiefung

- Hemmer/Wüst, Polizei- und Sicherheitsrecht, Rn. 473 ff.
- Hemmer/Wüst, Polizei- und Sicherheitsrecht, Rn. 487 ff.

Die Zahlen beziehen sich auf die Nummern der Fälle

W

Z

hemmer/wüst Verlag

Verlagsprodukte

Überblick 2013

Die Studentenskripten

■ Das Grundwissen (A5)

Die Grundwissenskripten sind für den Studenten in den ersten Semestern gedacht. In den Theoriebänden Grundwissen werden leicht verständlich und kurz die wichtigsten Rechtsinstitute vorgestellt und das notwendige Grundwissen vermittelt. Die Skripten werden durch den jeweiligen Band unserer Reihe „Die wichtigsten Fälle“ ergänzt.

■ Die Basics (16,5 x 24 cm)

Das Grundwerk für Studium und Examen. Es schafft schnell Einordnungswissen und mittels der hemmer-Methode richtiges Problembewusstsein für Klausur und Hausarbeit. Wichtig ist, wann und wie Wissen in der Klausur angewendet wird. Umfangreicher als die Grundwissenreihe und knapper als die Hauptskriptenreihe.

■ Die Hauptskripten (A4)

Das Prüfungswissen:

In den Hauptskripten werden die für die Prüfung nötigen Zusammenhänge umfassend aufgezeigt und wiederkehrende Argumentationsketten eingeübt. Die Hauptskripten sind die Bibliothek der Studenten - vom 1. Semester bis zum 2. Staatsexamen das ideale Nachschlagewerk. Die Hauptskripten ersetzen das Lehrbuch. Sie sind - anders als das typische Lehrbuch - klausurorientiert, Beispielsfälle erleichtern das Verständnis. So wird Prüfungswissen auf anspruchsvollem Niveau vermittelt. Die studentenfreundliche Preisgestaltung ermöglicht den Erwerb als Gesamtwerk.

■ Die wichtigsten Fälle (A5)

Vom Fall zum Wissen:

An Grundfällen werden die prüfungstypischen Probleme übersichtlich in Musterlösungen dargestellt. Eine Kurzgliederung erleichtert den Einstieg in die Lösung. Der jeweilige Fallschwerpunkt wird grafisch hervorgehoben. Die Reihe „Die wichtigsten Fälle“ ist ideal geeignet, schnell in ein Themengebiet einzusteigen. So werden Zwischenprüfung und Scheine leicht. Die Fallsammlungen werden gerne auch von höheren Semestern zum Training für das Examen genutzt. Daneben sind „Die wichtigsten Fälle - Musterklausuren“ zu nennen, in welchen Examensklausuren mit Sachverhalt und Lösung umfangreich dargestellt werden.

DIE KARTENSÄTZE

DIE BASICS KARTEIKARTEN (A6)

DAS PENDANT ZU DEN BASICS SKRIPTEN:

Mit dem Frage- und Antwortsystem zum notwendigen Wissen. Die Vorderseite der Karteikarte ist unterteilt in Einordnung und Frage. Der Einordnungstext erklärt den Problemkreis und führt zur Frage hin. Die Frage trifft dann den Kern der prüfungsrelevanten Thematik. Auf der Rückseite schafft der Antworttext Wissen. Die anschließende hemmer-Methode schärft das Problembewusstsein für die Klausur.

DIE ÜBERBLICKSKARTEIKARTEN (A6)

ÜBER PRÜFUNGSSCHEMATA ZUM WISSEN:

Ihr Begleiter vom 1. Semester bis zum 2. Staatsexamen! In den Überblickskarteikarten sind die wichtigsten Problemfelder im Zivil-, Straf- und Öffentlichen Recht knapp, präzise und übersichtlich dargestellt. Sie erfassen effektiv auf einen Blick das Wesentliche. Die grafische Aufbereitung der Prüfungsschemata auf der Vorderseite schafft Überblick über den Prüfungsaufbau. So lernen Sie Anspruchsgrundlagen, Straftatbestände und Klageschemata abzuhaken und Probleme zu verorten. Die Prüfungsschemata müssen sitzen! Der Inhalt der Karteikartenvorderseite gibt die nötige Sicherheit. Lernen mit dem Schema allein reicht aber für den Prüfungserfolg nicht aus! Die Kommentierung mit der hemmer-Methode auf der Rückseite schafft deshalb das nötige Einordnungswissen für die Klausur und erwähnt die wichtigsten Definitionen. Nutzen Sie die Überblickskarteikarten auch als Checkliste zur Kontrolle Ihres Wissens.

DIE HAUPTKARTEIKARTEN (A6)

DAS PENDANT ZU DEN HAUPTSKRIPTEN:

Das Prüfungswissen in Karteikartenform für den, der es bevorzugt, mit Karteikarten zu lernen. Im Frage- und Antwortsystem zum Wissen. Auf der Vorderseite der Karteikarte führt ein Einordnungsteil zur Frage hin. Die Frage trifft die Kernproblematik des zu Erlernenden. Auf der Rückseite schafft der Antworttext Wissen. Die anschließende hemmer-Methode schärft Ihr Problembewusstsein für die Klausur.

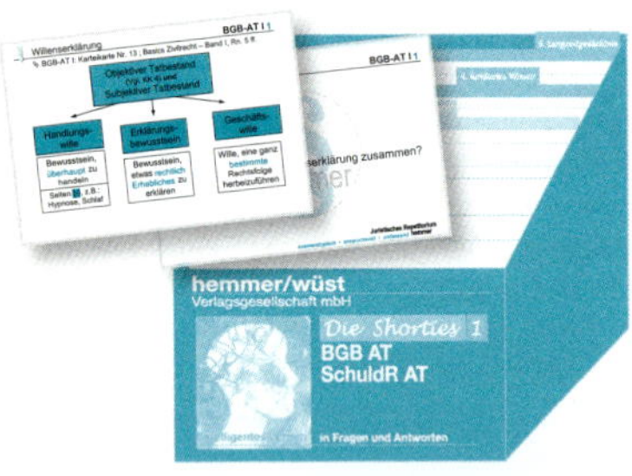

DIE SHORTIES - IN 20 STUNDEN ZUM ERFOLG IN DER HEMMER LERNBOX (A7)

Die kleinen Karteikarten in der hemmer Lernbox enthalten auf der Vorderseite jeweils eine Frage, welche auf der Rückseite grafisch aufbereitet beantwortet wird. Die bildhafte Darstellung ist lernpädagogisch sinnvoll. Die wichtigsten Begriffe und Themenkreise werden anwendungsspezifisch erklärt. Knapper geht es nicht - die Sounds der Juristerei! In Kürze verhelfen die Shorties so zum Erfolg. Sie dienen als Checkliste zum Erfassen des jeweiligen Rechtsgebiets und zum Rekapitulieren. Mit den besonderen Gedächtnistrainingtipps in Form von Reitern gelangt Ihr Wissen durch häufige Wiederholung ins Langzeitgedächtnis.

hemmer/wüst
Verlagsgesellschaft mbH
Mergentheimer Str. 44 / 97082 Würzburg
Tel.: 09 31 /7 97 82 38 / Fax: 09 31/7 97 82 40
Internet: www.hemmer-shop.de

REIHE INTELLIGENTES LERNEN

Grundwissen für Anfangssemester

	Anzahl		Auflage/Jahr/Euro
W10 (111.10)		BGB-AT Theorieband zu den wicht. Fällen	6.A/13 · 7,80
W11 (111.11)		SchuldR-AT Theorieband zu den wicht. Fällen	5.A/12 · 7,80
W12 (111.12)		SchuldR-BT I Theorieband zu den wicht. Fällen	5.A/12 · 7,80
W13 (111.13)		SchuldR-BT II Theoriebd. zu den wicht. Fällen	5.A/13 · 7,80
W14 (111.14)		MobiliarsachenR Theoriebd. zu den wicht. Fällen	5.A/12 · 7,80
W15 (111.15)		ImmobiliarsachenR Theoriebd. zu den wicht. Fällen	4.A/12 · 7,80
W20 (112.20)		Strafrecht AT Theorieband zu den wicht. Fällen	5.A/13 · 7,80
W21 (112.21)		Strafrecht BT Theorieband zu den wicht. Fällen	4.A/12 · 7,80
W30 (113.30)		StaatsR Theorieband zu den wicht. Fällen	5.A/12 · 7,80
W31 (113.31)		VerwaltungsR Theorieband zu den wicht. Fällen	5.A/12 · 7,80

Die wichtigsten Fälle

	Anzahl		Auflage/Jahr/Euro
0 (115.20)		**Sonderband:** Der Streit- und Meinungsstand im neuen Schuldrecht	5.A/13 · 14,80
1 (115.21)		76 Fälle - BGB AT	7.A/13 · 12,80
2 (115.22)		55 Fälle - Schuldrecht AT	7.A/12 · 12,80
3 (115.23)		51 Fälle - Schuldrecht BT - Kauf/WerkV	7.A/12 · 12,80
4 (115.24)		42 Fälle - GoA/Bereicherungsrecht	7.A/12 · 12,80
5 (115.25)		45 Fälle - Deliktsrecht	6.A/12 · 12,80
6 (115.26)		44 Fälle - Verwaltungsrecht	7.A/12 · 12,80
25 (115.45)		30 Fälle - Verwaltungsrecht BT Bayern	2.A/11 · 12,80
7 (115.27)		32 Fälle - Staatsrecht	8.A/12 · 12,80
8 (115.28)		34 Fälle - Strafrecht AT	8.A/13 · 12,80
9 (115.29)		44 Fälle Strafrecht BT I - Vermögensd.	8.A/13 · 12,80
10 (115.30)		44 Fälle Strafrecht BT II - Nicht-Vermögensd.	7.A/12 · 12,80
11 (115.31)		50 Fälle - Sachenrecht I	6.A/12 · 12,80
12 (115.32)		43 Fälle - Sachenrecht II - ImmobiliarSR	7.A/13 · 12,80
13 (115.33)		40 Fälle - ZPO I - Erkenntnisverfahren	6.A/13 · 12,80
14 (115.34)		25 Fälle - ZPO II - Zwangsvollstreckungsverf.	5.A/12 · 12,80
15 (115.35)		35 Fälle - Handelsrecht	5.A/11 · 12,80
16 (115.36)		36 Fälle - Erbrecht	5.A/12 · 12,80
17 (115.37)		26 Fälle - Familienrecht	6.A/12 · 12,80
18 (115.38)		32 Fälle - Gesellschaftsrecht	5.A/12 · 12,80
19 (115.39)		39 Fälle - Arbeitsrecht	5.A/13 · 12,80
20 (115.40)		35 Fälle - Strafprozessrecht	4.A/12 · 12,80
21 (115.41)		23 Fälle - Europarecht	3.A/11 · 12,80
22 (115.42)		10 Fälle - Musterkl. Examen ZivilR	5.A/11 · 14,80
23 (115.43)		10 Fälle - Musterkl. Examen StrafR	5.A/11 · 14,80
24 (115.44)		8 Fälle - Musterkl. Examen SteuerR	7.A/12 · 14,80

Skripten Basics (110)

	Anzahl		Auflage/Jahr/Euro
1 (0011)		Zivilrecht I - BGB AT u.vertragl. SchuldV	9.A/12 · 15,80
2 (0012)		Zivilrecht II - Sachenrecht/gesetzl. SV	6.A/10 · 15,80
3 (0013)		Zivilrecht III - FamilienR/ErbR	6.A/12 · 15,80
4 (0014)		Zivilrecht IV - ZivilprozessR	7.A/12 · 15,80
5 (0015)		Zivilrecht V - Handels-/GesellschR	6.A/12 · 15,80
6 (0016)		Zivilrecht VI - ArbeitsR	4.A/11 · 15,80
(0032)		Strafrecht	6.A/12 · 15,80
/1 (0035)		Öffentliches Recht I -VerfassR/StaatsHR	5.A/12 · 15,80
/2 (0036)		Öffentliches Recht II - VerwaltungsR	6.A/12 · 15,80
(0004)		Steuerrecht - EstG & AO	8.A/12 · 15,80
(0005)		Europarecht	7.A/13 · 15,80

Skripten Zivilrecht (120)

	Anzahl		Auflage/Jahr/Euro
1 (0001)		BGB-AT I, Ensteh.d.Primäranspruchs	12.A/12 · 16,80
2 (0002)		BGB-AT II, Scheitern des Primäranspr.	12.A/12 · 16,80
3 (0003)		BGB-AT III, Erlösch.d. Primäranspruchs	11.A/11 · 16,80
4 (0004)		Schadensersatzrecht I	7.A/10 · 16,80
5 (0005)		Schadensersatzrecht II	6.A/12 · 16,80
6 (0006)		Schadensersatzrecht III (§§ 249 ff.)	10.A/12 · 16,80
7 (0007)		Verbraucherschutzrecht	3.A/12 · 16,80
51 (0051)		Schuldrecht AT (ehemals SchuldR I)	8.A/12 · 16,80
52 (0052)		Schuldrecht BT I (ehemals SchuldR II)	8.A/12 · 16,80
53 (0053)		Schuldrecht III (BT II)	7.A/12 · 16,80
8 (0008)		Bereicherungsrecht	13.A/12 · 16,80
9 (0009)		Deliktsrecht I	11.A/11 · 16,80
10 (0010)		Deliktsrecht II	9.A/13 · 16,80
11 (0011)		Sachenrecht I	11.A/12 · 16,80
12 (0012)		Sachenrecht II	9.A/11 · 16,80
12A (0012A)		Sachenrecht III	11.A/13 · 16,80
13 (0013)		Kreditsicherungsrecht	10.A/12 · 16,80
14 (0014)		Familienrecht	11.A/11 · 16,80
15 (0015)		Erbrecht	11.A/12 · 16,80
16 (0016)		Zivilprozessrecht I	11.A/12 · 16,80
17 (0017)		Zivilprozessrecht II	10.A/11 · 16,80
18 (0018)		Arbeitsrecht	13.A/11 · 16,80
19A (0019A)		Handelsrecht	10.A/12 · 16,80
19B (0019B)		Gesellschaftsrecht	12.A/12 · 16,80
31 (0031)		Herausgabeansprüche	6.A/12 · 16,80
32 (0032)		Rückgriffsansprüche	6.A/09 · 16,80

Skripten Strafrecht (120)

	Anzahl		Auflage/Jahr/Euro
20 (0020)		Strafrecht AT I	11.A/12 · 16,80
21 (0021)		Strafrecht AT II	11.A/13 · 16,80
22 (0022)		Strafrecht BT I	11.A/12 · 16,80
23 (0023)		Strafrecht BT II	11.A/13 · 16,80
30 (0030)		Strafprozessordnung	10.A/12 · 16,80

Skripten Öffentliches Recht (120/130)

	Anzahl		Auflage/Jahr/Euro
24 (0024)		Verwaltungsrecht I	11.A/12 · 16,80
25 (0025)		Verwaltungsrecht II	10.A/11 · 16,80
26 (0026)		Verwaltungsrecht III	11.A/12 · 16,80
27 (0027)		Staatsrecht I	10.A/11 · 16,80
28 (0028)		Staatsrecht II	8.A/10 · 16,80
29 (0029)		Europarecht	10.A/11 · 16,80
40 (0040)		Staatshaftungsrecht	3.A/11 · 16,80
33 (01.0033)		Baurecht/Bayern	10.A/12 · 16,80
33 (02.0033)		Baurecht/Nordrhein-Westfalen	8.A/11 · 16,80
33 (03.0033)		Baurecht/Baden-Württembg.	3.A/12 · 16,80
33 (04.0033)		Baurecht/Hessen	1.A/09 · 16,80
33 (06.0033)		Baurecht/Saarland	1.A/08 · 16,80
34 (01.0034)		Polizei- u. Sicherheitsrecht/Bayern	9.A/11 · 16,80
34 (02.0034)		Polizei- u. Ordnungsrecht/NRW	5.A/12 · 16,80
34 (03.0034)		Polizeirecht/Baden-Württembg.	3.A/11 · 16,80
34 (04.0034)		Polizei- u. Ordnungsrecht/Hessen	1.A/10 · 16,80
34 (05.0034)		Polizei- u. Ordnungsrecht/Rheinl.-Pfalz	1.A/11 · 16,80
34 (06.0034)		Polizei- u. Sicherheitsrecht/Saarland	1.A/09 · 16,80
35 (01.0035)		Kommunalrecht/Bayern	9.A/12 · 16,80
35 (02.0035)		Kommunalrecht/NRW	8.A/11 · 16,80
35 (03.0035)		Kommunalrecht/Baden-Württembg.	3.A/09 · 16,80

hemmer/wüst Verlagsgesellschaft mbH
Mergentheimer Str. 44 / 97082 Würzburg
Tel.: 09 31 /7 97 82 38 / Fax: 09 31/7 97 82 4
Internet: www.hemmer-shop.de

REIHE INTELLIGENTES LERNEN

Lexikon/Definitionen

Anzahl		Auflage/Jahr/Euro
D1 (0044) ____	Definitionen Strafrecht - schnell gemerkt	3.A/11 · 16,80
D1 (4002) ____	Legal terms für Juristen - Fachwörterbuch Englisch - Deutsch	1.A/11 · 19,80

Skripten Schwerpunkt (120)

P1 (0039) ____	Kriminologie	5.A/10 · 19,80
P2 (0036) ____	Völkerrecht	7.A/08 · 19,80
P3 (0037) ____	Internationales Privatrecht	5.A/05 · 19,80
P4 (0055) ____	Kapitalgesellschaftsrecht	4.A/09 · 19,80
P7 (0058) ____	Rechtsgeschichte I	2.A/07 · 19,80
P8 (0059) ____	Rechtsgeschichte II	2.A/12 · 19,80
P11 (0062) ____	Rechts- und Staatsphilosophie sowie Rechtssoziologie	2.A/11 · 19,80
P12 (0063) ____	Insolvenzrecht	3.A/12 · 19,80
P13 (0064) ____	Wasser- und ImmissionsschutzR	1.A/08 · 19,80

Skripten Steuerrecht (120)

38 (0038) ____	Steuererklärung leicht gemacht	4.A/04 · 14,80
42 (0042) ____	Abgabenordnung	8.A/12 · 16,80
43 (0043) ____	Einkommensteuerrecht	7.A/11 · 21,80

Skripten für BWL´er, WiWi & Steuerberater

W1 (18.01) ____	PrivatR f. BWL'er, WiWi & Steuerberat	7.A/11 · 14,80
W2 (18.02) ____	Ö-Recht f. BWL'er, WiWi & Steuerberat	4.A/12 · 14,80
W3 (18.03) ____	Musterklausuren für's Vordiplom PrivatR	2.A/04 · 14,80
W4 (18.04) ____	Musterklausuren für's Vordiplom Ö-R	1.A/00 · 14,80
WF1 (118.01) ____	Die 74 wicht. Fälle (BGB AT, SchuldR AT/BT)	3.A/11 · 14,80
WF2 (118.02) ____	Die 44 wicht. Fälle (GoA, BerR, GesR, ...)	1.A/06 · 14,80

Skripten Fachbegriffe & Erläuterungen

G1 (18.10) ____	Mikroökonomie & Makroökonomie	1.A/12 · 19,80
G2 (18.11) ____	Buchführung/Jahresabschl./Rechnungsw.	1.A/12 · 19,80
G6 (18.15) ____	HandelsR/GesellschaftsR/WirtschaftsR	1.A/12 · 19,80
G7 (18.16) ____	Öffentl. Recht/EuropaR/VölkerR	1.A/12 · 19,80

Basics Karteikarten

BK1 (2001) ____	Basics - Zivilrecht	5.A/10 · 13,80
BK2 (2002) ____	Basics - Strafrecht	3.A/09 · 13,80
BK3 (2003) ____	Basics - Öffentliches Recht	3.A/07 · 13,80

Karteikarten Zivilrecht

KK1 (2201) ____	BGB-AT I	7.A/11 · 15,80
KK2 (2202) ____	BGB-AT II	6.A/11 · 15,80
KK3 (22031) ____	Schuldrecht AT I	8.A/12 · 15,80
KK4 (22032) ____	Schuldrecht AT II	6.A/11 · 15,80
KK5 (2240) ____	Schuldrecht BT I (Kauf-u.WerkVR)	6.A/11 · 15,80
KK6 (2241) ____	Schuldrecht BT II	6.A/13 · 15,80
KK7 (2218) ____	Arbeitsrecht	4.A/13 · 15,80
KK8 (2208) ____	Bereicherungsrecht	6.A/12 · 15,80
KK9 (2209) ____	Deliktsrecht	5.A/11 · 15,80
KK11 (2211) ____	Sachenrecht I	7.A/12 · 15,80
KK12 (2212) ____	Sachenrecht II	6.A/11 · 15,80
KK13 (2213) ____	Kreditsicherungsrecht	3.A/10 · 15,80
KK14 (2214) ____	Familienrecht	3.A/08 · 15,80
KK15 (2215) ____	Erbrecht	4.A/13 · 15,80
KK16 (2216) ____	ZPO I	6.A/13 · 15,80
KK17 (2217) ____	ZPO II	5.A/12 · 15,80
KK18 (22191) ____	Handelsrecht	4.A/11 · 15,80
KK19 (22192) ____	Gesellschaftsrecht	5.A/11 · 15,80

Die Shorties (Minikarteikarten) inkl. Box

Anzahl		Auflage/Jahr
SH1 (50.10) ____	**Box 1:** BGB AT, Schuldrecht AT	6.A/11 · 21
SH2/I (50.21) ____	**Box 2/1:** vertragliches Schuldrecht	4.A/11 · 21
SH2/II (50.22) ____	**Box 2/2:** gesetzliches Schuldrecht	4.A/11 · 21
SH3 (50.30) ____	**Box 3:** Sachenrecht, ErbR, FamR	5.A/11 · 21
SH4 (50.40) ____	**Box 4:** ZPO I/II, GesellschaftsR, HGB	5.A/12 · 21
SH5 (50.50) ____	**Box 5:** Strafrecht	7.A/13 · 21
SH6 (50.60) ____	**Box 6:** Grundrecht, StaatsOrgR, BauR, ...	5.A/11 · 21

Karteikarten Strafrecht

KK20 (2220) ____	Strafrecht AT I	7.A/12 · 15
KK21 (2221) ____	Strafrecht-AT II	7.A/12 · 15
KK22 (2222) ____	Strafrecht-BT I	7.A/12 · 15
KK23 (2223) ____	Strafrecht-BT II	7.A/13 · 15
KK24 (2230) ____	StPO	5.A/12 · 15

Karteikarten Öffentliches Recht

KK25 (2224) ____	Verwaltungsrecht I	7.A/12 · 15
KK26 (2225) ____	Verwaltungsrecht II	5.A/12 · 15
KK27 (2226) ____	Verwaltungsrecht III	5.A/11 · 15
KK28 (2227) ____	Staats- u. Verfassungsrecht	8.A/12 · 15
KK29 (2229) ____	Europarecht	3.A/12 · 15

Überblickskarteikarten

ÜK I (2501) ____	BGB im Überblick I	10.A/13 · 30
ÜK II (25011) ____	BGB im Überblick II (Nebengebiete)	6.A/11 · 30
ÜK III (2502) ____	StrafR im Überblick	6.A/10 · 30
ÜK IV (2503) ____	Öffentl.-R im Überblick	8.A/12 · 16
ÜK V (25031) ____	Öffentl.-R im Überblick II Bayern	6.A/11 · 16
ÜK VI (25032) ____	Öffentl.-R im Überblick II NRW	2.A/08 · 16
ÜK VII (2504) ____	Europarecht	4.A/12 · 16

Assessor-Basics/Theoriebände (410)

A IV (0004) ____	Die zivilrechtl. Anwaltsklausur/Teil 1	9.A/11 · 18
A VII (0007) ____	Das Zivilurteil	9.A/12 · 18
A VIII (0008) ____	Die Strafrechtskl. im Assessorexamen	6.A/11 · 18
A IX (0009) ____	Die Assessorklausur Öffentl. Recht	5.A/12 · 18

Assessor-Basics/Klausurentraining

A I (0001) ____	Zivilurteile	15.A/12 · 18
A II (0003) ____	Arbeitsrecht	13.A/12 · 18
A III (0002) ____	Strafrecht	11.A/13 · 18
A V (0005) ____	Zivilrechtl. Anwaltsklausuren/Teil 2	10.A/13 · 18
A VI (0006) ____	Öff.rechtl. u. strafrechtl.Anwaltskl.	5.A/10 · 18

Assessorkarteikarten

AK I (41.10) ____	Zivilprozessrecht im Überblick	5.A/12 · 19
AK II (41.20) ____	Strafprozessrecht im Überblick	6.A/12 · 19
AK III (41.30) ____	Öffentliches Recht im Überblick	4.A/12 · 19
AK IV (41.40) ____	Familien- und Erbrecht im Überblick	2.A/13 · 19

hemmer/wüst
Verlagsgesellschaft mbH

Mergentheimer Str. 44 / 97082 Würzburg
Tel.: 09 31 /7 97 82 38 / Fax: 09 31/7 97 82 40

Internet: www.hemmer-shop.de

EIHE INTELLIGENTES LERNEN

Sonderprodukte

		Euro
	Lernkarteikartenbox (28.01)	
.B ______	Die praktische Lernbox für die Karteikarten	1,99
L 1 ______	**Orig. Klausurenblock** Din A4, 100 Blatt einzeln	1,95
810 ______	Din A4, 80 Blatt 10er Pack	17,50
1 ______	**Der Referendar (70.01)** 1. Aufl. 2003 Meine größten Rein-) Fälle (Format A6)	9,80
2 ______	**Der Rechtsanwalt (70.02)** 1. Aufl. 2006 24 Monate zwischen Genie und Wahnsinn (Format A6)	9,80
3 ______	**Der Jurist (70.03) 1. Aufl. November 2009** Ein Lehrbuch für Leader (Format A6)	9,80
5 ______	**Coach dich! (70.05)** Psychologischer Ratgeber, 1. Auflage, 2004	19,80
6 ______	**Lebendiges Reden (70.06)** Psychologischer Ratgeber inkl. Audio-CD, 2. Auflage, 2008	21,80
7 ______	**NLP für Einsteiger (71.01)** Psychologischer Ratgeber, 12. neugestaltete Auflage, 2008	12,80
8 ______	**Prüfungen als Herausforderung (70.08)** Psychologischer Ratgeber, 1. Auflage 2011	14,80
______	**Wiederholungsmappe (75.01)** Intelligentes Lernen inkl. Übungsbuch, Mind Mapps und Kurzskript	9,90
______	**Ordner hemmer.group (88.20)** Ringbuchmappe für Einlagen, DIN A4	2,50
100.201) ______	**AudioCards auf CD: BGB AT I - III** Das Frage-Antwort-System der hemmer-Skripten zum Hören	59,95

Neuerscheinungen

Skripten Fachbegriffe & Erläuterungen

(18.10) ______	Mikroökonomie & Makroökonomie	1.A/12 · 19,80
(18.11) ______	Buchführung / Jahresabschl./Rechnungsw.	1.A/12 · 19,80
(18.15) ______	HandelsR/GesellschaftsR/WirtschaftsR	1.A/12 · 19,80
(18.16) ______	Öffentl. Recht/EuropaR/VölkerR	1.A/12 · 19,80

e Begriffssammlungen sind der ekte Begleiter:

Bachelor- und Master-Studium allen Universitäten und Fach- chschulen

: Oliver Michaelis

Michaelis studierte Betriebswirtschaftslehre lin, Bonn und Potsdam sowie Rechtswissen- en in Leipzig, Halle, Frankfurt a.M. und Köln michaelis.me).

eitet auf dem Gebiet des Bank- und Kapitalmarkt- und ist Autor verschiedener Bücher speziell zum ewerbsrecht und zur Finanzkrise.
ɔt er auch die Fachzeitschrift „EuBWR – Europäische Börsendaten, Währungs- und offindizes" (www.EuBWR.com), die dazugehörigen Jahrbücher sowie „Die Chronik der krise 2007 – 2010" und „Die Chronik der Finanzkrise 2011" heraus und leitet den Mi- s Verlag – den Fachverlag für wissenschaftliche Publikationen.

Life&Law

______	Einzelheft der Life&LAW	6,80
AboLL ______	Abonnement der Life&LAW Life&Law 3 Monate kostenfrei, danach erhalten Sie die Life&Law zum Preis von	5,80
LLJ ______	Life&LAW Jahrgangsband 1999 - 2011	
______	bitte Jahrgang eintragen	je 50,00
LLJ11 ______	Life&LAW Jahrgangsband 2012	80,00
LLE ______	Einband für Life&LAW Jahrgang	je 6,00

Die AnwaltsBasics

Herausgeber: hemmerVerlag für Anwälte GmbH

10.10 ______ Die AnwaltsBasics Erbrecht 1. Auflage, November 2010, 429 S.	39,90
10.20 ______ Die AnwaltsBasics Mediation 1. Auflage, Mai 2012, 187 S.	23,80

Wir berechnen pro Lieferung einen Versandkostenanteil von 3,30 EURO. Ab 30 EURO ist die Lieferung versandkostenfrei.

Endsumme:

Lieferung erfolgt in aktueller Auflage

Kundennummer D

Prüfen Sie in Ruhe zuhause!
Alle Produkte dürfen innerhalb von 14 Tagen an den Verlag (Originalzustand) zurückgeschickt werden. Es wird ein uneingeschränktes gesetzliches Rückgaberecht gewährt. Hinweis: Der Besteller trägt bei einem Bestellwert bis 40 Euro die Kosten der Rücksendung. Über 40 Euro Bestellwert trägt er ebenfalls die Kosten, wenn zum Zeitpunkt der Rückgabe noch keine (An-) Zahlung geleistet wurde.
Ich weiß, dass meine Bestellung nur erledigt wird, wenn ich in Höhe meiner Bestellungs-Gesamtsumme zzgl. des Versandkostenanteils zum Einzug ermächtige. Bestellungen auf Rechnung können leider nicht erledigt werden. Bei fehlerhaften Angaben oder einer Rücklastschrift wird eine Unkostenpauschale in Höhe von 8 Euro fällig. Die Lieferung erfolgt unter Eigentumsvorbehalt.

Name: ______________________

Vorname: ______________________

Straße, Nr.: ______________________

PLZ/Ort: ______________________

Telefon: ______________________

e-mail Adresse: ______________________

Buchen Sie die Endsumme von meinem Konto ab:

Kreditinstitut: ______________________

BLZ: ______________________

Konto-Nr.: ______________________

Ort, Datum: ______________________

Unterschrift: ______________________

Die wichtigsten Fälle

FALLSAMMLUNG

DIE 23 WICHTIGSTEN FÄLLE EUROPARECHT

In 23 Fällen und Übersichten haben wir für Sie die klassischen Probleme des Europarechts für Examen, Klausur und Hausarbeit systematisch aufbereitet. Bewusst ist die Fallsammlung einfach, knapp und verständlich gehalten. Das Skript enthält für jeden Fall eine Einordnung, eine Gliederung, eine Musterlösung und eine Stoffzusammenfassung zur Wiederholung. So ermöglicht die Fallsammlung demjenigen, der sich erstmals mit dem Europarecht befasst, einen schnellen und guten Überblick über das Rechtsgebiet und weist den Weg zu einem sicheren Einstieg in die Falllösung. Gleichzeitig kann der fortgeschrittene Jurist mit den 23 wichtigsten Fällen im Europarecht anhand der Gliederungen und Einordnungen schnell die angelegten Probleme erfassen und gezielt die wichtigsten Fallkonstellationen im Europarecht wiederholen. Mit zusätzlichen bereichsübergreifenden Hinweisen vernetzen Sie Ihr Wissen im Europarecht mit anderen Rechtsgebieten. Mit diesem Skript können Sie in kurzer Zeit die wichtigsten Problemfelder des Europarechts anwendungsspezifisch erlernen und wiederholen. Als Profis mit langjähriger Erfahrung wissen wir, was von Ihnen in Prüfungssituationen erwartet wird.

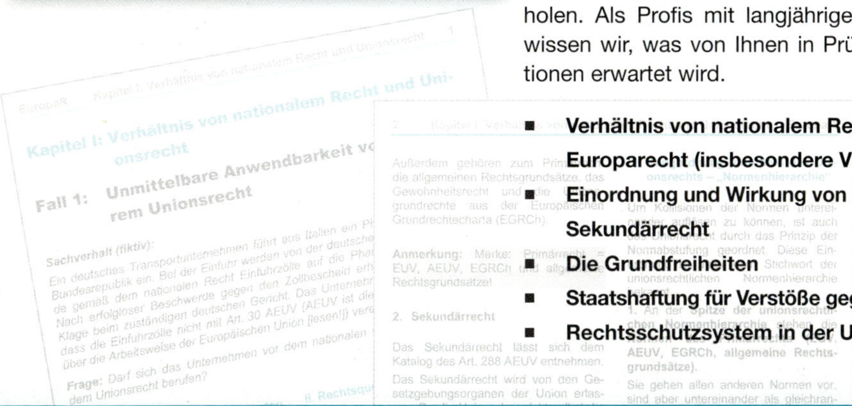

EuropaR Kapitel I: Verhältnis von nationalem Recht und Unionsrecht 1

Kapitel I: Verhältnis von nationalem Recht und Unionsrecht

Fall 1: Unmittelbare Anwendbarkeit vo… rem Unionsrecht

Sachverhalt (fiktiv):

Ein deutsches Transportunternehmen führt aus Italien ein P… Bundesrepublik ein. Bei der Einfuhr werden von der deutsche… de gemäß dem nationalen Recht Einfuhrzölle auf die Pha… Nach erfolgloser Beschwerde gegen den Zollbescheid erh… Klage beim zuständigen deutschen Gericht. Das Unternehm… dass die Einfuhrzölle nicht mit Art. 30 AEUV (AEUV ist die… über die Arbeitsweise der Europäischen Union [lesen!]) ver…

Frage: Darf sich das Unternehmen vor dem nationalen … dem Unionsrecht berufen?

2 Kapitel I: Verhältnis …

Außerdem gehören zum Primärrecht die allgemeinen Rechtsgrundsätze, das Gewohnheitsrecht und die Grundrechte aus der Europäischen Grundrechtecharta (EGRCh).

Anmerkung: Merke: Primärrecht = EUV, AEUV, EGRCh und allgemeine Rechtsgrundsätze!

2. Sekundärrecht

Das Sekundärrecht lässt sich dem Katalog des Art. 288 AEUV entnehmen.

Das Sekundärrecht wird von den Gesetzgebungsorganen der Union erlas-

…onsrechts – „Normenhierarchie"

Um Kollisionen der Normen untereinander auflösen zu können, ist auch das Unionsrecht durch das Prinzip der Normabstufung geordnet. Diese Einordnung … Stichwort der unionsrechtlichen Normenhierarchie bekannt.

1. An der Spitze der unionsrechtlichen Normenhierarchie stehen die Normen des Primärrechts (EUV, AEUV, EGRCh, allgemeine Rechtsgrundsätze).

Sie gehen allen anderen Normen vor, sind aber untereinander als gleichran-

- **Verhältnis von nationalem Recht und Europarecht (insbesondere VwVfG, VwGO)**
- **Einordnung und Wirkung von Primär- und Sekundärrecht**
- **Die Grundfreiheiten**
- **Staatshaftung für Verstöße gegen Europare…**
- **Rechtsschutzsystem in der Union**

Das Erfolgsprogramm -
Ihr Training für Klausur und Hausarbeit

Die wichtigsten Fälle

FALLSAMMLUNG

DIE 44 WICHTIGSTEN FÄLLE VERWALTUNGSRECHT

In 44 Fällen haben wir für Sie klassische Probleme des Verwaltungsrechts für Klausur und Hausarbeit systematisch aufbereitet. Diese Fallsammlung ist einfach, verständlich und knapp gehalten. Zum Aufbau: Die Einordnung im Anschluss an den Sachverhalt erleichtert Ihnen den Zugang zu den jeweiligen Problemfeldern. Problem erkannt – Gefahr gebannt. Die Gliederung ermöglicht eine schnelle Übersicht. Die Musterlösungen dienen als Formulierungshilfen für Ihre Klausur. Bereichsübergreifende Hinweise dienen dem Verständnis. Nur so vernetzen Sie frühzeitig gelerntes Wissen. Auf diese Weise können Sie in kürzester Zeit die wichtigsten Probleme zum Verwaltungsrecht anwendungsspezifisch erlernen. Als Profis mit langjähriger Erfahrung und Erfolg wissen wir, was von Ihnen in Klausur und Hausarbeit erwartet wird.

- **Anfechtungsklage**
- **Verpflichtungsklage**
- **Fortsetzungsfeststellungsklage**
- **Allgemeine Leistungs-/ Feststellungsklage**
- **Normenkontrolle**

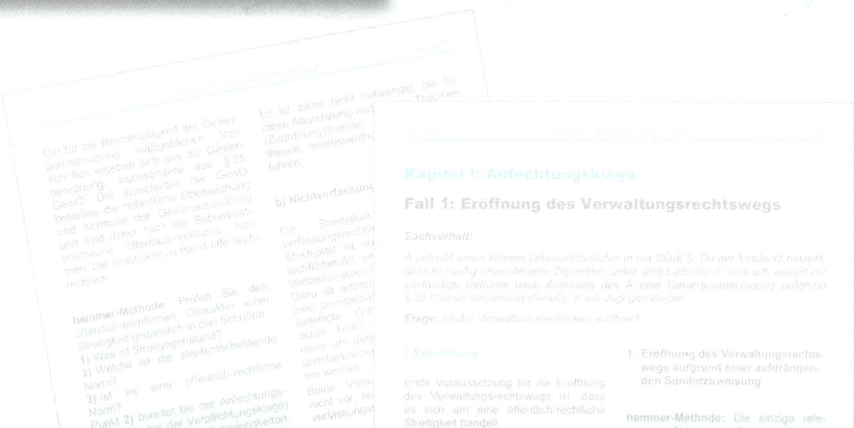

Das Erfolgsprogramm -
Ihr Training für Klausur und Hausarbeit